高校英语教学模式与方法研究

杨　静　韩静静　程鑫颐　著

延吉·延边大学出版社

图书在版编目（CIP）数据

高校英语教学模式与方法研究／杨静，韩静静，程鑫颐著. -- 延吉：延边大学出版社，2024.4
ISBN 978-7-230-06399-9

Ⅰ.①高… Ⅱ.①杨… ②韩… ③程… Ⅲ.①英语-教学模式-教学研究-高等学校 Ⅳ.①H319.3

中国国家版本馆 CIP 数据核字（2024）第 079558 号

高校英语教学模式与方法研究

著　者：杨　静　韩静静　程鑫颐
责任编辑：孟祥鹏
封面设计：万典文化
出版发行：延边大学出版社
社　　址：吉林省延吉市公园路 977 号　　邮　　编：133002
网　　址：http://www.ydcbs.com　　E-mail：ydcbs@ydcbs.com
电　　话：0433-2732435　　传　　真：0433-2732434
印　　刷：廊坊市海涛印刷有限公司
开　　本：787mm×1092mm　1/16
印　　张：12.5
字　　数：280 千字
版　　次：2024 年 4 月第 1 版
印　　次：2024 年 4 月第 1 次印刷
书　　号：ISBN 978-7-230-06399-9

定价：75.00 元

PREFACE 前言

　　英语是当今世界上最主要的国际通用语言之一,也是世界上运用最为广泛的语言。21世纪的今天,随着社会不断进步,科技迅猛发展,我国拥有更多的机会与他国进行交流,中国在世界上的地位也越来越重要。与此同时,我国的整体英语水平得到了长足发展。作为一门语言实践课程,英语技能的培养需要学生个人积极参与,并经过反复的实践才能达到熟练的地步。作为英语教师,他们需要打破传统的课堂教学模式,不应该将学生视作知识的"容器",而应该将学生视作能动的主体,促进学生在整个教学过程中参与其中,将学生的能动性、自主性发挥出来。

　　本书主要研究高校英语教学模式与方法,从高校英语教学基础理论介绍入手,针对高校英语的主要教学模式进行了分析研究,重点分析研究了高校英语探究式教学模式、高校英语多模态教学模式;并对高校英语创新教学模式做了一定的介绍,如高校英语混合式教学模式;还对高校英语教学方法进行了分析研究,如高校英语听力教学方法、高校英语口语教学方法、高校英语阅读教学方法、高校英语写作教学方法等。本书内容丰富,逻辑清晰,以期对培养新时代所需要的英语人才产生有益的影响。

　　本书在撰写的过程中参阅了大量与高校英语教学相关的书籍和期刊,同时为了保证论述的全面性与合理性,也引用了许多专家、学者的观点。在此,谨向相关作者表示最诚挚的谢意,并将参考文献列于书后,如有遗漏,敬请谅解。

　　由于作者水平有限,加之时间仓促,书中疏漏实所难免,恳请同行专家和读者不吝指正。

CONTENTS 目 录

第一章　高校英语教学概论 ·· 1
第一节　高校英语教学的理论 ·· 1
第二节　高校英语教学的原则 ·· 10

第二章　高校英语的主要教学模式 ······································ 19
第一节　高校英语常用教学模式 ·· 19
第二节　多元智能与内容型教学模式 ·································· 29

第三章　高校英语探究式与多模态教学模式 ························· 35
第一节　高校英语探究式教学模式 ····································· 35
第二节　高校英语多模态教学模式 ····································· 44

第四章　高校英语混合式教学模式创新 ······························· 55
第一节　混合式学习理论与高校英语教学概述 ···················· 55
第二节　高校英语混合式教学模式——微课与慕课 ·············· 60
第三节　高校英语混合式教学模式——翻转课堂 ················· 70

第五章　高校英语听力教学方法 ··· 77
第一节　高校英语听力教学中的策略 ································· 77
第二节　高校英语听力教学法 ·· 82
第三节　高校英语听力教学创新 ······································· 87

第六章　高校英语口语教学方法 ··· 97
第一节　高校英语口语教学概述 ······································· 97
第二节　高校英语口语任务型学习法 ································· 108
第三节　高校英语口语教学创新 ······································· 117

第七章　高校英语阅读教学方法 …… 129
第一节　高校英语阅读教学概述 …… 129
第二节　高校英语阅读课前教学 …… 140
第三节　高校英语阅读课中教学 …… 149
第四节　高校英语阅读课后教学 …… 163

第八章　高校英语写作教学方法 …… 172
第一节　高校英语写作教学原则与目标 …… 172
第二节　高校英语写作教学的方法 …… 174
第三节　高校英语写作教学的方法应用 …… 179

参考文献 …… 192

第一章 高校英语教学概论

第一节 高校英语教学的理论

一、语言学理论

(一) 语言功能理论

英国功能语言学派的学术思想始于弗斯,后来在卡特福德、韩礼德等的研究中得到进一步发展。韩礼德认为,语言是在完成其功能中不断演变的,语言的社会功能会影响到语言本身的特性。具体来说,语言功能可以分为以下三种①。

1. 微观功能

韩礼德认为,微观功能是在儿童学习母语的初级阶段出现的,它包括以下七种功能:

(1) 个人功能

个人功能指儿童可以运用语言来表达自己的感情、身份或观点看法。

(2) 规章功能

规章功能指儿童可以通过语言来控制他人的行为。

(3) 想象功能

想象功能指儿童可以运用语言来创造一个幻想的环境或世界。

(4) 启发功能

启发功能指儿童可以通过语言来认识和探索周围的世界,学习和发现问题。

(5) 工具功能

工具功能指儿童可以通过语言来获取物,满足其对物质的需求。

(6) 相互关系功能

相互关系功能指儿童可以通过语言与他人进行交往。

(7) 信息功能

信息功能指18个月大的儿童可以通过语言向别人传递信息。信息功能是儿童在成长后期掌握的。

---

① 王健坤. 功能语言学理论与应用 [M]. 哈尔滨:哈尔滨工程大学出版社,2011.

需要指出的是，在儿童语言中，一句话只有一种功能而不会出现多种功能。随着儿童语言逐渐向成人语言靠拢，功能范围逐渐缩小，微观功能就让位于宏观功能。

2. 宏观功能

相对于微观功能，宏观功能更为复杂、丰富和抽象。它是儿童由原型语言向成人语言过渡阶段出现的语言功能。宏观功能包括以下两类：

（1）实用功能

实用功能源于儿童早期微观功能中的工具功能、相互关系功能和信息功能。它是指儿童将语言视为做事的工具或手段。

（2）理性功能

理性功能由儿童早期微观功能中的个人功能、启发功能等演变而来。它是指儿童将语言视为学习知识和观察事物的途径和方法。

宏观功能处于早期儿童语言功能的过渡期，它与微观功能、纯理功能存在功能上的延续性，这反映了人类语言为数不多的几种功能可被运用于多种社会场合，同时也反映了人类在运用语言的过程中创造语言的必要性。

3. 纯理功能

韩礼德的纯理功能在功能语言学派中影响巨大。纯理功能包括以下三种：

（1）人际功能

人际功能是指语言具有表明、建立和维持社会中人的关系的作用的功能。通过此功能，讲话者能通过某一情境来表达自己的推断、态度，并对别人的态度、行为造成影响。

（2）篇章功能

篇章功能是指语言具有创造连贯的话语或文章的功能，这些话语和文章对语境来说是切题和恰当的。韩礼德认为，语篇是具有功能的语言。

（3）概念功能

概念功能是指人们以概念的形式对其经验加以解码，并通过语言对主客观世界发生的人、事、物等因素进行表达和阐述。

韩礼德认为，几乎每个句子都能体现语言的人际功能、篇章功能和概念功能，且这三种功能经常同时存在。

在如何看待语言本质的问题上，韩礼德对语言功能的论述为研究者们提供了一个全新的视角，推进了语言学界对语言的理解。后来的交际法教学流派（又称功能—意念教学流派）就是以韩礼德的语言功能理论为基础建立起来的。

（二）克拉申的二语习得理论

20世纪70年代，克拉申针对第二语言的习得发展了二语习得理论。[①] 该理论是最具

---

① 任蕾，马甦，于鸿波. 二语习得理论及外语教学应用研究［M］. 北京：中国书籍出版社，2023.

争议的二语学习理论之一，共包括下面五个部分。

1. 习得—学习假设

克拉申认为，"学习"和"习得"不同，它们是培养英语能力的两种途径。"学习"是学习者通过课堂学习等方式有意识地掌握语言语法规则的过程，而"习得"是学习者在无意识的状态下形成并掌握语言能力的过程，是一种类似于小孩子学习母语的过程。

克拉申认为，语言学习只能监控和修正语言，却不能发展交际能力，英语应该通过习得来获取。另外，习得能够发展交际能力。

2. 自然顺序假设

克拉申认为，一种语言的语法规则或结构是按一定的、可以预知的顺序习得的，这种情况也适用于第二语言（英语）的学习。

3. 输入假设

在克拉申看来，理想的输入应具备以下四个特点：

首先，应具有足够的输入（$i+1$）。$i+1$是克拉申提出的著名公式。其中，i代表习得者现有的水平，1表示略高于习得者现有水平的语言材料。这意味着，只要习得者能理解输入的材料，且达到了一定的量，就意味着已经自动有了这种输入。

其次，应具有可理解性。输入的语言必须可以理解，不可理解的输入对学生不仅无用，还会损害学生学习的积极性。可理解性的语言输入是语言习得的必要条件。

再次，应既有趣，又有关联。趣味性与关联性可以增强语言习得的效果。

最后，应按照非语法程序安排。在语言习得的过程中不必按语法程序安排教学活动，重要的是要有足够的可理解的输入。

按照克拉申的英语教学理论，英语教学时应尽量向学生提供可理解的语言输入，教师应使用一切手段来增大语言输入的可理解性。

4. 监察假设

克拉申认为，有意识的学得（知识或规则）只能起到监察的作用。这种监察作用可以发生在写或说之前或之后。

需要指出的是，学得的监察作用必须具备以下三种条件才能发挥出来：有足够的时间，清晰知道规则，注意语言形式。此外，这种监察作用在不同的语言交际活动（如口头表达与书面表达）中会导致不同的交际效果。

5. 情感过滤假设

"情感"指学习者的动机、需求、信心、忧虑程度及情感状态。这些情感因素会对语言的输入起到促进或阻碍的作用，因而又被视为可调节的过滤器。

根据情感过滤假设，英语学习者的积极情感态度有助于更多地输入目的语，而消极情感态度则会过滤掉很多的目的语。因此，教师应避免给学生施加压力，要努力创造轻松愉快、自由自在的学习气氛。

（三）斯温纳的输出假设

斯温纳基于加拿大法语沉浸式教学结果的研究提出了输出假设理论。斯温纳认为，语言输入是实现语言习得的必要条件，但是除了这一必要条件还需要其他条件，也就是说若使学习者的英语学习达到较高的水平，除了对其进行可理解的输入外，还需要考虑对学习者进行可理解的输出。[①]

学习者需要充分地理解并有效地运用既有的学习资源，将其准确、合理地输出。在这一过程中，语言水平才能得到较高程度的提升，也才能在不断输出的过程中意识到自己在语言表达方面存在的问题。在英语教学实践中，教师应该尽可能给学生提供充分的语言表达与运用的机会，不断地培养和提高学生语言表达的准确性与流利性。斯温纳认为，语言输出的作用主要体现在以下几个方面：①检验自己提出的假设是否正确，是否具有一定的可行性；②使学习者侧重把握语言形式；③让学习者能够有意识地进行自我反思。

斯温纳的输出假设理论对英语教学有一定启示作用。当英语教师意识到语言输出活动对语言学习的重要性之后，就会对此设计一些交际性的口头语言实践活动，如让学生组织辩论、进行复述、小组讨论等。在编写教材的过程中也会侧重添加一些实际性的语言输出活动，如角色扮演、针对某一话题发表不同意见和见解等。

（四）言语行为理论

言语行为理论作为语言语用研究中的一个重要理论，最初是由英国哲学家约翰·奥斯汀在20世纪50年代提出来的。之后，美国的哲学语言学家塞尔对言语行为进行了深入的探讨。因此，这里主要介绍二人的观点。[②]

1. 奥斯汀的言语行为理论

奥斯汀将话语分为表述句和施为句两大类别。此外，他还在此基础上提出了言语行为三分说。

（1）表述句与施为句

表述句是用来描写、报道或陈述某一客观存在的事态或事实的句子。表述句可以验证，并且具有真假值。

施为句是用来创造一个新的事态以改变世界状况的句子。施为句不可以验证，也不具有真假值。表述句与施为句的最大区别在于表述句以言指事、以言叙事，而施为句以言行事、以言施事。

（2）言语行为三分说

奥斯汀发现了表述句与施为句两分法的不足之处并修正了自己的观点，提出了更成熟

[①] 彭兵雄，肖陶，亢连连．英语读写结合教学理论与翻译研究［M］．汕头：汕头大学出版社，2021.

[②] 凌来芳．跨文化视角下的言语行为研究［M］．杭州：浙江工商大学出版社，2016.

的言语行为三分说。他将言语行为分为以下三个层次。

第一，以言指事行为，是指移动发音器官，发出话语，并按规则将它们排列成词、句子。它是通常意义上的行为。

第二，以言行事行为，是指通过说话来实施一种行为。它是表明说话人意图的行为，可将以言行事行为简称为"语力"。奥斯汀将以言行事行为分为评价行为类、施权行为类、承诺行为类、论理行为类、表态行为类五类。

第三，以言成事行为，是指以言取效的行为，它是指说话带来的后果。需要说明的是，以言成事行为或以言取效行为只是用来指一句话导致的结果，无论结果如何都跟说话人的意图无关。

2. 塞尔的言语行为理论

塞尔的主要贡献是改进了奥斯汀对以言行事行为的分类，并提出了间接言语行为理论。

（1）以言行事行为的分类

塞尔将以言行事行为分为以下五类：

①承诺类。它表示说话人对未来的行为做出不同程度的承诺。此类行为的动词包括 threaten、pledge、vow、offer、undertake、guarantee、refuse、promise、commit 等。

②表达类。它表示说话人的某种心理状态。此类行为的动词包括 congratulate、apologize、deplore、regret、welcome、condole、boast 等。

③断言类。它表示说话人对某事做出真假判断或一定程度的表态。此类行为的动词包括 deny、state、assert、affirm、remind、inform、notify、claim 等。

④宣告类。它表示说话人所表达的命题内容与客观现实之间一致。此类行为的动词包括 nominate、name、announce、declare、appoint、bless、christen、resign 等。

⑤指令类。它表示说话人不同程度地指使或命令听话人去做某事。此类行为的动词包括 request、demand、invite、order、urge、advise、propose、suggest 等。

塞尔的重新分类具有很强的科学性，直到今天仍在使用。

（2）间接言语行为理论

间接言语行为，就是通过实施另一行为而间接得以实施的言语行为。这种言语行为虽然表面上在进行"询问"，但实际上表达的是一种"请求"行为，即"请求"是通过"询问"间接实施的。

塞尔进一步将间接言语行为分为规约性间接言语行为和非规约性间接言语行为两个类别。规约性间接言语行为通常出于对听话人的礼貌，且根据话语的句法形式可立即推断出其语用用意。非规约性间接言语行为往往比较复杂，需要更多地依靠交际双方共知的语言信息与所处的语境来进行推断。

二、心理学理论

（一）行为主义心理学

行为主义学习理论最初来源于俄国生理学家巴甫洛夫的"条件反射"概念。20世纪初，美国心理学家华生创立了行为主义学习理论。美国学者斯金纳对华生的行为主义理论进行了继承和发展。这里主要介绍二人的观点。[①]

1. 华生经典行为主义理论

华生把有机体应付环境的一切活动称为"行为"，行为的基本成分是反应，反应分为习得的反应和非习得的反应。前者包括我们的一切复杂习惯和一切条件反射，后者则指我们在条件反射和习惯方式形成之前的婴儿期所做的一切反应。他将引发有机体反应的外部和内部的变化称为"刺激"，而刺激必然属于物理的或化学的变化：任何复杂的环境变化，最终总是通过物理变化或化学变化转化为刺激作用于人的身上。换句话说，刺激和反应都属于物理变化或化学变化，由此便形成刺激—反应（S-R）公式，通过刺激可以预测反应，通过反应可以推测刺激。

华生认为，学习就是以一种刺激替代另一种刺激建立条件反射的过程。在他看来，人类出生时只有几个反射和情绪反应，所有其他行为都是通过条件反射建立新的刺激—反应（S-R）连接形成的。

华生主张心理学应该摒弃意识、意象等太多主观的东西，只研究所观察到的并能客观地加以测量的刺激和反应，无须理会其中间环节，华生称之为"黑箱作业"。他认为人类的行为都是后天习得的，环境决定了一个人的行为模式，无论是正常的行为还是病态的行为都是经过学习而获得的，也可以通过学习而更改、增加或消除。他认为查明了环境刺激与行为反应之间的规律性关系，就能根据刺激预知反应，或根据反应推断刺激，达到预测并控制动物和人的行为的目的。华生认为，行为就是有机体用以适应环境刺激的各种躯体反应的组合，有的表现在外表，有的隐藏在内部，在他眼里人和动物没什么差异，都遵循同样的规律。

2. 斯金纳新行为主义理论

斯金纳认为，人们的言语以及言语中的各个部分都是在受到内部或外部的刺激的情况下产生的。具体来说，斯金纳提出了"操作性条件反射"的观点，这一观点强调语言学习的过程是一个不间断的操作过程，即发出动作然后得到一个结果或一个目的，这一动作就被称为"操作"。如果这一动作的结果是满意的，操作者就会重复"操作"，这时"操作"便得到"强化"，也称为"正向强化"。

---

① 张厚粲. 行为主义心理学［M］. 杭州：浙江教育出版社，2003.

斯金纳认为，在某一语言环境中，他人的声音、手势、表情和动作等都可以成为强化的手段。例如，教师可以通过表扬、肯定、满意的表示，使学生的某种言语行为得到强化。只有言语行为不断得到强化，学生才能逐渐养成语言习惯，学会使用与其语言社区相适应的语言形式。如果没有得到强化，语言习惯就不能形成，语言也就不能学习到。在学习时，只有反应"重复"出现，学习才能发生。因此，"重复"在学习中的作用是不容忽视的。

行为主义学习理论的形成主要基于以下六个观点：

①语言是一种习惯，是人类所有行为的基本部分，是在外界条件的作用下逐步形成的。

②在语言习得和语言学习过程中，外部影响是内在行为变化的三要因素。因此，语言行为和习惯受外部刺激的影响而发生变化，而不受内在行为的影响。

③习得和学习语言的过程是按照操作制约的过程进行的，即发出动作—获得结果—得到强化。

④学习是刺激与反应的连接，其基本公式为 S-R。也就是说，有怎样的刺激，就有怎样的反应。

⑤学习过程是一种渐进的尝试—错误的反复循环—最后成功的过程。学习进程的步子要小，认识事物要由部分到整体。

⑥强化是学习成功的关键。语言行为需要正向强化才能形成并得到巩固。正向强化主要指学习上的成就感及他人的赞许和鼓励，它是帮助学习者形成语言习惯的重要的外部影响因素。

当然，行为主义学习理论有很多不足之处，如它完全否认人类学习的内在心理机制，忽视了人类的主观能动性，难免会走向机械主义和环境决定论，受到认知主义等学习流派的批评。例如，在语言学习的初级阶段，学生的不断观察、模仿和实践就是遵循了行为主义的学习理论。在英语教学的初级阶段，反复操练被看作语言学习的一个重要且有效的手段，并得到了广泛的应用。

（二）人本主义心理学

人本主义的学习理论起源于二十世纪五六十年代兴起的一种心理学思潮。人本主义心理学起初并不是形成于对学习和学习过程的研究，而是从临床心理学家、社会工作者和心理咨询工作者等一些对人类行为的基本原理和基本假设持有相似观点的心理学家的应用研究中产生的。人本主义心理学的主要发起者是马斯洛，近年来影响较大的代表人物是罗杰斯。他们认为，教育能够为学习者提供一个心理环境，这个环境充满人情味，学习者在这个环境中得到辅导并将其固有潜能充分地发挥出来。下面对他们的观点进行具体介绍。①

---

① 车文博. 人本主义心理学 [M]. 杭州：浙江教育出版社，2003.

人本主义心理学的动机论是以马斯洛的"需求层次理论"为基础的，马斯洛从人的自我实现需求出发，将人的需求从低级到高级分为五个等级：生理需求、安全需求、社交需求、尊重需求、自我实现需求。其中，自我实现需求指的是人类能把自身中的潜在东西变成现实的东西的基本倾向，是最高层次的需求。自我实现是对天赋、能力、潜力等的充分开拓和利用。这样的人能够实现自己的愿望，对他们力所能及的事总是尽力去完成。马斯洛认为，人具有"自我实现"的动机，有"自我实现"需要的人总是致力于他们认为重要的学习和工作。

1. 需求层次理论

以马斯洛的需求层次理论为基础，罗杰斯提出了"自我实现"的三个阶段。

（1）"映射"阶段

在这一阶段，人的自我发展是由外界要求的"映射"产生的。例如，学生说："我要努力学习，因为老师这样要求我们。"

（2）混乱阶段

当学生有一定的自我意识后，教师对学生的要求往往与学生自己的观点产生矛盾，结果造成学生无所适从，处于混乱阶段。

（3）自我实现阶段

当学生的自我意识占据主导地位并认识到自己的价值和能力时，学生便能独立地、创造性地做出判断和决定，从而实现自己的愿望。

2. 学习类型论

罗杰斯将学习分为两类，即无意义学习和有意义学习。

（1）无意义学习

无意义学习只涉及心智，它不涉及人的感情或个人意义，与完整的人无关。无意义学习类似于无意义音节的学习。学生要记住这些无意义音节是一项困难的事，因为它们是枯燥乏味、无关紧要、很快就会被忘记的东西。在罗杰斯看来，学生在课堂里学习的内容，有许多对学生来说都具有这种无意义的性质。几乎每个学生都会发现，课堂中有很大一部分内容对自己是无个人意义的。

（2）有意义学习

有意义学习不仅是一种增长知识的学习，而且是一种与每个人各类经验都融合在一起的学习，还是一种使个体的行为、态度、个性及未来选择行动方针时发生重大变化的学习。罗杰斯认为，有意义学习能将逻辑与直觉、理智与情感、概念与经验、观念与意义等结合在一起。

罗杰斯认为，有意义学习包括以下四个要素：

第一，学习具有个人参与的性质，即整个人的认知和情感都投入学习活动之中。

第二，学习是自我发起的，学生由于内在的愿望主动去探索、发现和了解事件的意义。

第三，学习是渗透性的，它会使学生的行为、态度乃至个性发生变化。

第四，学习是由学生自我评价的，学生自己评估自己的学习需求、学习目标是否完成等，因为只有学生自身最清楚某种学习是否满足自己的需要、是否有助于获取想要的知识、是否明了自己原来不甚清楚的某些方面。

3. 学习实质论

人本主义心理学指出学习的实质是形成与获得经验，学习的过程就是经验的形成与获得的过程。在人本主义心理学的基础上，本书从以下四个方面来解释学习的实质。

（1）学习即"形成"

人本主义学习理论重视学习方法的学习和掌握，强调在学习过程中获得知识和经验。在实际学习过程中，很多有意义的知识或经验不是从现成的知识中学到的，而是在做的过程中获得的。学生通过参加学习活动，进行自我发现、自我评价和自我创造，从而获得有价值的、有意义的经验，获得学习的方法。所以，最有用的学习是学会如何进行学习。

（2）学习即理解

个人的学习不是机械的刺激和反应之间的连接的总和，而是一个心理过程，是个人对知觉的解释。具有不同经验的两个人在知觉同一事物时，往往会出现不一致的反应，这是因为两个人对知觉的解释不同，所以他们所认识的世界以及对这个世界的反应不同，而并非连接的不同所致。因此，要了解一个学生的学习过程，关键是要了解学生对外界情境或刺激的解释，而不是只了解外界情境或外界刺激。

（3）学习即潜能的发挥

人本主义心理学家认为，人类具有学习的自然倾向或学习的内在潜能，人类的学习是一种自发的、有目的、有选择的学习过程。人本主义的学习观将学生看作一个有目的、能够选择和塑造自己行为并从中得到满足的人。因此，教学的任务就是创设一种能够有效激发学生学习潜能的情境，使学生的潜能得以充分发挥。罗杰斯强调教学要以学生为中心，教师的任务是帮助学生增强对自我和变化的环境的理解。此外，人本主义学习理论还强调学习过程应该是一个愉快的过程，在教学中不应将强迫、惩罚及种种要求或约束作为促进学生学习的手段。

（4）学习是对学生有价值的学习

马斯洛和罗杰斯都强调，学习的内容应该是对学生有价值、有意义的知识或经验。罗杰斯认为，只有当学生真正地了解所学内容的用处时，学习才能成为最好的、最有效的学习。通常来说，学生感兴趣并认为有用处、有价值的经验或技能比较容易学习和保持；而那些学生认为价值小且效用不大的经验或技能通常学习起来很困难，也容易被遗忘。人本主义学习观提示教师要尊重学生的兴趣和爱好，尊重学生自我实现的需要，在课程内容的设置上给学生以充分的自由，允许学生根据自己的兴趣和爱好以及自我需要适当选择学习内容。

（三）认知心理学

认知学习理论是通过研究人的认知过程来探索学习规律的学习理论。认知学习理论倡导者认为，学习就是面对当前的问题情境，在内心经过积极的组织，从而形成和发展认知结构的过程，强调刺激—反应之间的联系是以意识为中介的，强调认知过程的重要性。认知学习理论的代表人物有很多，其中皮亚杰是杰出的一个。皮亚杰创立了日内瓦学派和信息加工心理学，即运用信息加工的观点研究人的认知活动。①

皮亚杰认为，无论一个人的知识多么高深、复杂，都可以追溯到他的童年，甚至是胚胎时期。皮亚杰的理论试图以认知的社会、历史根源及认知所依据的概念和"运算"的心理起源为依据来解释认知，尤其是科学认知。在皮亚杰看来，人出生以后如何形成认知、发展思维，受哪些因素制约，各种不同水平的智力及思维结构是如何出现的等问题都值得研究。因此，他的研究主要集中在两个方面：认知发展的阶段理论和认知发展的机制。其中，认知发展的阶段理论最具广泛的影响意义。皮亚杰认为，成熟、练习与经验、社会性经验、平衡化是影响人的心理发展的四个基本因素。

总之，认知心理学冲破了行为主义对心理学的禁锢，对原先无法探测的大脑活动过程进行科学的抽象，简化为可以直接观察的心理模型，通过客观方法研究更加高级和复杂的认知活动，使人类对自身的认识向前推进了一大步。

第二节　高校英语教学的原则

一、以学生为中心原则

学生是教学活动的主体与内在因素，英语教学要以学生为中心，充分发挥学生的主观能动性，从而提高教学效率。在英语教学中，实施学生中心原则要求教师从以下两个方面着手：教材分析要以学生为中心、教学方法和手段的选择要以学生为中心。

（一）教材分析要以学生为中心

教材分析时，教师应充分理解并把握教学内容，了解学生所处的不同阶段的实际情况以及学生的学习能力状况，以此作为调整教学目标与任务的依据；教师还要根据学生的需要，对教材内容与活动进行心理化处理和最优化处理，使教材与学生的经验与体验结合起来，将教材内容变成问题的链接和师生对话的中介，使教材更好地服务于教学。

（二）教学方法和手段的选择要以学生为中心

在英语教学过程中，教师应选取多样化的教学方法和手段，做到以学生为中心。直观的教学方法可以使学生直接感受和理解语言，通过视、听、说可以激发学生参与的兴趣，强化记忆。形象化教学手段可以适应学生的直觉思维特点，因此教师可选择一些利于激发

---

① 王恩国. 认知心理学［M］. 北京：中国科学技术出版社，2014.

学生兴趣和好奇心的媒体，如幻灯片、投影、模型、录音、图片等，使他们积极地参与课堂学习，自然地感知语言，满足个人的需求。

二、循序渐进原则

英语教学的循序渐进原则主要包括以下三层含义：

①语言的学习应从口语开始，然后逐渐过渡到书面语。英语包括两种形式：口语和书面语，且口语早于书面语出现。与书面语相比，口语词汇通常较为常用，句子结构简单，学习起来比较容易。学生通过口语的学习可以尽快地获得交际技能，满足日常交际的需要，这样就达到了学用结合的目的。

②就听、说、读、写等语言技能的培养而言，教师应该侧重培养学生的听说能力，再逐渐过渡到读、写技能的培养上。听、说、读、写是英语的四项基本技能，应该全面发展，但是在不同的阶段，侧重点应有所不同。听、说教学能使学生掌握基础的语言知识，包括语音、词汇、句子结构等，这能为读、写能力的培养奠定基础。因此，在英语学习的初级阶段，教师应加强听、说的教学，然后再逐步向读、写教学过渡。

③英语语言知识获取、语言技能及使用语言的能力的提高是一个循序渐进的过程。学习英语是一个螺旋式发展的过程，需要反复循环，但这种循环并非单一的重复，每一次重复应在难度和深度上都有所提高。此外，循环往复要求教学中要做到以旧带新，从已知到未知。因此，教师应以学生已有的语言知识和已熟悉的语言技能为出发点，传授新知识，培养新的技能。

三、输入优先原则

英语教学要坚持输入优先原则。输入和输出，是指学生通过听和读接触英语语言材料以及通过说和写来进行表达。语言输入的量越大、质越好，语言输出的能力就越强。可见，输入是输出的基础。

输入优先原则的主要依据是埃利斯在其著作《牛津应用语言学丛书：第二语言习得研究（第二版）》中，对英语学习中对待语言输入的三个方面特点的总结和归纳：

①可理解性，是对所输入语言材料的理解。

②趣味性和恰当性，指学习者对所输入的语言材料要感兴趣。

③足够的输入量。[①] 足够的输入量在英语教学中至关重要，但目前英语教学对此点有所忽视。

基于埃利斯对语言输入三方面特点的总结，在英语教学中坚持输入优先原则要注意以下几个方面：

①注重输入内容和输入形式的多样化。输入形式可以包括声音、图像、文字等，语言

---

① 埃利斯. 牛津应用语言学丛书：第二语言习得研究 [M]. 2版. 上海：上海外语教育出版社，2013.

题材和体裁要内容广泛、来源多样。例如，利用在日常生活中每天都会接触到的文具、衣服、道路标志、电器等就可以帮助学生无意中学到许多英语知识。

②教师可以通过视听、听和读等多种手段，尽可能多地让学生接触英语，多给学生可理解的语言输入。教师应该打破课内外的界限，利用贴近学生日常生活和学习、适合学生英语水平、具有时代特色的声像材料和读物等，扩大学生的语言接触面，增加学生的语言输入，以利于学生更好地学习英语。

③着重强调学生的理解能力，为学生提供的语言材料要切合学生的实际情况，具有可理解性与趣味性。向学生输入的材料要符合学生的现有水平，只要求学生理解，不必刻意要求学生即刻输出。从教学方法而言，这也坚持了先输入后输出的原则。然而仅依靠语言的输入不可能全面掌握英语知识并形成综合运用英语的能力，还需要适当的口头和笔头的表达来检验和促进语言的输入。

④鼓励学生进行模仿。有效的模仿是模拟生活中的真实情景，注意语言结构所表达的内容。换句话说，模仿最好是让学生身临其境去使用所要模仿的语言。例如，在结对练习、小组练习的时候，只有让学生根据实际情况使用所学习的语言，才能把声音和语言的意义结合起来，学生才会在课外运用所学语言。模仿是在优先输入语言的基础上，对语言进行的有效练习和输出实践。

四、兴趣性原则

在英语教学中，教师应意识到兴趣的巨大作用，尽可能调动学生的内在动机，激发学生对英语学习的主观愿望，以获得更好的教学效果。在英语教学中，教师可从以下几个方面来调动学生的学习兴趣：

①尊重学生的主体性，充分了解学生的特点。教师必须清楚地认识到学生是英语课堂的主体，学生通过积极主动的尝试与创造，才能获得认知和语言能力的发展，教学活动也才能达到预期的效果。教师要根据学生的心理和生理特点，遵循语言学习规律，采用多种教学方式，让学生通过体验和实践进行学习，从而形成语感，提高交流能力。

②改变强调死记硬背、机械操练的教学方式以及传统的英语测试方式。英语学习需要一定记忆活动，但是如果机械性操练太多太滥，则很容易使学生降低甚至失去学习兴趣。为此，教师应该以学生感兴趣的方式帮助学生获取知识，使他们在获得交际能力的同时，综合素质也得到相应提高。

③对教材进行深度挖掘。教师在备课过程中，应认真地研究教材，挖掘教材中学生感兴趣的内容与话题，使每节课都有让学生感兴趣的内容和活动，以最大限度地调动学生的学习积极性。

五、系统性原则

在英语教学过程中要遵循系统性原则，目的是使学生对所学内容有比较系统、完整的概念，在各部分知识之间和新旧知识之间建立有机的联系，思路清晰而有层次地消化所学内容。具体来说，系统性原则主要涉及以下几点。

（一）系统安排教学工作

英语教学工作的安排要有计划性，要求教师做到以下几点：

①要有计划地备课。例如，一篇课文要上八课时，在备课时要全部备完，不能今天上两节课就备两节课的内容，要一次备好。

②讲解要逐步深入、条理分明、前后连贯、新旧联系、突出重点，一环扣一环，一课套一课，形成一个有机而系统的体系。

③教学的步骤和培养技能的方法应该符合语言掌握的过程。要根据课程的最终教学目的，由易到难，逐步提高要求。

④练习布置要具有计划性。要先进行训练性练习，然后再进行检查性练习。此外，练习的形式要具有体系性，相同的练习形式也要有不同的要求。

⑤布置家庭作业和讲课的重点应当密切结合。每次布置作业要有明确的目的，课内课外要通盘考虑。

⑥要经常检查学生掌握知识和技能的情况，每堂课要有一定的提问并作相应的记录，这可以对学生的学习起到督促作用。

对于学生的平时成绩不能仅凭教师的印象来评定，平时对学生所做的口、笔头作业要有记录。

（二）系统安排教学内容

英语教学内容的安排要有严密的计划和顺序。教师应该按教科书的特点和班级的情况合理组织讲课的内容，确定讲课的重难点。当出现一个生词时，不要急于一次把这个生词的所有意义、用法全部讲授给学生；当教授一条新的语法规则时，不要一次向学生交代这条规则的全部知识，要将知识分步讲授给学生。教学内容的安排应该服从教学的系统。这样才能由浅入深、由易到难、由分散到系统。

（三）系统安排学生学习

教师要指导学生进行连贯的学习，即要循序渐进、持久地学习。因此，教师在教育学生时要有恒心，要经常带领学生做功课和进行复习。教师还要指导学生正确处理平时和期末的关系，必须向学生明确，即将学习重点放在平时，平时训练要从难从严。此外，教师还要经常关心和指导学生的学习方法，并针对学生的个人特点因材施教。

六、真实性原则

在英语教学中，教师要实现语用真实，应做到以下几个方面：把握真实语言运用的目的、采用语用真实的教学内容、设计组织语用真实的教学活动、设计语用真实的教学检测评估方案。

（一）把握真实语言运用的目的

英语教学的最终目的是培养学生的综合语言运用能力，这种能力实际上就是一种语用能力。这里的语用目的是指教学内容体现在语用能力方面的教学目的，主要表现在以下三个方面：①语句的语用功能目的；②对话语篇的语用功能目的；③短文语篇的语用功能目的。

（二）采用语用真实的教学内容

在教学开始之前，教师应从语用的角度对讲授内容进行详细全面的分析，研究语句使用的真实语境，准确把握讲授内容中语句的真实语用内涵，选用语用真实的例句与练习，这样就可以在教学前就指向语用教学，从而保证学生能够获得语用真实的英语运用能力。

（三）设计组织语用真实的教学活动

对学生语用能力的培养应贯穿于整个英语教学过程，因此教师应基于语用真实的指导思想来设计教学活动，将语用能力的培养与呈现、讲解、例释、训练、巩固等课堂教学活动紧密结合起来。

（四）设计语用真实的教学检测评估方案

教学检测评估对教与学都具有重要的反拨作用。设计语用真实的教学检测评估方案，可以找出学生语用能力的不足之处，从而对教学方式进行有针对性的调整与改进。此外，语用真实会引导学生在学习中更加自觉地把握学习内容的真实语用内涵，强化学生运用英语的自我意识。

七、课内课外活动相结合原则

在教学实践中，要遵循课内与课外活动相结合原则，主要是因为二者之间存在互补性，具体体现在以下两个方面：

①课外活动具有自愿性和选择性，学生可以根据自己的兴趣爱好选择参加感兴趣的活动。课内活动一般是无法自由选择的，课内活动必须按照规定的教学大纲有序进行，一般具有统一的课程和课时，这样可以保证全班同学在相同的教育过程中保持相同的步调，既有利于培养学生个性的共同点，又有利于学生系统地习得语言知识。课外活动则基本上是

以学生的兴趣为主，遵循学生的自愿性进行。

②课外活动是真正以学生为中心，由学生独立进行和完成的教学活动，教师只是在有需要的情况下提供适当的帮助，因此课外活动更能发挥学生的主动性和独立性，更能培养学生自主学习的能力。相对而言，课堂教学活动则具有一定的局限性。

根据我国目前高校的英语教学状况，为了更好地将课堂教学与课外活动相结合，发挥它们的互补作用，就要在优化课堂教学的同时，加强课外活动，具体可从以下两个方面着手：

①激发学生在课堂活动中的主体积极性。课堂教学实际上是教师与学生以教学影响为中介的交互作用过程，这个过程能否发挥交互作用效果，很大程度上取决于学生的主体积极性。因此，如何激发学生的主体积极性就成为贯穿于英语课堂教学始终的问题。

②减少课堂教学时间，提高课堂教学效益。学生的潜能和优势得不到发挥，学生的创造性得不到锻炼，学生的综合素质怎能有效提高呢？因此，我们提倡高校减少课堂教学时间，增加课外活动时间总量。与此同时，要提高课堂教学的效益，即师生以最少的时间和体脑耗费取得最大的教学效果，只有在减少教学时间的同时，提高教学效益，才能保证整体的教学质量。

八、合理使用母语原则

在英语教学中，教师应当提倡学生多说英语、多用英语，但这并不意味着不能使用母语。在英语课堂上可以合理使用母语，利用母语优势帮助学生理解学习过程中的难点，这对提高教学效果有利无害。合理使用母语原则，包括在英语教学中利用母语的优势和避免母语的干扰两个方面。

（一）利用母语的优势

教师在英语教学中要学会利用母语的优势，借助汉语对一些词义抽象的单词和复杂的句子加以解释。英语学习是学生在熟练掌握母语之后进行的学习实践，学生在英语学习之前已经形成了对时间、地点及空间等的概念，已学会了表达这些概念的语言手段，况且英语汉语两种语言在结构和使用方面也存在许多差异，这些语言文化差异往往会造成学习英语的障碍。因此，利用母语的解释可以帮助学生更快、更好地学习和掌握英语的某些概念。此外，适当地使用母语进行教学，有助于学生理解母语和英语之间的差异，了解英语语言结构和规则的特点，有助于师生之间的顺利沟通以及深化对语言差异的理解，从而增强学习效果。

（二）避免母语的干扰

母语先于英语第二语言的学习且已基本上被学生熟练掌握。英语的学习是个相当复杂的过程，母语的使用习惯可能会给英语学习带来障碍。在英语的教学过程中适当使用母语，用母语简单讲授英语、汉语两种语言在某一结构、某一用法上的差异和特点是可以的。但对母语优势的利用一定要掌握一个"度"，避免将母语的使用规则迁移到英语的使用上。如果过多地或一味地使用母语，在很大程度上会给英语的学习带来不利。在英语教学中利用和控制使用母语，要注意以下几个方面：

①教学方法的改进和现代教学手段的运用，使用母语作为教学手段的效果日益减弱且劣势日益明显。英语教师结合现代化教学设备，运用更加直观的教学手段有更大的创造空间。

②在英语教学中，学生对所学英语词句的理解是相对的。理解包括知道这些语言现象及隐藏在现象后的本质。在初始阶段，没有必要引导学生过分追求本质，这主要是由于英语的很多用法是习惯问题，很多情况用逻辑推理不通。

③在英语教学中，教师应控制使用母语，尽量用英语上课。要充分考虑自身运用英语的能力、学生的理解能力和接受效果，教师要尽量用教过的英语授课，可以借助图画、实物、表情、手势等直观手段，也可以将关键词写在黑板上，跟学生交流，使师生的交际能力在课堂教学中得到有效提高。

总之，英语教学的过程要成为有意识地控制使用母语和有目的地以英语作为语言交际工具和媒介的过程，坚持合理使用母语原则才能更有效地优化教学效果。

九、最优化原则

在英语教学中，最优化原则体现在某一方面知识内容的教学中，在几种教学媒体都可用的情况下，选用教学效果最好的媒体；教法选择最优化；结构安排最优化；角色搭配最优化；具体运用最优化。针对在非母语环境下进行英语教学的现状，努力营造轻松自然的教学氛围，促进语言习得。因此，多媒体软件和课件要便于学习者操作和控制。具体来说，课件的内容、布局、导航图标性能、菜单功能设计及学习者的自由度，是影响学习者操作和控制课件的主要因素。为了提高学习效率，减少学习者的焦虑感，增强他们的学习兴趣和信心，课件制作时应该从学习者的需要出发，尽可能地方便使用。

十、精讲多练原则

精讲多练原则既肯定了讲和练的作用，又明确了讲和练的地位。讲涉及的是语言知识，练涉及的是语言技能。下面进行具体分析。

（一）语言知识促进语言技能的培养

既然英语教学将交际能力作为培养目标，那么实践性就是英语教学的特点之一。在英语课上必须以语言实践为主，课堂上绝大部分时间要用于实践。但是适当地传授语言知识，可以帮助学生更好地进行实践，提高学习的效果。语言知识讲授的范围、深度、方法和时机，要由语言实践和教学的需要来决定。

在初级阶段的英语教学中，教材内容简单并且每课只包含有限的句型和单词，通过反复直接练习就能熟练地掌握。本阶段的教学重点是引导学生养成运用英语的习惯和掌握正确的学习方法。语言材料的有限性，使语言知识的讲授对学生的学习没有多大帮助。当英语教学向高级阶段推进，学生需要学习更多的句型和单词时，教师就需要让学生利用单词或句子间的关联来进行学习，并且从一些语言材料里总结出语法规则。在这一阶段，语言知识的讲授对学生才能发挥出应有的作用。然而，此时还是要注意精讲多练，不能喧宾夺主。

在英语教学的后期，语言知识的讲授有助于培养学生的自学能力。不是一切都在规则的统领之下，有时候最常用、最简单的单词，往往具有不合常规的词形变化和发音规则。这就要求学生多模仿教师，教师不要急于引导学生过多地追问为什么。精讲多练是学习英语稳妥而有效的方法，但随着学习进程的推进和学习内容的复杂，就有必要通过适当地讲授一些语言知识来发挥思维理解的作用。

（二）语言操练交际化

语言操练并不等于语言交际，前者关注的是语言形式，使学生在语言操练里掌握语言形式；后者关注的是语言内容，使双方达到相互了解。

1. 语言操练是交际能力培养的手段

英语教学中的语言操练包括以下三种练习形式：机械练习，如句型操练等；有意义的操练，如围绕课文或情境进行的模仿、问答、复述等；交际性操练，如联系自己的生活实际，利用课文里的词句叙述自己的思想、表达课文学习后的体会等。这三种练习形式在难度、与语言交际的接近程度上都在递进，体现出由操练到交际的进程。英语教学的目的是培养学生的英语交际能力，而不是使学生掌握语言形式。但是培养学生的交际能力，必须借助语言操练这个手段。二者对于英语教学目的的实现都非常重要，缺一不可。语言操练和语言交际相互联系、相互区别，有时没有明显的分界线。教师每次讲授新材料时，都要先进行机械练习，再进行有意义的练习，再进行交际性练习，使学生最后能运用所学的新材料进行交际。不能把语言操练和语言交际对立起来，而是要看到它们之间的联系，一步一步地将语言操练推向语言交际。

2. 将交际场合迁入课堂练习

教师应尽量将交际场合迁入课堂练习，使课堂练习接近语言交际情境。教师应该创造一定的情境，多给学生一些用英语进行交际的机会，鼓励学生带着表情和肢体动作进行英语交际，要像演戏一样将生活中的交际场合搬进课堂练习。在这个过程的开始阶段，教师和学生可能觉得不好意思，但是随着练习的增多，他们会逐渐习惯这种模式并觉得很自然。教师借助适当的表情、肢体动作进行英语交际，不仅能增大说话的力量，还能够激发学生的兴趣，帮助学生记忆，从而提高教学效果。

3. 将交际形式迁入课堂练习

教师应尽量将交际形式迁入课堂练习，使英语课堂教学模拟日常生活中的交际形式，为学生在日常生活中使用课堂上所学的英语知识创造条件。日常生活交际形式包括：问候、打招呼；会话；自言自语；讲故事；对人、物、画面的介绍；请求、命令；解释或说明事物或问题；演说、做报告；作文、写信。英语教学可以采用这些形式的课堂练习，在课堂上将生活中常见的交际形式训练到自然的程度，学生的交际能力就会逐渐提高。

  英语课堂的活动包括教师组织教学，讲解单词、课文和语法，布置作业，对学生进行奖评和考核，学生请教师解答疑难问题等，所以教师和学生不缺乏用英语进行交际的机会。教师要努力将所学英语用到师生间的交际中去，积极扩大使用英语的阵地，这样学生运用英语的能力才能提升、习惯才能养成。在注意课堂上用英语进行操练的同时，教师还要注意引导学生在课外活动和生活中使用英语。操练服务于使用，使用是对操练的检查和扩展。只有将操练和使用相结合，英语教学的目的才有可能实现。

第二章 高校英语的主要教学模式

第一节 高校英语常用教学模式

一、交际型教学模式

（一）交际型教学法的内涵和特点

交际能力最初的定义为"什么场合说什么样的话、什么时间适合说话"。交际能力具有四个特点：语法性，相当于语言能力；可行性，即可接受的程度；得体性，语言要符合即时场景，恰到好处；现实性，是实际生活中使用的语言。交际能力的重要性不言而喻，交际型教学法可以在一定程度上帮助学生学习英语。

在高校英语教学中运用交际型教学法，一般需要注重三个学习原则：沟通原则、任务原则、意义原则。沟通原则是需要在一定的沟通情境中来增强相应的学习效果，任务原则是由语言沟通来完成相应的教学任务，意义原则是要能够对学生产生一定的影响。交际型教学法的核心是可以用语言去学和学会用语言，教学目的就是让学生获得相应的交际能力。

（二）跨文化交际的高校英语教学模式

自中华人民共和国成立以来，广泛受到国际友好国家的帮助，并且时常与他国进行沟通交流，所以对于外语尤其是英语这种世界性语言，我国在教学上非常看重。在教育方面，我国从小学到大学一直在进行英语教育，但是效果甚微，虽然试卷成绩不错，但是在实际应用过程中却不尽人意，高校英语教学就是一个典型的例子。这主要是由于跨文化交际并不单单是要掌握语言的应用，在交际的过程中，更要注重对文化的学习。经过多年的观察与研究，笔者总结出了七点阻碍其模式发展的原因：一是在教学过程当中过分注意语法的应用，忽略了对文化的研究；二是缺乏一个有利于学习外语的环境，在培养学生时只注重试卷的分数而往往忽略对学习氛围的关注；三是缺乏大纲，普通高等院校普遍没有一个系统性的针对跨文化交际英语教学的培养大纲；四是从学校到教师再到学生缺乏跨文化交际的概念，并不重视这方面的培养；五是缺少交流机会，虽然跨文化交际这一理念被提出来了，但并不真正地举行跨国文化交流会，充其量是学生与学生之间、学生与教师之间进行一定的互动交流；六是缺乏主要的跨文化交际模式的英语教材，高等院校普遍还在采用传统的教材，不利于跨文化教学的开展；七是没有系统的评估手段，依然是通过考核来检查学生在一段时间内的学习效果，走的是传统重复教学的路线。以上七点是真正阻碍跨文化交际的高校英语教学模式发展的重要因素。

我国从民国之初到现在经历了100多年的变革，在这100多年内始终积极培养对外人才，努力学习外国文化精粹，我国的教育水平虽然有所提高，但是教学思想仍然滞怠，所以对于跨文化交际英语教学来说其效果还停留在几十年前的水平，而一些所谓的专业人士却认为我国的跨文化教育已然成熟，并且经历了四个阶段，第一阶段是培养语法知识阶段，第二阶段是熟悉规律阶段，第三阶段是认知阶段，第四阶段是成熟地运用社会文化能力和跨文化交际能力阶段。然而诚如这些专家所说，根据系统资料，我国各大院校毕业人才当中，能够熟练应用英语进行跨文化交际的人才并不多，大部分的学生无法进行跨文化交际或者根本无法熟练应用英语这一语种。现在普遍认可的语言教学法流派基本上有五种，分别是直接法、听说法、翻译法、交际法、认知法，但是无论是哪一种方式，如果脱离了对外文环境的融入，脱离了对外国文化的研究，脱离了对具体操作方式的应用，都无法真正教育出大批量的可进行跨文化交流的学生，所以构建跨文化交际高校英语教学模式势在必行。

跨文化交际高校英语教学模式是基于文化教学、文化理念、文化环境、文化影响的一种精心计划的教育方针。在这一模式构建当中既要体现教学内容，也要体现教学材料、教学原则及教学目的等诸多具体的符合语言文化环境发展的客观因素，由于篇幅有限，单从教学原则及目的两方面出发，为大家进行分析。

1. 跨文化交际高校英语教学模式构建的原则

制定教学目标所遵循的原则。总体方针与变化型策略相互辅助。以《大学英语课程教学要求》为教学大纲，系统地归纳"要求"当中的具体实施点。确定教育学生的具体方针，但是在教学过程中，要根据自身学校的师资水平及本校学生的学习理念来制定具体的可变性的教学内容，这一内容既要符合总方针思想又要符合跨文化理念。将试卷考试及语法测验作为辅助性考察范围，而将学生对英语的掌控应用以及对文化理念的熟识程度作为考察的第一目标。

确定语言教学内容所遵循的原则。不要死板地套用《大学英语课程教学要求》作为教学依据，应形成一套从外国文化入手，配合语言教学的具体的教育体系。注重对外国精粹文化内涵的选择，并且善于在课堂上应用这一思想内涵，通过联想教学、组织教学等多种有效的教学手段，提升学生对内涵文化的听说读写能力。以内容为典型，以围绕内容展开的具体应用为教学手法，以趣味性教学为教学理念，如此才能在学生理解课文内容的基础上，理解其中的内涵，并围绕内涵展开一系列的单词、语法、应用效果的转换。

确定文化教学内容所遵循的原则。语言形成文化但并不代表文化。在交际过程当中，作为教育工作者来说，最重要的是应注重学生的表达能力而非课卷评分，所以在选定教学内容的同时，要注意实际语言的应用，选定典型文化差异内容，杜绝文化负迁移。通过培养语言能力和学习文化知识，形成系统的应用教学，同时研究外国文化的精神特点，以此作为教学内容安排的依据。并且以语言为具体的传播导向，克服外文内容和本土内容融合中的差异。从内容的本身就注重对于外文素质的培养，并将语言能力作为第一培养要素。

确定课堂语言教学所遵循的原则。语言是文化的基础，听说读写都是进行语言文化学习的主要途径，基于文化创新教育正是跨文化交际英语教学模式的主要理念，所以教师在教导学生注重学习语言语法的同时，还应从听觉、视觉、感觉等方面系统培养学生语感，使学生在学习课堂内容的同时，还能感同身受地处于文化理念的包围当中，从而举一反三。针对课堂文化教学内容进行主导性的反思，灵活运用当下发生的时事新闻对学生进行巧妙的理念灌输，并充分利用网络，配合时事新闻教学，对学生进行课后辅导或课后作业布置。时刻运用情景、心理、功能、意念、语体、语调、语法等辅助手段，从教学生活及日常活动中巧妙地影响学生，并在此过程中注意对实际操作的运用，将课堂内容引向课外生活才是最为适应于跨文化交际高校英语教学模式的理念。

确定课堂文化教学所遵循的原则。合作式学习、研讨式学习是现有的课堂文化当中比较利于学生学习的一些方式。丰富的课堂设计，互动形式的课堂研究，能有效巩固知识要点，突出文化教学特点，增强课堂体验效果，从侧面强化教学条件，从基础加深学生学习理念，并让学生学以致用，灵活运用到日常学习当中。

2. 跨文化交际高校英语教学模式构建的目的

教学目标是跨文化交际高校英语教学模式的一项重点理念体现，其目的就是增强跨文化交流，培养学生的交际能力。由此可从以下几个方面来进行系统的表述：

（1）培养学生的英语综合应用能力

综合应用能力是重点教学目的，注重于交际，在英语教学过程当中，语言能力、技术能力、运用能力都可以看作这一能力的具体体现。如果将综合应用能力比作一台机械，语言能力就是这一机械的电源，技术能力就是这一机械的操作手法，运用能力则是这一机械的具体生产效果。到目前为止，就跨文化而言，综合应用能力的提升才是完美实现其交际交流的主要手段，而综合应用能力的运用也是体现交际能力的主要方式。

（2）培养学生的跨文化交际认知能力

在英语教学过程当中，综合应用能力是主要的一部分，但是作为跨文化交际能力来说，它也仅是一个重要部分，并不等同于全部的跨文化教育理念。通过多年的实践，各大院校总结出了一个具体研究方向，那就是认知能力。认知能力是真正左右跨文化交流的根本所在，对课文、文化、内涵、应用、语法等一切综合运用手段，如果没有既定的认知能力，那么就无法在不同的环境、不同的背景、不同的理念之下有效地进行文化交际能力的培养。所以，我们要从认知因素、情感因素、行为因素三个方向对真正的跨文化教学进行具体研究，这三点研究当中最为重要的就是针对认知因素进行系统地研究。认知因素是指跨文化意识，即人们在对本国文化和外国文化理解的基础上形成的对周围世界认知上的变化和对自己行为模式的调整。情感因素是指跨文化交际过程中人们的情绪、态度和文化敏感度。行为因素指的是人们进行有效的、适宜的跨文化交际行为的各种能力和技能，如获取语言信息和运用语言信息的能力，如何开始交谈、在交谈中如何进行话题转换以及如何结束交谈的技能，移情的能力，等等。

（3）培养学生跨文化情感能力

《心理学大辞典》给"情感"下的定义是："情感是指人对于客观事物是否符合自己需要而产生的态度体验"。情感反映的是具有一定需要的主体与客观事物之间的关系，是对客观世界的一种特殊的反映形式，属于心理现象中的高级层面，能够影响到认知层面的心理过程。情感、态度和动机，能够影响人对事物的认识和解决问题的方式。交际过程中的跨文化情感能力主要指交际者的移情能力和自我心理调适能力。

（4）培养学生的跨文化行为能力

跨文化行为能力是指学生进行有效的、适宜的跨文化交际行为的能力，如正确运用语言的能力，通过非言语手段交换信息的能力，灵活运用交际策略的能力，与对方建立关系的能力，控制交谈内容、方式和过程的能力等。跨文化行为能力是跨文化交际能力的最终体现。跨文化行为能力的形成需要以认知能力和情感能力作为基础。在跨文化交际高校英语教学过程中，我们拟着重培养学生的三种跨文化行为能力：言语行为能力、非言语行为能力和跨文化关系能力。

我国自打开国门看世界以来，经过了漫长的对外国文化的学习和认知，时至今日，中国俨然成为世界上的经济大国，早已摆脱了发展桎梏，迎来了新的发展商机，而这一商机是完全基于我国与世界交流的成果，所以对英语的跨文化交际应用非常重视，但是各大院校近年来在这方面取得的成绩微乎其微，主要原因是对这一文化的系统知识理念理解不够，没有形成主要的教育模式，对文化的发展及内涵了解不深，偏重于传统的教学模式，偏重于传统的考试模式，所以想要真正形成跨文化交际英语教学就应从具体的认知能力及综合应用能力入手，在注重教学理念的同时，注重对实际应用能力的教育。

二、互动教学模式

基于克拉申的输入假说理论、斯温纳的输出假说理论及迈克尔·朗的交互假说理论创建的大学英语互动教学模式，其目的在于平衡语言输入与输出，提高学生的语言交际能力。

大学英语互动教学模式通常分为三个阶段：语言输入阶段、互动输出阶段及教学评估阶段。与传统的"以教师为中心，学生被动接受"的模式相比，"以学生为主体，教师主导（双主模式）"的教学模式具有明显的优势。在互动教学中，教师通过组织形式多样的教学活动鼓励学生进行语言输入与输出，并通过评估的方式验证教学效果和学习效率。学生的语言输入可以通过多种渠道获得。在互动课堂上，学生通过教师的讲授、提问及设置问题等指导性输入获得足够多的语言输入。这种教师的可理解性输入为学生的语言输出提供了有力保障。在互动输出阶段，教师积极组织学生进行独立思考、配对练习及小组活动，目的在于培养学生的合作学习能力和语言交际能力。在大学英语互动教学模式中，学生的语言输入与输出最终通过教学评估检测其语言理解能力和语言输出能力。在此过程中，教师的反馈起着至关重要的作用。在互动课堂中，教师要对学生的表现做出及时反馈。反馈可以引发学生修正其语言输出，修正的语言输出反过来又可以促进语言的学习。在评估阶段，教师不仅可以通过考试、测试等形式对学生进行评价，还可以采取个别访谈、学生口头汇报交流、书面材料递交、PPT（PowerPoint，幻灯片）成果展示等形式对学生的输入、吸收及输出做出客观、科学、全面的评价。除此之外，通过学生间的互评，学生能够取长补短，促进共同学习。大学英语互动教学能够使课堂活动环环相扣，使学生充分融入课堂活动，促进学生的语言输入与输出，最终取得良好的教学效果。

（一）语言输入

"可理解的语言输入"是语言习得的必要条件。因此，在教学中输入的材料一定要具体根据教学对象的实际水平和接受能力来确定，做到由浅入深、由简单到复杂，语言深度和词汇量也要符合学生的实际水平，内容适合学生学习。在语言输入过程中要兼顾语言意义和语言形式，即识别和记忆语块，这样才有可能达到预期的教学目的。例如，在目前大学英语课堂教学中大多采用多媒体教学的主体环境下，如果对学生进行可理解性的语言输入，可以采用"以教师为主导、以学生为中心"的教学模式，教师可通过让学生看一些图片、录像或听一段录音来扩大输入量。在了解学生目前实际水平的前提下，教师可以把学习材料中超出学生当前语言知识水平的内容，变成较为浅显易懂的可理解性知识输入给学生，从而确保语言习得输入材料的可理解性。对教材所涉及语言知识和交际技能进行深刻讲解，使学生准确地理解和掌握目的语的语音、语法、词汇、句法等语言知识。在学生充分理解目的语的基础上，教师要引导学生尽量运用所学的单词来交谈，让学生开展小组活动讨论课文，教师引导学生进行正确理解，如遇课文的重点及难点可帮助学生解决。通过丰富多彩的听读"输入"，学生在更新英语语言知识的过程中，获得听觉信息、视觉信息、文本信息、情景信息和反馈信息五个方面的"输入"。另外，教师应在校园网的多媒体教学平台上补充一定量的、难度相当的语言材料供学生自学时使用，以便学生能够及时巩固和检验输入的知识，从而达到使学生接受足够数量的可理解输入的教学目的，也提高语言输入的有效性。

（二）语言输出

目前高校英语教学还是以对目的语的输入为主，学生的参与动机受到抑制，语言的得体运用能力得不到提高。面对这一现状，教师在可理解性语言输入的前提下，要再进行开放性的说写输出。课前安排学生自主在图书馆或网上查阅与课文主题相关的内容，课中对一些课文中的重点及精彩语句进行讲解，给学生介绍相关文化背景知识等内容。在对课文进行全面分析前，可首先请学生将所了解的材料进行课堂陈述，对有争议的话题再进行讨论。在对教材内容讲解之后，教师应对及时所学内容进行总结。例如，在实施相关的互动教学活动中，把语言的输出练习分为练习式输出和交际式输出，可要求学生以大意概括和同学间互相讲述的形式对所学材料做练习式输出；还可引导学生注意语言中的问题，根据掌握的语块修正语言错误，然后采取讲述或情境对话方式交际式输出。让学生就课文中某一场景暗含的文化背景进行分析和交流，也可根据课文中涉及的相关知识要求学生课后去查找相关资料或写观后感。输出时要侧重语言意义，更多地使用大量储存在记忆系统里的语块这一正确地道的语言形式，进行相关的话题词汇积累和相关的话题概括及讨论，在这种开放性的说写输出教学模式下，教师自身的主导作用得到了发挥，学生也能积极参与到课堂中，学生语言表达的流利性、准确性和地道性均能有明显的提高，也激发了学生深入研究问题的热情。这一教学模式还充分利用师生间在学生输出过程中的交流、对话，实现及时的反馈输入。

应用"输入—输出"假设理论指导大学英语课堂教学的过程，就是把情景信息作为重要的输入信息，强调营造学生对语境、情感等要素的体验和感悟，使学生在自然、轻松的环境中习得和积累，实现滚动式发展。这种教学模式的使用，不仅能够指导学生学会学习，体验习得，还能培养学生英语思维的能力。同时，这一教学模式也引导学生在课堂上完成知识联网，完善学生的英语认知网络，让大学英语课堂教学中有限的教学资源优化使用，将大大地提高学生的英语总体水平。

三、分级教学模式

（一）高校英语分级教学的理念

随着英语教学的不断发展，英语逐渐成为教育中的中流砥柱，在学生从小学到初中再到高中的求学过程中，英语考试也成为评价考生综合素质的主要因素。进入大学以后，英语的教学目标也从单一的语法单词，演变为实用性语言能力，各大高校更注重培养学生以后在工作中如何应用适合自己专业的英语，这就需要学生在英语学习上不断提高自己。

但是，不同学生受到的英语教育不同，自身条件也有很大差别，这就导致学生的英语教学接受能力各不相同，如果教师在课堂上对学生采用同样的教学模式，同样的教学内容，就有可能导致一部分同学跟不上课程进度，而另一部分同学感觉内容过于简单而昏昏欲睡。长久下去，跟不上的同学消极怠工，以至于自暴自弃；而觉得进度慢的同学则"吃不饱"，也就会有厌学心理。所以，对于大学阶段的英语教学课程来说，最重要的就是因材施教，有针对性地进行教学，为每个专业、每个年级甚至是每个学生制订相应的教学计划，如采用分级教学的方式。分级教学即为了激发学生学习积极性，提高学生的学习效率，达到教学资源优化配置的目的，根据学生的不同情况进行分组、分级对待，在不同级别中实施与之相对应的教学方法，运用不同的教学资源，应用规范的教学流程，使不同级别的学生都能学到自己最需要的，也是最适合的英语课程。

（二）高校英语分级教学模式的分类

科学合理的分级是"因材施教"的保证和前提，这与传统的大班授课的教育模式有根本的区别，以此来改变学生混日子的学习态度。这种分级方式需要指导教师对每个学生进行全面整体的调查，弄清每个人的当前情况和自身需求，然后按照科学的分级方式，最大限度地开发学生的学习潜力，这样才能做到事半功倍。

1. 三分法模式

目前很多高校都采用三分法的分级模式，三分法就是根据学生英语考试的成绩，将学生分为三个级别，最高的是 A 级，然后是 B 级、C 级，对于能力较好的 A 级同学，教授较高水平的英语知识，辅导学生的听、说、读、写、译能力，还要帮助同学通过英语能力考试，以便将来更容易就业；对于中间等级即 B 级的学生，按照正常的大学英语流程来教育，学习专业术语，练习阅读能力，无须太急于求成，逐步提高学生的英语水平；对于基础较差的 C 级学生，教师应将教学重点放在查漏补缺上，让学生把落后的部分尽量赶上来，知识的掌握要稳扎稳打，稳中求升，不要好高骛远，这样才能提高自身的英语水平。这种三分法的分级模式，既照顾到了先进同学不断进取的学习目的，也兼顾了后进同学踏实稳重的学习心理，有针对性，有目的性，能更好地实现教学目的。

2. 两分法模式

另一种分级模式为两分法。两分法，顾名思义就是将学生按照英语考试成绩分成高低两个等级。高等级的学生都是英语基础好，理解能力强的学生。对于这样的学生，小班授课是最有效的教学方式，可以为他们单独制订更高水平的学习计划，更远大的学习目标，采用高师资力量、更快更强的学习进度，都有利于学生不断进步。一般这样的分配方式所筛选出来的高等级学生不多，所以教师的教学能更有针对性，学生更受重视，这样自然而然地就提高了学生的积极性，同学之间互相追赶，也就增强了学习的动力。很多院校都有自己的重点班或实验班，就是将更努力、学习成绩更好的学生集中起来重点培养，以期创造更高的成绩。另一部分同学采取传统的教学模式，无须加大教学难度，而且分出去的高等级学生只占一小部分，所以也不会给剩下的同学造成很大的压力。这并不是一种教育歧视，只是因材施教，这样双赢的教学方法突出了优秀学生的优势，也照顾了普通同学的能力，一举两得。

（三）高校英语分级教学模式应用的注意事项

1. 创设真实的教学环境

新的大学英语教育提倡情境教学。情境教学是有意识的心理活动和无意识的心理活动的统一，在认知方面有启迪学生的可暗示性，从而使学生有意识或无意识地接受教育输入，即身临其境，触景生情。身临其境可以使学生感知的过程变得容易，触景生情可以使学生的认知更加牢固。

学习不是单纯的教授，而是学生与教师一起对理论与实际的主动认知的过程，这一过程需要学生从实际出发，掌握基本原理，最后将这些原理应用于实际，这便完成了整个的学习过程。要引导学生完成整个学习过程，还必须引导学生亲自动手操作、亲身观察、亲身思考，最后得出结论。语言的学习与知识的学习有本质区别，简言之，语言学习最重要的是学生的语言能力和对语言的感觉和领悟。语言能力靠教师教授是教不出来的，这种能力获得的关键是学生自己，教师要做的是为学生营造一个相应的语言环境。科学研究表明，语言学习的最佳方式就是有一个身临其境的语言环境。实验表明，如果能够使教学在具体真实的情境中进行，教师不必多言，学生不必多想，学好一门语言是水到渠成的事情。英语对很多学生来说具有一定的学习难度，特别是口语和听力。情境教学可以很好地弥补这一短板，在教学中达到意想不到的效果，让课堂气氛更加活跃。

2. 运用多媒体等现代教育技术

随着科学技术的飞速发展，现代教学早已与计算机技术融为一体，计算机也已成为现代课堂的主要辅助工具，也是学生课后获取资料和与同学交流的主要工具。在大学英语课堂中，它可以将教学内容更为生动、形象地显示出来，让学生留下更深刻的记忆，许多难以理解的单词、情境、语法，都能通过多媒体教学方式传授，使学生在丰富的感性材料刺激下，产生自主学习的兴趣。同时也让课堂氛围更加融洽，提高了学生的学习效率，增强了学习效果。多媒体教学现在已经为大多数课堂所采用，其优势显著。

第一，多媒体教学有利于激发学生兴趣，大学生所处的年龄正是兴趣左右思想的年龄，不能采用"赶鸭子上架"的方式，需要充分调动起他们学习的积极性。多媒体教学可以实现教学内容由枯燥单一的文字、语言向精彩的图片、视频的转变，有利于吸引学生的注意力。第二，多媒体教学能更好地突出重点和难点。英语学习中，学生常常会遇到很多无法理解的难点，如果只靠老师单方面的教授，可能无法解开学生的困惑，而现代多媒体教学形象、直观、效果好。它可以更具针对性，从而达到事半功倍的效果。

3. 合理布置作业

高校英语教学主要包含课上教学和课下学习两部分。课下学习的主要内容就是课后作业，而课后作业又是在课堂上由教师布置的，因此，作业的布置是课上和课下的重要衔接，作业布置的好坏，是否合理，对于整个教学任务的完成以及教学效果都会产生重要的影响。长期以来，大学英语作业的布置停留在简单的"题海战术"上，即教师在课堂上侃侃而谈，课下布置大量的作业，学生仅仅为了完成作业而机械地学习，并不关注自身的实际需求。这实际上是传统"填鸭式"教学的一种扩展。完成这样的作业，不但无法实现对课堂学习内容的有效巩固，还会使学生产生厌学的情绪，与教学的初衷南辕北辙。所以应根据分级教学提出的新要求，以人为本，因材施教，根据不同的学生等级分别安排不同的学习任务，应更多地采用自主学习方法，如让学生做课堂的主人，分组交流，研究课题，开发学生的自我学习能力和实践能力，避免机械和填鸭式教学。

综上所述，分级教学的新模式给教师和同学带来了更高的学习效率，同时也是更高的学习要求。分层教学的精髓就是"因材施教",让学生自主学习,成为自己学业的主人,主动提高自身英语素质,同时也要营造更为融洽的学习环境。这些基本精神要求教师在未来的高校英语教学中,从教学理念上摒弃传统的"填鸭式"教学;从教学方法上,贯彻落实情境教学、实践教学、多媒体教学、立体化教学等一系列新式的教学方法,最终更快更好地达到教学目的,实现学生英语进步的愿望。

四、多媒体网络教学模式

随着科学技术的快速发展,多媒体教学技术逐渐走进国内校园课堂,在我国已经有许多课程教学涉及多媒体技术的网络应用。与传统教学方式相比,多媒体网络教学更能激发学生的学习兴趣,更易调动学生的学习积极性。由此可见,多媒体网络教学在高校英语教学中的重要性,所以国内的各大高校必须进一步加强构建和完善大学英语多媒体网络教学模式,以科学技术手段辅助教学,提高英语课堂效率,增强英语教学效果。

(一) 多媒体网络教学模式的优势

基于校园宽带网的多媒体教学网络结合多媒体视听设备进行高校英语教学,尤其是大学英语视听说教学,其优势主要体现在教学内容、教学形式以及教学主导和主体三个方面。

1. 教学内容新颖丰富

传统的大学英语教材内容单一陈旧,更新缓慢,难以引起网络时代背景下大学生的学习兴趣,而多媒体教学网络能够提供大量丰富多元、新颖有趣的教学材料,在很大程度上弥补了传统教材的不足。教师除了可以利用常见的 CD-ROM(compact disc read-only memory,只读光盘)和 DVD(digital videodisc,数字化视频光盘)等音频和视频光盘进行教学,还可以利用网络上集图像、声音、动画等信息于一体的教学资源,为学生提供真实、新鲜又与时俱进的学习材料,如时事新闻材料、纯正经典的英文歌曲、原汁原味的英文原声影视片段等,这既能激发学生的学习兴趣,又能帮助学生形成良好的学习习惯和方法。

2. 教学形式灵活交互

利用多媒体网络教学,教师不仅能够将教学内容传递给学生,还能及时掌握学生的总体学习情况,并进行答疑和示范。同时,多媒体网络教学不仅便于学生之间进行合作学习,也便于教师监控和加入学生的讨论活动,由此形成交互式的教学平台,促进教学相长。此外,利用多媒体网络,教师可以对不同学生进行个性化教学,从而实现因材施教,提高教学效率。

3. 教师主导作用加强,学生主体作用突出

在大学英语多媒体网络教学活动中,教师是主导,学生是主体。教师可以利用多媒体教学网络,将教学任务、教学目标、教学内容的重点与难点等信息以文字、图像、音频或视频等形式传递给学生,便于学生自主学习,巩固课堂教学效果。同时,通过多媒体网络

平台，学生可以根据自己的学习兴趣、基础水平、性格特点、学习习惯等，积极主动地搜索和利用学习资源，从被动的学习接收者转变为主动的学习探索者。

（二）多媒体网络教学模式的特征

1. 与传统教学体制相辅相成

多媒体教学运用中存在部分教师过分依赖多媒体技术的现象，这类教师在讲课过程中一直使用多媒体，不但会给学生带来视觉疲劳，还阻碍了课堂上的师生互动，教师与学生之间缺少信息交流。在课堂上，教师需合理分配多媒体教学内容的时间，也就是要注意将多媒体英语教学与传统英语教学相结合，保持两者之间的协调性，通过多媒体教学弥补传统教学中的不足，从而促进课堂效率的提高。

2. 改变教师角色

传统教学体制中，教师是课堂教学的主导者。但是在多媒体网络教学模式中，教师的角色、地位发生转变，学生可以凭借网络资源在教师指导下完成任务，从而达到课堂整体目标。在课堂教学的全过程中，教师由主导者转换为组织者或监督者，学生也不再是被动地吸收知识，反而成为获取知识的主体。

（三）多媒体网络教学模式的构建

1. 设立课堂集体授课模式

课堂集体授课模式不仅遵循传统的教学体制，而且还具备了多媒体网络教学的特性。在这种模式教学中，多媒体网络教学主要起到辅助教学作用，在课堂教学中，教师是教学过程中的主导者，学生则是学习的主体。教师通过网络手段收集大量的信息资源，用来辅助教学，丰富课堂教学内容，同时采用音频、图片、录像等媒体技术将书本内容具体化，吸引学生眼球，集中学生的注意力。

2. 采用自主学习模式

自主学习模式主要体现出教师在教学过程中围绕学生开展教学工作，学生是学习的主体，教师主要负责引导学生学习。学生需要联系自身的实际状况，选择符合自身水平的内容，同时制定学习目标，按部就班地完成学习任务。在学生的学习过程中，教师应该适时对学生进行指导，及时解决学生在自主学习中遇到的问题。这一模式能够有效地增强学生的自主学习能力。

3. 设计合作学习模式

分层合作学习模式是大学英语多媒体网络教学模式的重要构成部分之一。分层合作学习模式是指教师在教学过程中，按照学生的性格特征、学习兴趣及英语学习成绩等让学生以一定的数量重新组建成多个讨论小组，并且在小组之间设计竞赛，如此而来，小组中的每一位成员为完成学习任务、赢得比赛，便会互帮互助，相互合作，共同学习。不同阶段的学生可以依据自身的学习能力及学习条件制定学习目标，通过网络教学，独自查找有关信息，在自己阅读研究后，与小组内的其他成员讨论、研究分析，最后由教师进行处理总结，这样不但可以增强学生团队合作的意识，而且有助于增强师生之间的互动，进而让学生在协调合作的学习情境中，逐渐加强对英语知识的理解，提高自己的英语成绩。

4. 创建在线交互学习模式

因为网络教学具有特定资源共享性，所以大学英语多媒体网络教学可以设立在线交互学习模式。在互联网上，学生们可以通过论坛等讨论平台进行学习经验的交流，在线交互学习模式主要由在线讨论和留言讨论两部分构成。在线讨论的性质与传统教学中课堂讨论一样，学生在线上发表言论，教师可以设定任意一个与英语有关的话题，由学生自行展开讨论，发表不同的意见。离线讨论是指教师先在论坛等讨论平台上提出问题，由学生课后参与讨论，没有规定性的时间。这种模式打破了传统教学模式的时间、空间的限制，有助于推动学生进行同步学习。

随着科学技术的突飞猛进，越来越多的高新技术被应用到现代化教育体系中。为迎合教育部的大学英语教程的改革，国内各大高校的英语教学必须要融入现代化的教学技术。因此，高校必须加强大学英语多媒体网络教学模式的构建，以此推动国内高校英语教学的发展，全面提升国内大学生的英语知识应用能力与口语交际能力。

第二节　多元智能与内容型教学模式

一、多元智能教学模式

（一）多元智能的内涵

美国教育心理学家霍华德·加德纳认为，每个人都至少拥有七种智能，即语言智能、逻辑智能、空间智能、人际智能、音乐智能、身体运动智能、内省智能，每个人的各种智能结合到一起形成个人独特的认知结构。此后，加德纳又提出了自然观察智能和存在智能。[①]

1. 语言智能

语言智能，是指人用语言表达、用文字思考及欣赏语言的能力。也就是加德纳所指的诗人所表现出来的对语言文字的运用能力。语言智能包括学习各种语言的能力、对口语和书面语的敏感程度、运用语言实现特定目的的能力等。语言智能较高的人包括诗人、律师等。

---

① 加德纳. 多元智能 [M]. 沈致隆译. 北京：新华出版社，1999.

2. 逻辑智能

逻辑智能，是指人用于分析、计算和量化假设及命题等，开展复杂数学运算的能力。逻辑智能的运用过程主要包括判断、推理、概括、假设、验证、类聚、计算等，表现出较高逻辑智能的人包括科学家、数学家、逻辑学家、工程师、会计师、程序设计师等。

3. 空间智能

空间智能，是指在大脑中形成一个外部空间世界的模式并能够运用和操作这些模式的能力。空间智能包括对形状、结构、色彩、线条、空间关系的敏感程度，空间思维和空间定位能力等。空间智能能够让人在大脑中形成一个三维空间，并以这种方式进行思考。画家、建筑师等都体现出较高的空间智能。

4. 人际智能

人际智能，是指一个人去理解其他人，并与人进行有效交往的能力，尤其表现在感知、观察他人情绪、动机和意图的能力。人际智能在政治家、社会工作者、教师、销售人员、心理咨询师等身上表现得比较突出。

5. 音乐智能

音乐智能，是指人去感受、辨别和创造曲调、节奏，运用音乐进行表达的能力。音乐智能比较突出的人对各种非语言的声音、节奏十分敏感。音乐智能在作曲家、歌唱家、演奏家、调音师等身上表现得十分突出。

6. 身体运动智能

身体运动智能，是指人运用和操作身体或身体的一部分来表达思想情感或创作的能力。身体运动智能主要包括速度、力度、灵敏性、协调性、平衡性、技巧性以及身体的触觉和感知能力等。舞蹈家、运动员、手工艺者、外科医生等都表现出较高的身体运动智能。

7. 内省智能

内省智能，是指人探索内心世界，对自我进行正确的认知，对人生进行规划的能力。内省智能主要包括自我定位、自我描述，了解自身的动机、情绪、意图等。心理学家和哲学家身上都有突出的内省智能。

8. 自然观察智能

自然观察智能，是指人观察和辨别外界环境，包括自然环境和人造环境，并运用这些因素进行生产、生活的能力。自然观察能力较强的人对于自然变化极具敏感性，善于观察不同自然物种之间的差异。自然观察智能比较突出的人包括生物学家、生态学家、考古学家、猎人等。

9. 存在智能

存在智能，是指个人对人生和宇宙终极状态的思考能力。存在智能的核心是人类在生活环境中思考与存在有关的问题，在无限广阔的宇宙中自我定位的能力。例如，思考人类生存与死亡的价值、在人类出现以前地球是何种状态、为什么人来到地球上等。存在智能比较突出的人包括哲学家、思想家等。

（二）聚集多元智能的英语教学模式

1. 渗透语言智能的英语教学模式

第一阶段：开展口语表达训练；开展书面表达训练；指导学生阅读英语新闻、诗歌、故事等；进行绕口令、猜谜等幽默教学。

第二阶段：指导学生用语言表述人物、事物，开展阅读和写作训练。

第三阶段：指导学生收集相关信息、观察信息及分析信息，对人物事件进行口头和书面表达。

第四阶段：指导学生对口语和书面表达过程及内容进行反思。

2. 渗透逻辑智能的英语教学模式

第一阶段：指导学生根据语篇线索猜测不熟悉的语言现象，如注释性线索、同近义词线索、反义词线索、语境线索等；理清句子的基本结构。

第二阶段：指导学生根据语篇中的线索推测故事情节的发展情况；指导学生根据语篇，按逻辑顺序表述主题内容。

第三阶段：指导学生根据语篇的逻辑顺序，深层理解语篇内容，推敲作者的思想态度。

第四阶段：指导学生对语篇中的逻辑关系和文化内容进行思考。

3. 渗透空间智能的英语教学模式

第一阶段：教师运用投影、电视、多媒体、电影、图解、图表等形象化工具辅助教学，帮助学生激活空间智能。

第二阶段：教师利用空间关系，创造图表空间，把教学内容视觉化，达到空间表征的效果。

第三阶段：通过结构图、流程图或矩阵图等展现教学内容的主题；采用网络图或视图化大纲，呈现教学内容的要点；利用图表分析或解释句法关系、语义关系和篇章结构等非空间问题。

第四阶段：指导学生反思所学内容。

4. 渗透音乐智能的英语教学模式

第一阶段：听、唱与教材内容相关的音乐或歌曲。

第二阶段：听相关背景音乐或主题音乐。

第三阶段：听歌曲，呈现歌词，把音乐与教学内容有机地结合；讲解歌词的词汇、语法和句法；分析歌词内容。

第四阶段：指导学生思考听到的音乐。

5. 渗透身体运动智能的英语教学模式

第一阶段：运用游戏熟悉肢体语言。

第二阶段：运用肢体语言、动作进行哑谜游戏、哑剧等角色表演；通过控制自身的肢体、运用动作和表情来表达思想感情和解决问题。

第三阶段：通过扮演不同的角色练习口语，体会词句含义；通过角色扮演熟悉肢体语言。

第四阶段：指导学生通过身体运动学习英语。

6. 渗透人际智能的英语教学模式

第一阶段：创设一定的交际情境，让学生开展交际活动，使学生为了一个目标而合作互助。

第二阶段：通过交际活动倾听和获取反馈信息；在教学活动中开展有效的人际交流；在交际中感受他人的情感、意见等。

第三阶段：学生们一起讨论问题，积极提出自己的想法，共同商定结论。

第四阶段：指导学生总结课堂交流的收获。

7. 渗透内省智能的英语教学模式

第一阶段：让学生掌握任务内容，学习某些策略的知识；引导学生对自身认知资源的认识。

第二阶段：引导学生主动了解自己，认知自己智能活动的过程，并养成调整、计划和监控的习惯。

第三阶段：开展英语写作训练，教师让学生提前撰写大纲，确定写作要点、方法和步骤，预估作文长度；学生完成写作后自行检查或同伴之间互查，改正词句和语法错误；教师批改后，自觉调整思路。

第四阶段：指导学生了解认知活动的过程——活动初期，感觉任务的熟悉度和难易程度，激活相关元认知；活动中期，感觉任务的进展程度，进行评估和反思；活动后期，分析是否完成任务。

8. 渗透自然观察智能的英语教学模式

第一阶段：教师通过生态与环保等题材的文章，引领学生走出教室，进入自然环境，让学生近距离观察自然环境。

第二阶段：指导学生观察自然环境和人文环境，把握人物、环境与时间的互动关系，分析事件的前因后果。

第三阶段：指导学生在亲身体验和放大观察对象的基础上，写观察日记。

第四阶段：指导学生对自然环境的体验进行反思。

二、内容型教学模式

（一）内容型教学模式的概念

内容型教学模式（Content-Based Instruction，CBI）也称为依托式教学模式，是以相关学科的专业课程内容为依托组织语言教学的一种教学思想，它将语言系统的学习与学科专业的发展有机地融合在一起，语言系统的学习不再是语言教学的唯一目的。

以内容为依托的教学思想最早产生于沉浸式教学法中。沉浸式教学法认为，在真实的或模拟真实的语言情境中，学习者不需要接受专门的语法教学就可以具备一定程度的语法能力，学习者在频繁的交际互动活动中就能够自然而然地掌握目的语基本的词序排列规则和语法变化规则。通过这种方式获得的语言知识和技能完全可以满足学习者理解、掌握相关学科专业教学内容的需要。

这种教学思想对于语言教学的一个极为重要的启示就是对学习者来说，语言知识的学习和语言内容的掌握应当是同步进行的，二者应当协调发展、相互促进，而不能完全割裂开来。基于这种教学思想的内容型教学模式就是运用目的语来教授教学内容，将语言系统和语言内容实现有机结合。

内容型教学法可按教学要求的需要分为弱式和强式两类。前者以语言知识和技能的学习作为教学的主要目的，学科专业内容仅作为教学的辅助素材，而后者以掌握学科专业内容作为教学的主要目的，语言知识和技能仅作为完成教学任务的手段，无论是哪类内容，这种教学法对于同步强化学习者的专业能力和语言能力都具有重要意义。

（二）内容型教学模式的特点

1. 根据内容安排教学

语言课程设计者与教材的编写者都会面临内容的选择与排序这两方面的问题。传统教材是根据内容的难易程度编写的。例如，在课本中，一般现在时会比现在完成时出现得早，这是因为一般现在时更容易学习，在教材的编写与教学过程中自然会处于优先考虑的地位。也就是说，简单易学的内容会放在前面。但内容型教学模式与传统教学模式不同，它颠覆了传统方法内容的选择和排序原则，彻底放弃了语言标准作为教学的出发点，而以内容作为统率语言选择和排序的基础。

2. 整合听说读写技能

传统的教学方法表现出分离但又具体的教学特点。内容型教学方法一直探索听、说、读、写四项基本技能，努力将语法与词汇教学融为一体。语言交流的真实性，再加上语言活动会涉及多种技能的协调，也就形成了这样的教学原则。

内容型教学是不主张先听后写的教学顺序的，内容型教学没有固定的技能教学顺序，它可从任何一种技能出发。这一原则是第一个原则的引申，内容决定并影响教学项目的选择与排列顺序。

3. 根据学生需求选择内容

内容型教学模式的内容是根据学生的实际情况和教学环境等定的。一般情况下，教学内容与教育环境中具体的科目教学平行进行。因此，英语教学内容可以参考其他学科的教学内容。

在其他教学环境中，教学内容是可以根据学生的专业需求与兴趣爱好进行选择的。从现实的应用上来看，很难确定哪些教学内容是学生感兴趣的。教师、教材的编写人员都不能百分百确定。可以确定的是，每个教学单元的教学时间比较长，教师有相对充足的时间将学生的需求和兴趣与教学内容结合在一起。内容型教学理论就是建立在学生对选择的内容感兴趣的基础上的。

（三）内容型教学的具体模式

1. 主题模式

主题模式是指根据主题来组织教学。主题内容应该与学生学习相关或者与学生兴趣相关。主题教学是为了实现教学内容的多样性，优化教学方法，解决英语教学中的矛盾。主题教学模式强调学习语言表达的意义，同时也注重学习语言形式。学生通过主题的建构学习生活中的知识，通过对词汇、句型和语法等知识的理解，将意义与形式进行有机结合。

实现教师的引导与学生自主学习的统一。教师应该创造良好的学习环境，指导学生学习。教师将主题教学模式作为核心，将深化的任务留给学生，从而真正提高学生学习的自主性。

实现学生跨文化交际能力的全面发展。在主题教学模式中，学生可以掌握很多课本之外的知识。在实现围绕主题的交际任务时，学生能够提高跨文化交际能力，培养自身素质，促进个性发展。在自主性学习中，学生能够寻找自我价值，实现自我超越。在英语教学中，使用主题教学模式，学生可以根据主题的发展，构建反映主观和客观世界以及社会交际需求的知识系统。

2. 附加模式

附加模式，是指语言教师与学科内容教师同步教授相同内容，但是他们的教学目标和教学重点不同。语言教师侧重于讲授语言知识，实现语言教学目标，而学科内容教师侧重于讲授学科内容。例如，英语教师和心理学教师都以心理学为内容开展教学，英语教师将心理学材料作为英语课程的教学内容，教学目的是提高英语语用能力，而心理学教师的目的是完成心理学学科内容的教学。在英语教师的课堂上，学生的主要任务就是实现对教学内容的理解与消化，对于有一定理解难度的内容，可以在教师的帮助下完成。

第三章　高校英语探究式与多模态教学模式

第一节　高校英语探究式教学模式

一、探究式教学的内涵

教师选择探究式教学，可以说是满足教学改革实际需要的理想方案。探究式教学，是基于探究这一基本特征而展开的一种教学活动形式，探究式教学的含义主要有两层：其一，什么是探究；其二，什么是探究式教学。

首先，探究这一词汇，就其本意而言，是探讨和研究的意思，探讨就是探求学问、探求真理及探求本源；其次，探究这一词汇的含义，就是研讨问题、追根求源以及多方寻求答案和解决疑问。由此可以引申出探究式学习的含义，即仿照科学研究过程的一种学习方式。这一过程主要包括体验、理解及获得科学研究能力等。

美国国家研究理事会对探究式教学进行了定义。第一，提出问题，指学习者以科学性问题为中心展开的一系列探究活动。第二，收集数据，指学习者通过某种方式或渠道，来获取可以支持他们进行解释、评价关于科学性问题的证据。第三，形成解释，指学习者根据事实证据形成解释，然后再据此解答科学性问题。第四，评价结果，指学习者通过对其他可能的解释进行比较，并使解释与科学知识相联系。第五，表达结果，指学习者围绕提出的解释，进行阐述、论证及交流。

基于探究的学习，是指学生通过自主参与获得知识的过程，而且它是一种积极的学习过程。探究的学习不是由教师思考好的现成结论，来让学生被动地接受，而是以学生为主体，让他们自己去思考应该做什么、怎么做，因此，我们说探究式学习除了是一种学习方式，还是教育教学的一个目标。

探究式教学对教师提出了新的要求，即通过理论来对实践进行指导，基于实践来总结新理论，并不断促进教学得到更好的发展。探究式教学具体来讲就是教师引导学生：一方面，引导学生围绕相关学习内容进行深入探讨；另一方面，引导学生围绕有关问题展开多方面的研究，寻找出可用于解决问题的相关具体活动。关于探究式教学的实施，其目的就是使学生在具体学习过程中，能通过自主、能动的方式，实现知识的掌握以及能力的获得，同时获得科学的方法，并促进学生科学态度和科学精神的培养。

关于探究式教学的实质，述说起来就是在揭示科学结论的过程中，不仅有赖于提出科学结论的方式，还有赖于检验科学结论的结构方式。简单来讲，就是将提出的观念和所进行的实验告诉学生，除了要说明由此得到的资料之外，还要对这些资料转化成科学知识的相关解释进行说明。

二、探究式教学的特征

探究式教学的基本特点是不将现成的结论告诉学生，教师为学生提供问题情境，并组织、引导学生自己去发现问题、解决问题。

探究式教学强调直觉思维。直觉思维也叫非逻辑思维，在学习中，直觉思维的形成一般是映像或图形等直接领悟的思维。布鲁纳认为："直觉思维、预感的训练是正式的学术学科和日常生活中创造性思维很容易被忽略而又重要的特征。"[①] 直觉是发明的工具，在具体分析问题之前，根据对原有知识的总结，对问题直接提出假设性猜想，或是对问题做出大胆预测，对科技创新有着重大作用。丰富的想象力有利于创造思维的形成，学生在探究活动时，教师要时刻关注引导学生的思维，保护学生的个性和想象力，防止过早的语言化和程式化。简单地说就是教师要鼓励学生相信自己的直觉观点，然后边想边做，试着验证自己的观点。

探究式教学重视学生内在的学习动机。当然，为了唤起学生内在的学习动机，创设问题情境就成了教师必须钻研的课题之一。一线教师不仅要有方法引导学生去发现问题，而且要鼓励学生调动一切已有的知识、通过合理的思维去解决问题。教师设置的这个问题情境好不好，就看它能否起到帮助的作用，去激发学生学习的热情，刺激学生原有的学习潜力，点燃他们探索求知的欲望。

（一）重视师生互动

探究式教学法的出发点就是发挥学生的主观能动性和创造力，以学生为中心，让学生自己去探究，自己去历练，积极地参与各种活动，从而获得知识。但学生的自主与教师的指导并不是非此即彼的关系，教师是在尊重学生选择的基础上进行指导，学生则是在教师的指导下进行自主的探究，两者是一种互动和相互促进的关系。

（二）重视过程和结果

第一，探究式教学要求教师指导学生，围绕着事物和现象，展开主动地研究，并通过探究过程，来对知识之间存在的内在联系进行理解，一方面，实现对知识的灵活掌握，另一方面，实现灵活运用知识的目的。

第二，探究式教学要求教师将知识和科学方法二者有机结合起来，基于学生自身的知

---

① 朱梦涛. 布鲁纳直觉思维特征及其教学启示探析[J]. 课程教育研究, 2018（15）: 95-96.

识，组织以观察、调查及假设为代表的多种形式的探究活动，使学生经历收集、分析信息过程，并在其中收获自己的探究结果。通过探究式教学不仅可以培养学生的科学态度，还可以使学生的钻研精神得到培养。

（三）重视知识的运用

探究式教学的基本特点之一就是学以致用，简单来讲就是使学生运用知识解决实际问题的能力得到培养和发展。通过探究式教学，一方面，能实现综合提取知识，另一方面，可以实现跨学科解决具有复杂性、综合性以及涉及面广的诸多问题。

通过探究式教学，学生在掌握知识、运用知识及解决问题的过程中，既能够更加接近生活实际，又能更加贴近社会实际，从而使学生的实践能力得到培养和发展。

（四）重视学生的探究能力

在教学实践中，探究式教学不要求教师主动将问题的结论或答案告知学生，然后再通过相关实验过程来对结论进行验证，而是要让学生以多种形式的探究活动，来体验获取知识的经验，使他们对新事物的认识得以顺利构建，并使学生的探究能力得到培养。

探究式教学是以一种多样且复杂的活动情景，使学生获得多角度、较为深层次知识的教学方法。这种方法有助于学生建立知识间的联系。因此，探究式教学能够帮助学生更好地以"知识"为中心，展开灵活运用，从而更好地解决实际问题。也就是说，当学生的学习是自主的、积极的时，学生的内在动机才能被充分地激发出来。

（五）重视从学生的已有经验出发

相关认知理论证明，学生的学习是建立在他们已有经验的基础之上的。因此，要想激发学生在学习方面的积极性和主观能动性，必须要从学生已有的知识和具体实际的角度出发，只有这样才能达成预期的教学目标。

三、探究式教学的意义

（一）能符合教学改革的实际，能满足改革者的心理需要

随着教学改革的发展，探究式教学既能符合教学改革的实际宗旨，又能充分满足改革者的心理需要。当前我国的教学改革，主要包括三个方面的宗旨：首先，要打破传统教学的束缚，即改变那些束缚学生手脚的教学方法及教学模式等；其次，要遵循现代化教学的观点，即遵循以人为本的观念，最大限度地为学生创造空间；最后，要以教材中包含的基本知识为依据，重视学生创新精神的培养，同时重视学生实践能力的培养。

只要切实做到以上三点，教育改革必然能取得一定的成效。这里所指的改革就是指对新的教学途径和教学方法展开探究。教育改革者在改革过程中的实际需要，可通过探究式教学来满足。

（二）能使班级教学更具活力和效力

对于班级教学来说，探究式教学能使其更具活力和效力。这里所指的班级授课，是弊大于利的，这是因为在科学技术飞速发展的状况下，借助远程教育和网络教育，便可实现课堂教学的现代化，班级授课的方式抹杀了学生的个性，阻碍了因材施教的实施。

关于探究式教学的实施，首先，在教师教授方面，要最大限度地减少；其次，在学生自主发展的需要方面，要最大限度地满足；最后，能使学生实现在"活动"中进行学习，在"主动"中进行发展，在"合作"中进行增知，在"探究"中进行创新。

（三）能促进教师在探究中"自我发展"，破除"自我中心"观念

探究式教学除了能帮助教师在探究中实现"自我发展"，还能破除教师的"自我中心"观念。课堂教学改革，是具有很大的难度的，其主要原因在教师身上，一是教师的"自我中心"观念根深蒂固难以改变，二是教师长期沿袭传统的惰性相当顽固。

因此，通过现代教育理念，来对传统教学中的观念进行改变，是难之又难的。教师要想改变自己的传统观念，首要的就是在实践中采用探究式教学，不但要对自身经验进行总结，还要不断汲取别人的经验，其中，也包括向学生学习。教师的角色在探究式教学的实践中，与传统教学实践中的角色有很大的不同，主要表现为：由"台前"走到"幕后"，扮演着"导演"的角色。在探究式教学中，教师除了要安排好适当的场景，还要能充分激发学生的学习动机，使学生在教学中，由观众逐渐发展成实际的参与者。

四、探究式教学需遵循的原则

（一）主体性原则

探究主体应该是学生，围绕要探究的问题，由学生自行合作探讨解决问题的方案与策略，并付诸实施，遇到问题尽量自行解决或小组合作解决。事实上，无论是概念教学还是习题教学，当学生明确了要研究的问题之后，教师要大胆放手让学生自行去研究，教师没必要作提示，否则学生的思维只会被束缚在教师提供的框架中。若学生缺少经历"磨难"的探究，他们会很难对问题的本质有深刻的认识，也会失去一次提升思维能力的机会。

（二）适切性原则

探究式教学在教学中的应用，关键是要有好的题材，并不是所有的概念、定理都适用。好题材是指有探究点、具有开放性。当然，从教材编写的意图来看，概念教学还是希望在教师的引导下，让学生自主探究习得，从而能让学生进一步掌握概念，更能理解概念的本质，与此同时，探究能力也不断提升。

（三）情境性原则

为激发学生的研究热情，教材也十分注重情境引入，经常把教学问题置于情境中。情境有三重性，可以是生活化的，可以是英语学科自身的，也可以是与其他学科相连的。好的情境关键在于引发学生主动发现问题、思考问题，进而解决问题的兴趣。在每个概念引入之时，都注重了问题情境的创设。当然，在教学中可以尊重教材，利用教材的问题情境来开展问题探究；亦可以结合要研究的概念，重新创设新的问题情境。总之，不同的问题情境，其所要达成的功效是一致的，即既能调动学生学习的积极性，又能与所研究的主题紧密相连，通过层层探究，直接指向问题的核心。

（四）引导性原则

此原则主要是针对教师而言，在探究教学中，导引问题非常重要，设计得不好会使学生探究受阻，或者就是走形式。同时，探究如果缺失了教师的有效引导，就等同于放任自流。在学生探究遇阻时，教师要及时地点拨、引导，导引问题是需要教师精心设计的，它应该是基于一个好的问题情境下的系列问题，能引导学生一个问题接着一个问题去探索研究，直指问题的核心。问题不在于多，关键是要把问题有效连接起来，以便于学生精准研究，开好探究引渠，唤得思维活泉。

（五）坡度性原则

同一个探究性问题，由于学生能力不同，可能实施探究的境况不同，因此，针对不同的学生，设计的导引问题的难度、开放度也应不同，问题要贴近学生的"最近发展区"。探究坡度的大小设计，应该基于研究问题的难度以及学生的认知水平，合适的跨度就是让问题能指向思维的"最近发展区"，使学生能"跳一跳"够得着。跨度太大，往往会使探究受阻；而跨度太小，则不能激发学生的探究兴趣。

五、探究式教学模式的分类

（一）问题探究教学模式

1. 问题的基本分类

（1）以涉及范围大小和难易程度等为标准进行分类

第一，以问题涉及范围的大小为划分依据，可将问题分为大问题、中问题和小问题。第二，以问题的难易程度为分依据，可将问题分为艰难的问题、简单的问题。第三，以问题的复杂程度及人们对事物的认识水平为划分依据，可分为浅层次问题与深层次问题。第四，以问题是否涉及事物的本质为划分依据，可分为本质性问题与非本质性问题。第五，以人对问题本质的认识程度为划分依据，可分为真实性问题、虚拟性问题及虚假性问题。

（2）以活动性质、预见性和目的性为标准进行分类

第一，以人类的活动性质为划分依据，可以将问题分为生活问题、学习和教育问题等。第二，以人的预见性和目的性为划分依据，可以将生活、学习、工作和科研领域中存在的问题分为灾难性问题及必须解决的不期而遇的问题等。

2. 问题在探究式教学中的作用

（1）实现探究式教学

问题引发思维，探究从问题开始，没有问题就无从探究。教学中，提出一个设计巧妙的问题，常常可以一下子打开学生的思维大门，使他们思潮翻涌、欲罢不能，或积极分析问题、寻找解决问题的办法，或主动收集信息、处理信息，或求助于人、合作交流……使学生深入思考，主动探究，积极发言，最终掌握知识，提升能力，形成一定的思想观点和个性品质。这种教学把学习内容以问题的形式呈现出来，给学生提供积极思考、主动探究的学习方式，替代了死记硬背、机械训练、被动接受的"灌输式"学习方式，改变了传统过于注重知识传授的倾向，激发学生积极主动的学习动机，使学生获得基础知识与基本技能的同时，促进学生学会学习和形成正确价值观。可以说，只有问题才可能使"以教师为中心"的教学转变为"以学生为中心"的教学。

（2）引发学生积极思维

思维是人脑对客观事物概括、间接的反应，是高级的理性认识，是人们智力的核心。国外有句名言："劣等的教师向人奉送真理，优等的教师教人发现真理。"这句话从某种意义上讲，就是要求教师在教学中尤其要注意培养学生的思维能力，开发他们的智慧。课堂上，一个设计巧妙的问题一提出，学生就会开启思维的大门，围绕问题确定的思维方向付出持续的心理努力，收集信息、实验演示、分析、比较、综合、演绎、归纳，直接进入思维的操作，不解决问题，就会怏怏不乐。这种问题对思维的催动、引发作用，在心理学上有着令人信服的解释。

（3）集中学生学习的注意力

问题的提出，能够将学生的注意力维持在一个较高的水平，保证了教学活动的顺利进行。当然，教师提出的问题，并不是都能使学生的注意力集中起来，因此，教师要对问题的内容进行精心设计，为促进学生注意力的进一步集中，为使学生的学习效果得到进一步增强，要最大限度地使问题的内容具备新奇性和思维挑战性两种特性。

3. 问题探究教学的特点

教学的良好开端，就始于问题。从问题的角度出发，对学生的思维能力进行培养，相应的教师角色也会发生改变，在教学中，教师除了要扮演知识的传授者、讲解者及促进者的角色，还要对问题进行精心设计。学生思维活动不断发展的重要动力，就是教师提出的问题，这是一种外部动因，问题对学生的思维起到的作用，主要有以下四个方面的特点。

首先，始动性。这一特点是指问题对学生的思维具有启发的作用，是学生思维发展的外部推动力。

其次，强化性。这一特点是指教师提出的问题，在目标方面越高、在难度方面越高时，对学生思维强度提出的要求就越高。教师以问题的形式来对学生的追忆、联想、分析、综合、归纳、演绎、类比、概括进行引导，并使学生进行创造性思维，从而获得新知。

再次，方向性和指导性。这一特点是指教师面向学生提出的问题，为学生的思维发展方向和具体任务进行了规定。学生按照教师指出的既定方向进行思考，即将自己带入问题的具体情境之中，集中注意力于特定的事物、现象及原理之上。

最后，调控与调整性。这一特点是指基于教师提出的问题具有的始动性、方向性及指导性，可以对学生的思维发展速度进行控制与调整，即以教学目标为依据，一方面围绕问题的难易程度进行调整，另一方面针对问题的强化性进行改变，这样做可以影响学生思维发展的进程，使其延缓或者加速。

4. 问题探究教学的实施策略

首先，搭建民主平台，并使学生树立起主体意识。其次，从多角度出发，对学生的问题意识进行培养。再次，对备课模式进行改变，围绕问题这一核心和主线展开。最后，要重视教学组织形式的重组，为学生创造一个更大的探究空间。

（二）自主探究教学模式

自主探究教学模式，就是对学生的自主学习进行引导，以此来促使学生更加自主、自觉地展开学习，既使学生进行独立思考，又使学生主动建构知识的教学模式。

1. 自主探究教学模式的主要特征

第一，在自主探究教学中，在重视学生的参与性的同时，还要重视适度合作探究具有的辅助作用。第二，教师是教学部分的主体，学生是学习部分的主体，在探究式教学中，教师和学生共同构成了师生关系的主体，并且这种关系是带有主体性和民主性的。第三，在探究式教学中，一方面，强调问题设计具有的合理性，注重教学具有的有效性；另一方面，重视教学具有的多维互动性，同时注重教学方式的多样性。第四，在探究式教学中，首先，不仅重视教学过程的研发性，还要重视教学过程的开放性；其次，要充分发挥学生在教学过程中的主体意识；再次，既要重视学生创造力的开发，又要重视学生创新意识的发展；最后，还要重视教师对学生具有的引导、启发作用，同时还要自觉主动地推动探究和发现。

2. 自主探究教学模式中存在的问题及其解决方法

存在的问题包括：第一，自主探究教学流于形式，探究中的任务由于没有教师的适当指导而无法完成。第二，在自主探究教学的课后探究方面，若是教师的指导不足，会导致课后延伸草草收场。第三，在教学时间安排方面，若是教师的安排不足，会导致自主探究只是走个过场，无法实际运用。第四，在自主探究教学中，教师承揽探究，而忽视了学生的主体作用，学生不仅不能提出问题，也不具备猜想的能力。学生在探究过程中，只负责论证探究，既不能体验到成功的乐趣，也不能体验到探究的必要性。第五，在自主探究教学中，教师要重视教材的选择和信息的收集，若是选择的教材不恰当，将会导致探究意义的缺乏；若是在信息收集过程中，教师没有布置恰当，将会导致学生无法实现资料的顺利收集。

问题的解决方法包括：第一，自主探究教学中，教师除了要充分相信学生之外，还要能促进学生主动参与，同时，还要使学生的主观能动作用得到最大限度地发挥，学生在自主探究学习方面的积极性和主动性也将得到最大限度的调动。第二，自主探究教学中，教师要以教学需要为依据，并与学生的实际情况相结合，展开适时引导，同时，教师还要关注探究内容，重视其具有的适度性、可操作性及趣味性。第三，自主探究教学中，教师要主动成为学生中的一员，也就是及时介入学生的探究活动之中，同时，教师要重视课后的探究，并适当地对学生进行必要指导。第四，自主探究教学中，教师要在课前下发"导学学案"，其目的是使学生围绕教学内容进行预习，并搜集到相关资料。第五，自主探究教学中，教师要及时更新观念，给予学生充分的可支配时间，并相信学生能利用好这段时间。

（三）合作探究教学模式

合作探究教学模式，是在教师提出问题后，对学生进行分组，可以是4~6人一组，分组根据学生的性格特征和学习程度的不同混编而成，这样为学生创造一个积极互助的情境，以组的胜出为评价依据，让学生在这个情境中，为同一个目标分工合作，互帮互助，最终目的是促进个人发展。

1. 合作探究教学模式的基本要素

第一，责任意识。这一要素是指小组中的任一成员都要尽可能地做好自己的工作，履行好自己的职责。第二，学生要对自己和学习负责。这一要素是指在合作探究教学中，学生要对小组内的其他成员的学习负责，而且要以积极的心态来完成探究过程。第三，学生的社交技能水平。这一要素除了是合作探究的前提之外，还是合作探究的结果。第四，小组成员的组编。以混合编组为原则，使一个小组的成员既能各具特色，又能实现相互之间的取长补短。第五，小组自评或团体反思。这一要素发生在合作探究教学的尾声，能保证小组不断地发展和进步。

2. 合作探究教学模式中存在的问题及其解决方法

存在的问题包括：第一，问题的设置缺乏难度，造成合作探究的展开过于流于形式，导致了合作探究意义的缺失。第二，在合作探究的实施过程中，过于重视探究的过程，而没有重视总结；过于重视优等生的表现，而对后进生有所忽略。

问题的解决方法包括：第一，在合作探究教学中，教师提出的问题不仅要对学生具有一定的启发性，还要紧扣课堂教学内容，尤其是教学内容中的重点、难点。第二，在合作探究教学中，教师提出的问题要能最大限度地激发学生的学习兴趣，教师还要对学生解决问题的过程进行引导，使学生探讨出的答案是统一的。第三，在合作探究的教学评价中，教师要以学生的不同发展水平为依据，提出适应的要求，教师还要关注每一位学生，不能忽视后进生。第四，在合作探究教学中，教师要重视以学生为中心的心理辅导，平等对待每一位学生，要使学生树立信心。具体教学中强调整体的进步，并营造出一个优等生帮扶后进生、共同进步成长的良好氛围。

（四）情境探究教学模式

情境，具体地讲，"情"是指人的主观心理，"境"是指客观环境，是一种场景、一种氛围、一种形势、一种局面；综合地讲，情境是一种以形象为主体的，具有很强感情色彩的，能引起人们一定的情感、态度体验的场景和氛围。情境探究教学，其概念是指在教学过程中，教师创造出一个带有情绪色彩、形象生动的场景，通过一定的情感体验，使学生能更好地理解教学内容，促使学生的心理机能得到更好的发展。

1. 情境探究教学模式的基本原则

第一，轻松愉快的原则。这一原则要求教师创造一个轻松愉快的情境，并在情境中对学生解决问题的过程进行引导，使学生展开自己的思维和想象，并在其中找到正确的答案。第二，自主性原则。这一原则除了强调良好的师生关系之外，还注重学生在教学中的主体地位。第三，意识统一和智力统一原则。这一原则，一方面要求教学要充分考虑怎样使学生集中思维，使学生刻苦钻研的精神得到培养；另一方面要以学生为中心，考虑怎样充分发挥出学生以兴趣、愿望为代表的智力活动所具有的促进作用。

2. 情境探究教学模式中存在的问题及其解决方法

存在的问题包括：第一，情境探究教学对教师具备的素质提出了更高的要求，是因为这一教学模式强调的是人为创设情境，因此，教师不仅要具备一定的语言表达能力，最好还要"能弹会唱"。第二，情境探究教学实践中，强调情境功效，若是不够重视课程的特点，包括整体性、意会性及模糊性等，将会造成情境中出现人工雕琢的痕迹。第三，情境探究教学实践中易产生"花盆效应"。这是指学生的学习能力若处于人为创设的"典型性场景"，将会发展得比较顺利，一旦脱离这种情境，将会导致学生的学习能力回落。

问题的解决方法包括：第一，教师必须要对教材了如指掌，对学生的心理特点、智能水平有一定的了解。教师要依据学生心理世界的特点，采用适当的教学手段和方法。在创造教学情境时，要充分结合教材内容。第二，教师在情境教学法的实践中，要以各学科的特点为出发点，结合自身教学特点实现情境的创设，为实现这一目标教师要不断提高自身素质。

第二节　高校英语多模态教学模式

一、多模态教学模式的理论基础

(一) 教育学、心理学理论基础

1. 高校英语教学研究的学科定位

经过无数次的实践，英语教学告诉我们，仅仅语言这一个要素是不能组成语言教育的，它是多层面立体结构，是由众多要素一起构成的，也就是说，除了语言要素以外，与语言教育直接相关的要素还有教育学、心理学及社会学等，所涉及的内容也是语言学很难涵盖和取代的，如教材、教师、学生、教学目标及组织管理等。

如果是按照"教育学—各学科的教学—外语教学"这样一个路线图的话，那么就不仅仅是将外语教育归到应用语言学的范畴，而应该把它看成教育学的一部分。划分完成之后，就应该将教育实践作为外语教学的出发点，并且还应该将语言在教学过程中所起到的作用作为教学的重点。可以说，教育语言学具有很多重要的特征，这也使得这门学科具有很强的独立性。不管是从理论上来说，还是从实践上来说，在研究高校英语教育教学时，如果能够做到从教育语言学的理论视角出发，那么也就意味着研究具有合理性。

2. 认知负荷理论

除了建构主义以外，认知负荷理论是另外一个对教学起到指导作用的心理学理论，且在教学中有着举足轻重的地位。该理论假设人们头脑中的知识结构是由短时记忆和长时记忆组成的。短时记忆又叫工作记忆。学习是在长时记忆以图式的形式建立知识，教学则是为了能在学生的长时记忆里储存信息。工作记忆储存信息的时间短，容量也小，长时记忆时间长，容量大，而进行图式建构可以使工作记忆的负荷得到有效减轻。如果在工作记忆区对一些新信息进行处理，就能建构图式，建构完成后，就可以投入应用，直到获得反复的成功之后，才能真正实现图式自动化。

记忆在学习中起到的作用是认知负荷理论的一大关注点，该理论认为，若想实现有效的学习，非常重要的一点就是能够对认知资源进行较为合理的分配。由于工作记忆的一个非常显著的特点是存储容量非常有限，再加上认知资源的总量是恒定不变的，因而认知负荷理论就得出了以下结论：如果能够在设计教学过程中最大限度地将一些不必要的认知负荷从制定的学习任务中移除，那么必然会使学习者的学习效率得到很大程度的提升。

此外，在研究认知负荷理论的基础上，研究者还提出了促进教学的教学效应，并根据学习者的认知不同做了具体划分，适合初学者的包括样例效应、分散注意力效应、形式效应，有一定专业知识的学习者适合专业知识反效应、冗余效应、想象效应。这些研究对进行外语教学设计有非常重要的指导和帮助作用。

3. 学习理论

学科和学科之间往往都是相互影响、相互渗透的，如教育学和心理学所形成的交叉学科就是教育心理学，这种现象也是现代科学发展的特点之一。学习理论主要就是对教育心理学的核心内容进行研究，可以说，该理论对大学英语的教学和研究的指导作用是巨大的。

从学习运行机制的研究到学习理论的形成，涵盖了很多理论流派的发展和演变，如行为主义、认知主义、建构主义、社会建构主义和联通主义等，其中，一些学者也将联通主义称为关联主义，具体如表3-1所示。

表3-1 学习理论主要流派核心观点对照

理论流派	学习运行机制	学习者	教师	技术的作用
行为主义	强化反应	被动接受奖惩者	奖惩分发者	收集和提供学习反馈
认知主义	信息获取	被动接收信息者	信息分发者	提高获取信息的途径
建构主义	知识建构	积极的意会者和知识建构者	认知向导	学习过程中指导学习者的认知处理
社会建构主义	参与社会协商	既是个体认知者也是学习共同体成员	协商促进者	社交网络软件支持学习者个体交互和社团实践
联通主义	优化学习者内外网络	知识网络和节点的重构者	知识网络重构促进者	网络成为知识联结和创造的载体

行为主义学习理论常常会将学习的过程看成"刺激—反应"的过程，所以在使用这种学习观念来对语言学习进行指导时，非常关注和强调对学习者语言技能的训练。该理论认为，通过"刺激—反应"的原理所形成的机械性语言操练就是语言学习，这一过程就是向学习者灌输语言知识的过程，从而让他们逐渐形成一种语言习惯。如今，虽然很多高校都开始使用计算机网络来辅助英语教学，但即便如此，在某些学习阶段，尤其是在训练学习者的语言技能时，行为主义学习理论仍然发挥着非常积极的作用。

4. 课程与教学论

（1）内容型教学法

内容型教学法是将内容和语言有机结合的一种教学模式。在这种教学模式中，教学活动不按照语言教学大纲要求进行，而是围绕学生要学习的内容和获取的信息展开，从而确保学生既可以学习新的语言，又可以掌握学科知识。

该教学模式的原则主要体现在：①其核心是学科知识；②其所适用的都是真实的原材料；③对于不同的学生群体，其都能很好地满足和适应他们不同的需求。

该教学模式主要有四种：①主题模式；②课程模式；③辅助模式；④沉浸模式。教师在选择使用哪一种或哪几种教学模式之前，应该充分结合自身所处的教学环境及所涉及的教学层次、教学对象，同时还应考虑所要达到的教学目的等。

经过大量的研究和实践，我们可以总结出内容型教学法具有以下几点较为显著的特征：

①真实的教学材料。学生只有在一定内容的基础上经过不断学习和练习才能实现对语言的掌握，而要想在学习语言的过程中为学生创造出更加有意义的语境，就必须要确保语言教学材料的真实性和系统性，只有这样才能促进有效学习。

②内容与语言相融合。对于那些主修专业不是英语的学生来说，如果能在他们专修专业学科内容的基础上让他们增加语言学习，那么必然会对语言输入、语言吸收和语言输出有非常大的帮助和促进作用，从而使这三者之间形成一个良性循环。

③突出体验式小组学习和研究型学习。以输出为驱动的内容型教学法更加关注两点：一是学生进行语言学习时的积极性；二是教师所提供学习资料的真实性。该模式并不要求学生能够多么出色地完成任务，它的目标是希望教师能够在输出任务的驱动下，积极主动地去找寻一些比较新的信息和材料，有了这些信息和材料，再加上教师的指导和协助，学生就能顺利完成任务，同时还能展示出自己的学习成果。可以说，在传统的大学英语课堂中，学生是很难有这样的研究型学习体验的。

④内容学习、语言训练和应用及思维培养全面融合。除了能够让语言和内容的双重学习目标都得以实现之外，内容型教学法还能通过让学生进行体验式和研究型的学习，使学生能够主动对学到的知识进行运用，有助于培养他们的协作意识和批判思维意识。

⑤教师身份的根本转变。在传统的大学英语课堂当中，教师扮演的大多是"授人以鱼"的角色，他们只是单纯地向学生传授相关知识，并对学生进行语言训练。但是在该教学模式下，教师更多的是扮演"授人以渔"的角色，也就是除了对学生进行知识传授和语言训练外，教师还需要积极地参与到课程的设计中，除此以外，他们还要在进行课程活动时起到有效的协助作用。

这一角色的转化较明显地体现在更具专业性的课程教学中。在这些课程中能明显感觉到，内容方面更加突出了学生的学习主体地位，甚至表现为学生在某些方面比任课教师知道得还要多和深，对于一些学科内容上的问题，教师可能还需要向学生请教。之所以会出现这样的情况，是因为在这样的教学模式中，教师的主要职责是在教学情境中来协助学生有效地开展基于内容的语言学习、完成学习任务，而这些教学任务和教学活动，是早已设计好了的。

（2）多元识读教学法

经济全球化使得文化呈现出了多元化的趋势，同时也加深了交流的多模态化和语言的多样性。并且，逐渐增强的语言和文化的地域多样性和全球关联性，以及新媒介时代交流表达形式的多模态化，也直接导致了多元识读教育的产生。主要体现在以下两方面：

一方面，在经济全球化的背景下，各国文化相互融合，世界似乎变得越来越小，文化和语言都逐渐呈现出了多样性和多元化的趋势，这也就直接导致了多元识读的产生。在这一背景下，英语在不同的文化和社会背景中得到了非常广泛的应用，同时它也逐渐成了一种全球性的语言，这也就使得在使用英语进行交流时，不仅具有跨文化性，同时还具有多样性。

另一方面，在新媒介条件下，多模态化的趋势在表达方式中逐渐呈现出来，这也直接导致了多元识读的产生。之后，新媒介得到了迅速发展，这也在很大程度上改变了人们的交流方式。主要体现在人们的交流方式已经不仅仅局限于文本，他们逐渐倾向于通过将书面语和口头语结合的方式进行交流，也就是有效结合视觉、听觉、手势、触觉和空间等模态，使得人与人之间的交流具备了多模态的属性。特别需要注意的是，这种交流方式的改变，要求学生必须要有足够的能力去理解和掌握那些越来越重要的媒体表现形式。

（二）哲学基础

1. 主体间性哲学观与间性理论

（1）媒体间性

媒体间性是指不同媒体间的相互作用、相互联系，关注的是媒体之间互相作用而产生的传播效应。现如今多媒体走进课堂，正确地使用多媒体教学，使教学多元化、立体化，可以增强学习的互动性，活跃课堂气氛。

（2）语言间性

在语言的指称功能、意动功能及交感功能之间会有一定的不协调和错位表现出来，这个被称为语言间性。通俗地讲，就是主体在使用两种不同语言时，有一定的空间障碍发生在他们进行沟通的时候，这个空间障碍是客观存在的，并不会因为主体的主观意识而绝对不存在。

由于两种不同语言之间会存在内在的差异性，理解度的波动性就会出现在双方进行沟通的时候，此时这种波动性的产生就是语言系统的二元性特征的充分体现，也是客观存在的，换句话说就是语言系统同时存在着开放性和封闭性。语言系统的这种特征直接决定着语义的二元性，语义的弹性特征导致了语用双方的沟通仅仅是一种可能。

纵观中西语言文化交流的历史，如果从宏观上来看，我们可以发现，语言的同化和异化，为语言的主体间性理论提供了证据和补充，同时，对于语言多样性的维护和发展来说，还具有非常大的参考价值。由此可见，国家需要在宏观语言政策方面对其给予足够的重视。

（3）文化间性

文化间性其实就是跨文化性。只要在文化领域里有着间性思维模式的应用，文化间性这一问题就会出现，换一个角度来看，在文化领域出现的这种具体体现，折射出的是西方哲学中的主体间性问题。文化共生、互动和意义生成这些特征就会呈现在不同文化主体与生成文本的对话关系中，因此，要加强主体的网络跨文化素养，还应在大学英语的教学过程中去引导学生进行一定强度的跨文化学习。

（4）文本间性

一个特定文本与其他文本之间的关系，被称为文本间性，也叫互文性。其他文本指的是被改造过的文本，而这种改造是在对该特定文本引用、改写、吸收、扩展的基础上或是直接在总体上进行的，可以说，包含具有各种可识别形式的其他文本是所有文本都有的特性。"语篇间性"可以从本质上很好地被用来替代"互文性"，它不仅包括多个已确定文本之间的关系，即"跨文本性"，也包括某一文本对其他文本的扩散影响，即"文本关涉性"。

2. 间性理论指导下的多模态课堂教学原则

（1）基于主体间性的交互性教学原则

主体间性的语言观和英语教学观的引导，能够最大限度地恢复英语教学原来所固有的特征。新的哲学范式和方法论原则能够直接影响英语教学的目的、英语教学的过程及英语教学过程中教师和学生之间的关系，并且，这种影响是积极的、深远的，而这些范式和原则是主体间性所提供的。

英语教学活动中的主体，毫无疑问，一定是教师和学生，其客体则是教学活动中所要完成的任务，我们称为教学内容。英语教学的教学内容主要是由相关课程、所用到的教材及其他教学资源共同构成的，具体的实践结构模式为"教师—教学内容—学生"。从本质上来看，主体间性理论就是主体交互性。

目前，我国很多高校在进行英语教学时，都严格遵循这样一个教学原则，即将学生视为教学的主体，而教师则主要起主导的作用，同时，这也充分体现了主体间性理念。交互性教学原则除了是一个教学组织原则，也是一个学习行为原则，也就是说，该原则不仅可以直观地将一名教师的教学理念和教学方法反映出来，同时还能够直观地将每名学生的学习理念以及所采用的较为有效的学习策略反映出来。

（2）基于媒体间性的多模态教学原则

要想不断地去创新课堂教学媒体、课堂教学模式及课堂教学模态，就必须对媒体间性进行深入探讨。随着新媒介时代的到来及不同媒介之间的相互融合，人们开始注重对媒体间性的研究。

传统的教学系统都是相对比较孤立和封闭的，但是自从有了新媒介技术的介入，教学系统逐渐变成了一个开放和动态的系统。教学系统在受到教学媒体要素的强烈作用之后，其中的各大要素就会被融入一定的技术因素，这也是为什么教学系统会变得越来越复杂和多变，也正因如此，为大学英语教育教学改革发展提供了更加广阔的空间。

此外，由于教学系统各要素之间的交互关系过于复杂，所以更应该特别关注教师和学生之间、学生和学生之间交流的有效性，以及他们对相关技术运用的灵活程度等，具体体现在以下两个方面：

一方面，体现在教师与学生进行的直接对话上，也就是通过语言进行的交流，同时，也体现在间接对话上，如体态或者眼神之间的交流，这种对话方式充满着随性，是教师和学生之间的即兴对话，但这种对话往往也是最真实的。这种真实的交流对学生更深层次地理解教学内容有非常大的促进作用，同时也能帮助学生培养独立构建语义网络的能力和协作共进的素养。

另一方面，自从高校英语教学中普及计算机网络技术以来，以网络为基础的教师和学生之间的交流、学生和学生之间的交流及学生利用网络进行的自主学习，都在很大程度上扩展了英语教学的边界，从而使学生在学习成长的过程中更能突出个性，使他们的团队意识和合作精神得到进一步培养。

（3）基于文化间性的跨文化教学原则

在跨文化哲学当中，文化间性属于一个相对比较重要的范畴，具有多元文化共存、交流互识、意义生成的特点。可以说，它是处在语言的基础上，但是又超越了语言的一种隐形间性。在高校英语教学中，不仅要将跨文化教学原则渗透到基于主体间性的教学理念、教学模式和教学方法中，而且要在媒介间性的基础上，对媒体进行不断创新，从而促进文化交流、传播及多元文化资源的开发利用。

此外，大学英语课堂教学的一个固有属性就是跨文化性，这在教学课程设置、教学计划、教学组织、教学内容、师生和生生之间的交流方式、社团活动及教学资源建设等方面都有所体现。它所反映的不仅仅是该学校的文化风貌，同时也是教师的跨文化素养和教学水平。可以说，它对学生跨文化交际意识的培养是非常有帮助的。

（4）基于语言间性的外语教学原则

除了需要遵循以上几项原则，大学英语课堂教学还应该遵循外语基本教学原则，之所以要遵循这一原则，主要是由于大学英语的课程性质以及高校英语教学研究的学科属性。常常被用到的外语基本教学原则主要是基于中介语、母语迁移等二语习得理论的教学原则。

（5）基于间性整合的教育生态教学原则

生态化教学应该算是大学英语多模态教学的一个最为理想化的状态。大学英语多模态教学应该在遵循交互性教学原则、多模态教学原则、跨文化教学原则及二语习得教学基本原则的基础上，对间性理论、教育生态学、建构主义学习理论等进行综合运用，从而使高校英语教学模式更加多元、动态、系统和生态化。

总的来说，就是要对多媒体网络和高校英语教学各要素之间的生态平衡进行较为全面的整合和协调，只有这样才能使高校英语教学改革得到进一步推进，才能在多媒体网络环境下实现高校英语教学效能的最大化。

（三）语言学理论基础

在很长的一段时间里，我国都是在结合以往英语教学实际的基础上，依靠引进外国理论来开展应用性的二语习得理论研究的。但与国外的第二语言学习相比，我国英语学习表现出来的特点是完全不同的，因此，我们必须要结合我国英语教学的实际，采用较为谨慎的态度来对待国外的语言教学理论，特别是对二语习得理论，要更谨慎和重视。

我们在对国外理论不断地吸收和借鉴的过程中，还应该从我国学生的实际出发，对他们学习英语过程中存在的特殊性进行全面且充分的考虑，只有这样才能在不断探索的过程中，建立一套符合我国特色的外语教学理论体系和切实有效的方法。

二、多模态教学的选择原则

在语言教学中运用多模态，指的是让学习者在语言学习的过程中能够同时调动起眼、耳、手、口等感知通道，从而将以往抽象且单调的学习内容变得动感、形象、多样和生动。

多模态教学理论认为可以通过不同的渠道和教学手段，如网络、图片或者进行角色扮演等，充分将学生的多种感官调动起来，从而使这些感官在学生语言学习的过程中协同运作。同时，该理论还注重对学生多元读写能力的培养。

在英语教学中采用多模态的教学方式，能够让整个课堂更具活力，对活跃课堂气氛有很大的帮助。但需要特别注意的是，在实际的课堂教学中，如果使用了多模态教学方法，那么为了更加突出知识点，就必须严格遵循相应的原则来对用到的多模态进行选择，只有这样才能使学生更容易记忆，学习成效自然而然也就得到了提高。

张德禄和黄立鹤认为，对现代媒体进行充分利用是模态选择的总原则，同时，还应将讲话者所要表达的意义最大限度地体现出来，力求取得最佳效果。[①] 在多模态话语交际框架下，可以根据有效原则、适配原则、经济原则这三个原则来选择模态。其中，前两种原则还有自己的次级原则。

（一）有效原则

有效原则指的是不管哪种模态，都应该在能够取得较好教学效果的前提下进行选择，只有这样才能有效避免对模态的无效使用，才能使产生的正面效应大于负面效应。在教学中运用多模态对增强学生的记忆有很大的帮助。然而，没有考虑到学习效果的模态或者几种组合起来分散学生注意力的无效模态，都是没有意义的。有效原则可分成以下两个原则。

1. 工具原则

多媒体技术的使用可以为教师和学生创造出真实度非常高的语境：①教师可以多搜集一些拍摄于真实交际场景的视频作为英语教学的学习材料，让学生能够对真实语境中的实际情况有一个更加真切的了解和认识，让他们能够获得更加具体的语境知识。②教师可以充分利用网络视频的功能，提供更多的机会让学生与以英语为母语的同龄人以网络视频的方式进行沟通和交流。③教师可以让学生多看一些真实的语境图片或文字，帮助他们对真实的交际环境有一个更加深刻的了解。总的来说，与单模态话语相比，多模态交际能够为学生提供更多的从多方面获得信息的机会，有利于学生的理解和记忆。

---

① 张德禄，黄立鹤. 多模态与外语教育研究［M］. 上海：同济大学出版社，2018.

2. 引发原则

引发原则，指的是利用现代技术，为学生提供内在的动力，让他们心甘情愿地参与到教学活动中来，也就是将外在因素转化为内在因素。例如，通过提供新颖的图片、特殊物品、有趣的简笔画、艺术字等，吸引学生的注意力，激发学生的学习兴趣。

（二）适配原则

在对不同的模态进行选择时，要充分考虑两种或几种不同模态之间的配合程度，以便找出最好的搭配方式。与有效原则一样，适配原则也有次级原则，主要包括以下几种：

1. 抽象具体原则

在英语教学过程中，教师需要灵活运用多种教学策略，以在遇到抽象、模糊或不熟悉的知识时提供特定的信息，从而使学生更清楚地了解教学内容。以英语教学中的语音教学为例，当教师向学生介绍语音符号的发音规则时，学生获得的知识是抽象的。如果教师借助语音、口型和发音部位来显示具体的发音，那么原本抽象的发音方法将变得形象、具体、直观。此外，学生还可以直观、生动地理解和掌握语音字母发音的基本要领。

2. 强化原则

强化原则，主要是指在教学中使用多种模态来增强学生对语言知识的理解。例如，在教学过程中，可以通过幻灯片、影视等方式来介绍文化背景，而不是仅仅采用教师向学生介绍的简单口头方式。单词、口头描述与图片、电影的结合能使学生对语言的理解更加深刻。

3. 协调原则

协调原则，主要是指使用多模态协调来恢复人类社会交流的本质，也就是说，不能由一种媒体完成的交流任务可以由其他媒体来补充。该原则更加注重对模态的协调，而不是对其他模态的过度使用，也就是说，要根据教学的需求来选择模态。并且，各模态之间并不是随意组合的，也不会相互抵消和排斥，而是相互结合、协调运作的。

4. 前景背景原则

前景背景原则，主要是指在英语教学中，语言交流是最主要的方式，即语言交流是主要模态，而其他模态则主要提供了背景。例如，在英语视听口语课程中播放电影，那么相关的电影背景、对于电影中的人物和情节的介绍及电影完成之后所进行的主题讨论就是前景，而电影的播放只是起到了辅助的作用，所以往往会被视为背景。

（三）经济原则

经济原则，主要是指所选择的教学模态不仅是最优的，还应该是最简的，也就是说，选择的过程是在这两个条件的矛盾之中进行的。这里所说的最简，主要是从经济的角度来考虑的，也就意味着，选择的模态要尽可能简单。目前来看，许多教师都倾向于选择多媒体等较为现代的技术设备，虽然这些技术设备的价格相对较高，操作起来也相对复杂，但是，它们对教学效率和教学效果的提升却有很大的帮助。

由此可见，为了让说话者更好地表达，为了使教学效果得到最大程度的提升，教师在选择教学媒体时，也要严格遵循简单经济的原则来对多媒体技术进行选择。与此同时，教师在选择模态时，为了进一步增强教学效果，也应多多考虑使用图片、贴画、彩卡等其他媒介方式。

三、英语多模态教学实践分析

（一）多模态听力教学实践

网络环境下多模态听力教学的构建，其中心内容主要是听力教学中四个环节的模态转换。

1. 准备环节

在介绍听力背景时，教师应多使用一些图片、影视作品及有趣的PPT，从而最大限度地激发学生的学习兴趣。此外，还可以通过使用图片等相关方式来向学生介绍与听力材料有关的单词，让学生学会阅读图片和说单词，以达到通过多媒体实现学生与教师互动的目的。

2. 呈现环节

这一环节主要是为了获取信息和构建意义，主要涉及模态之间的相互协作。首先，要说的是视觉模态，也就是教师通过颜色、亮度、不同的字体等，将一些与听力材料相关的图像当中的关键信息标示出来；其次，教师还可以利用文本来向学生展示一些具体信息，最大限度地减少图像中一些具体信息的丢失；最后，就是听觉模态，主要是学生与学生之间完成信息传递的过程中，通过各自的音调、语速及发生的时间来进行配合。

在以上两种模态当中，主模态是听觉模态，视觉模态则主要起到强化听觉模态的作用，也就是通过视觉模态，让听觉模态能够更加清晰和准确地表达出来。文本信息则主要是为了防止学习者出现听觉缺失或者没有完全接收信息的情况，对听觉信息进行补充。

3. 练习环节

在学习效果的外部行为表现阶段，学生可以将听说与听写、听力理解与听力练习相结合，对短期记忆信息进行重组和编码。通过多模态教学，将学生的各个感官充分调动起来。

4. 评估环节

该环节主要是通过记录和联系的方式，对学生理解信息的程度进行评估，我们都知道，依靠大脑的短时记忆能够帮助学习者去理解自己听到的内容，除此以外，另一个帮助理解的方式是笔记，它也能有效实现学习者对所听内容的再认知。学习者对所听内容的理解程度决定着他所记笔记质量的高低，以及对大脑记忆信息与笔记内容合成后的意义建构。

（二）多模态口语教学实践

从某种程度上来看，受口语交流过程的影响，在口语课堂上，本身就会出现听觉模态和视觉模态之间的相互转换。例如，从听觉模态的角度来看，师生双方都有发言权，而作为口语交际实践的主体，学生比教师的发言机会要多一些；从视觉模态的角度来看，教师则可以借助黑板、制作一些具有吸引力的PPT、搜集一些相关影视作品等来对口语主题、文化背景和单词句型等进行展示。英语口语课堂是视觉和听觉模态之间的替代。因此，在多模态口语教学中，要注意加强模态之间的合作关系。

（三）多模态阅读教学实践

1. 多模态教学强调感官并用

在对学生进行阅读教学时，教师需要让学生了解相关文章的文化背景和重点单词，这时就可以通过制作PPT的方式来对相关内容进行展示，以便将学生的多种感官调动起来，从而使学生对相关背景知识的难点有一个更深入的了解，有助于他们对单词的记忆，进而实现对所学内容的强化记忆。

2. 多模态教学提倡运用多种教学方法

常见的教学方法主要有交际法、互动听说法及全身反应法等。教师在进行阅读教学时，如果遇到教学内容和教学目的发生改变的情况，就应该根据具体变化，更改教学方法。例如，教师想要培养学生通过语篇来理解句子意思的阅读能力时，可以将学生分成若干小组，让他们以小组的方式来进行讨论，同时还可以让他们进行口译或者笔译的练习，而不是采用单一的由教师来分析语篇的教学模式，这对增强阅读课的兴趣性和操作性是非常有帮助的。

（四）多模态写作教学实践

1. 开放性

开放性的关键就是将学生视为写作课堂的主体。教师在对课堂活动进行设计时，要充分贴近学生的实际生活，这样有助于学生的实践操作，让他们真正地做到学以致用。例如，在开始写作课程之前，教师可以用课前热身的方式，将本节课的写作话题通过短片或者图片的形式展现给学生；再让学生针对这个话题进行讨论，讨论过后还应让学生将观点罗列出来；观点列出之后，教师要引导学生去扩展自己的观点，为接下来的写作做准备；在学生完成写作之后，教师可以让学生相互交换写作成果，并让他们修改其他学生文章中的标点、单词及语法错误；全部修改完成后，教师可以选取几个修改之后作文中比较优秀的句子,并在黑板或者投影仪上进行展示和点评。

2. 灵活性

在课堂教学过程中,教师通过不同方式对不同的模态进行转变和互补,以求通过多元化的方式将信息传达给学生。例如,教师在教授学生有关段落写作结构技巧时,可以使用各种关系图,来让学生更加直观地去理解空间顺序、时间顺序、因果顺序等文章组织方式,然后再添加一些周边新闻或学生熟悉的事物的语音、图片材料作为辅助信息,这对学生的写作内容也更具实用价值。

第四章 高校英语混合式教学模式创新

第一节 混合式学习理论与高校英语教学概述

一、混合式学习理论概述

(一) 混合式学习的基本内涵

"混合式学习"在英语中被称为"blended learning"或"hybrid learning",它是在互联网与教学模式相互融合的背景下产生的。[①]

混合式学习要求在传统课堂教学中,教师要与学生进行必要的面对面交流,同时要借助一定的教学工具辅助自己的教学与学生的学习。

混合式学习具有明显的教学优势,它依靠现代化的平台技术,实现了面对面学习与在线学习的融合,在这一过程中,不仅教师的作用获得了最大限度的发挥,而且学习者也实现了个性化学习。混合式学习不仅可以将各种教学方法、教学设备等进行混合,还能将课程内容、学习策略等进行混合。需要说明的是,虽然教学中的很多因素都可以混合,但并不是说任意的混合都是可以的,各种教学要素相互融合可以达到最佳的匹配效果,才是一种成功的融合。

(二) 混合式学习的基本特征

1. 以学习者为中心

混合式学习在应用过程中始终都是以学生为中心的,教师不再是课堂教学的主体,师生交流成为教师关注的重点。教师的角色发生了明显的变化,教师开始在学生学习过程中扮演辅助性的角色,是学生自主学习的促进者。

混合式学习吸收了面对面学习以及在线学习的优势,无论是教师,还是学习者,都能从混合式学习中获得益处,教师可以在更大程度上激发学生的学习积极性,学生则可以在学习中获得较多的学习经验。混合式学习环境给学习者提供了很大的自由,学习者可以根

---

① 杜世纯.混合式学习研究[M].北京:中国社会科学出版社,2018.

据自身的需要进行学习节奏及进度的调整，也可以自主选择课程与教师。在混合式学习的任意一种模式中，学生的学习需求都是首先被考虑的，同时也会给予学生较大的课程选择权，学生可以根据自己及教师的情况自由选择课程进行混合式学习。在这一过程中，教师还要时刻关注学生的心理变化，根据不同学习阶段学生的心理特征，有针对性地进行教学活动。

2. 重视深度混合

混合式学习并不是指将教学中的各大要素进行随意的混合，而是要在保证教学效果的前提下进行混合，要遵循一定的规律。

首先，混合式学习的学习活动并不局限于传统的课堂活动，它还包括在线活动。这种混合的范围非常大，所有的学习者都会涉及其中，这就使学习者可以学习到其他学习者高效的学习方法，也可以帮助其找到适合自己参加的学习活动。

其次，传统课堂学习环境与在线学习环境是相对独立的，面对的都是不同的学习群体，而混合式学习则实现了两大群体的融合，这种融合对于任何一个群体来说都是极具益处的，传统课堂的学生群体可以学习在线课堂学生群体的高效率，而在线课堂学生群体则可以学习传统课堂学生群体的认真态度。

最后，在线学习与面对面学习中的教师也实现了混合，过往单一课堂环境中的教师只能就课堂问题进行交流，对课下学习者的问题很难给予回答，而在线学习中的教师可以实时解决学习者遇到的问题。

这三种学习要素的混合并不是随意的混合，而是有其自身规律的。在混合式学习实施的过程中，它以多种方式为基础，主要有翻转课堂、移动学习、在线学习等，以利于学习者找到适合自己的学习方式，从而提升学习效率与质量。

3. 注重师生之间线上线下的交流和互动

混合式学习将面对面学习与在线学习的优势整合起来，实现了师生在线上与线下的双线互动，在进一步增进师生感情的同时，也增加了学生学习的渠道。

在任何学习中，教师与学生都是学习的两大主体，混合式学习也不例外。传统课堂中教师与学生的交流不多，这样使得教师很难接收学生的学习反馈，而在混合式学习中，教师可以实时接收到学生的学习反馈，教师根据学生的反馈制订适合学生的教学计划，从而保证不同学生的学习需求。

教师与学生可以利用信息技术与交互工具在在线学习平台上交流，在教学软件的帮助下，教学与学习活动不再受时间地点的限制，学生可以随时随地学习，节约了学习时间，也提高了学习效率。

学生的问题并不只是集中在课堂上，很多学习问题都是在课下进行自主学习的过程中产生的，传统课堂教学是无法将问题的解决延伸到课下的，所以混合式学习就在此时发挥了作用，教师利用各种学习软件与学生实现互动交流，不仅可以及时指导学生的学习，还能监督学生的学习过程，当发现学生遇到问题时可以给予适当的帮助。在不同的学习环境中，学生对于教师的需求程度存在差异，所以，混合式学习兼顾了学生对教师线上、线下的需求，让教师能同时把握学生线上、线下的学习情况，这就是混合式学习最大的优势所在。

（三）混合式教学模式的分类

国内外院校自身教学情况不同，对于混合式教学的教学模式的具体应用也有所不同。安东尼·G. 皮卡西诺创建了多模态混合模型，其以"传统课堂教学"到"在线教学"为横坐标，从"最小限度使用技术"到"最大限度使用技术"为纵坐标的二维坐标体系构建了混合式学习模式。① 该模式分为以面对面课堂教学为主，简单技术或先进技术支持的在线教学为辅与以简单技术或先进技术支持的在线教学为主，面对面课堂教学为辅两大类。美国学者格立哈姆将混合式教学模式归为以下五类②：

1. 补充型

该模式保留了传统课堂的基本结构，通过简单辅之以基于技术的课外在线活动或提供补充的在线学习资料来增强学生与教学内容的交互。

2. 替代型

该模式减少了面对面的教学时间，相应地增加了学生在线学习的时间。该模式假设以个人为单位或以小组为单位的在线学习效果优于课堂学习效果。

3. 商场型

该模式取消了所有面对面的授课时间，而学习者则利用学习资源中心提供的在线学习资源自定步调进行学习。在学习过程中，学习资源中心提供教学软件、练习、超文本、在线测试及适合学习者的个性化帮助。该模式的教学理念不再是教师想要何时教，而是学生想要何时学。

4. 完全在线型

该模式的做法是学生在线进行所有的学习活动，只是在必要时辅以面授。教师需要将教学内容拆分并制作成多个小课程，同时教师需亲自回复在线学习过程中学生的每个提问、评价或讨论。

5. 自主型

该模式中学习者能够自己决定学习方式，学习者会被给予一套适合自身学习风格和技能的学习选项，列明具体学习任务、学习任务与学习目标的关系、学习任务的提交时间等。不同于上述四种模式，该模式能给学习者更大的选择权，充分体现了"以学习者为中心"的教学思想。

---

① 李清. 浅谈混合式教学 [J]. 读与写（教育教学刊），2018，15（1）：40，89.
② 黄月. 浅谈混合式教学的实践与探索 [J]. 科学咨询（教育科研），2020（2）：35.

二、混合式学习与高校英语教学融合的必要性

在教育改革的影响下，高校英语教学也在不断改革和创新。尽管如此，高校英语教学中仍存在着很多问题，具体分析如下：

第一，在传统的英语教学中，大部分的课堂教学都侧重于教材内容的教学，使得教与学严重脱轨，主要重视知识的灌输和传授，忽略了对学生能力的训练和培养，导致课堂以教师的讲课为中心，学生只是被动地进行接收。这样的教学模式存在很多问题，最重要的就是学生学习的主观能动性及创造性思维能力得不到发挥和培养，做不到学以致用。

第二，在英语现阶段教学中缺少了对学生应用英语能力的培养和训练。英语的应用和学习缺乏紧密的联系，学生只能简单地进行英语记忆，被动地接受英语知识，不能从中体验到获取知识的快乐。在具体的英语教学过程中，一旦缺乏对运用英语的实践能力的培养，就会让学生觉得英语学习枯燥乏味，学好英语的信心也就逐渐消失了，更不要说激发学生主动学习的兴趣了。在目前常见的教学观点中，英语的学习离不开各类考试的压力，从接触英语开始，学生就要进行各类复杂繁重的考试，这也导致了教师在教学方式和内容上更加偏重单词、语法等知识的讲授，学生的学习目标就是掌握这些考点，忽视对能力的培养，常常会默写不会读，英语的口语、听力能力差，缺乏成为应用型人才的可能。

此外，随着网络技术的不断发展，网络多媒体具有丰富的教学资源，也为教师与学生之间的在线交流提供了巨大的便利，同时网络课程和光盘课件具有很强的传播性和交互性优势，不断冲击着传统的教学模式。但是，由于没有教师的指导、监督和帮助，学生通过网络授课学习的实际效果并不理想。

综上所述，传统的教学模式在很大程度上对学生英语成绩的提高、教学质量的提升起到了限制作用，使得英语教学陷入十分被动的境地。教师对传统教学方法进行改革，积极将混合式教学模式与传统的教学模式相结合，利用现代教育技术，将以教师教学为中心的传统教学模式和以学生自主学习为中心的模式相对接，实现新的英语混合式教学模式，这也是教师工作的重心。

三、混合式学习与高校英语教学融合的意义

（一）加快高校英语教学理念的创新

打破教学常规，转变教学观念，树立混合式教学理念是大学英语课堂混合式教学模式应用与实践的重要前提。从效果上来说，英语混合式教学理念的应用有利于打破传统教学理念的束缚，深化互联网技术与英语教学的融合创新，能让互联网理念、模式与技术更好地与高校英语教学结合起来，推动大学英语课堂教学的变革与创新。[①] 除此以外，大学英

[①] 徐妍妍. 混合式学习模式在高职英语教学中的应用 [J]. 校园英语，2019（30）：78.

语课堂混合式教学模式也加快了不同教学理念、方法与技术的融合，让更多样的教学方法和策略能够在英语课堂中进行有效汇总和综合设计，相互之间取长补短，进而更灵活有效地满足高校英语教学中的创新要求，解决高校英语教学中的实际问题。

（二）构建混合模式下多边互动的师生关系

在大学英语课堂混合式教学模式的应用中，教师与学生的角色、任务、功能和关系正发生着显著的变化。①

首先，学生的主体性地位有所提高，教师应强化学生自主学习能力的培养与训练，引导学生自主地利用多元渠道和平台去搜集与汇总适合自身的学习资源和学习模式，从而提高学生自主学习的质量与水平。

其次，教师在课堂教学设计与课堂教学指导上的任务与功能更加复杂，教师需要与时俱进地强化自身对教学新理念与教学新环境的认识与理解，提高自身的综合教学能力，并根据学生英语核心素养的培养目标来科学设计英语课堂的内容、形式与流程，推进各项混合式教学理念、技术与方法的有效融合，进而确保英语课堂的教学能够更好地为学生服务。

最后，教师与学生应当实现"教"与"学"的多边互动，从效果上来看，师生之间的答疑解惑和学生之间的讨论能够引发学生进一步的反思与理解，加深学生对英语知识与技巧的记忆，让学生更加娴熟、准确地运用相关的知识点与技巧经验。

（三）推进高校英语课堂混合式教学模式的多元化发展

大学英语课堂混合式教学模式的应用实践突破了传统教学模式的限制，让英语课堂教学的各个环节都获得了开放性、多元化和创新化发展的突破。②

从教学资源来说，大学英语课堂混合式教学模式可以借助互联网或新媒体的渠道与平台广泛汇总与分享优秀的英语教学资源，让学生更广泛地接触精良的英语学习资源，为学生知识的拓展和能力的培养提供良好的教学资源支撑。

从教学手段来说，大学英语课堂混合式教学模式不再拘于一种教学手段或技术，它要求教师根据英语教学的实际需求灵活地组合不同的教学手段与方法，从而更好地应对英语课堂教学中的不同问题。

由此可见，大学英语课堂混合式教学模式实现了英语课堂教学的开放性和多元化发展，它以互联网信息技术为依托，以英语课堂教学需求为目标，有效完善了英语课堂教学的各个环节，进而全面提高英语课堂教学的效率和质量。

---

① 马海燕，李新元．大学英语课堂混合教学模式探析——评《大学英语混合式教学探究》[J]．高教探索，2019（7）：136．

② 陈香香．混合式学习模式下的高职英语教学策略[J]．知识文库，2019（8）：194，195．

第二节 高校英语混合式教学模式——微课与慕课

一、高校英语混合式教学模式——微课

（一）微课的概念界定

微课是伴随教育信息化发展到 Web 2.0 时代而出现的一种全新的资源类型与课程表现形式。与微博、微信、微电影、微小说、微杂志等有着共同或相似的"微"特性，微课的出现给传统教学模式带来了一种新的体验和尝试，也是基础教育数字化教学改革的一大试验。它不只是多元化教学资源的组合再生，也是辅助性教学工具，能够辅助课前学习和课后巩固、延伸。从其运用前景来说，微课是对传统课堂的"精微性"创新，不仅可以促进课堂的有效开展，更能开发教师与学生的潜能，促进课后的自我探索与进步，实现全面素质教育的目标。从微课所传递的教学理念来看，它是一场学习方式的变革。教师不再是主导者和指挥者，学生在自发、自觉学习微课的过程中发现问题、掌握知识，并在与同伴、教师的探讨和合作学习中提升自我解决问题的能力。课堂的中心地位或由课前微视频实现的预习和课后微视频实现的巩固功能得以完善。学习不再拘泥于教室、书本，多样的移动终端设备（如手机、电脑等）使得学习随时随地都能发生。不同学者对微课的概念有着不同的界定，下面具体分析。

胡铁生等对微课的定义如下：最初，微课（1.0 版本）定义为，以视频为主要载体，记录教师在课堂教育教学过程中围绕某个知识点或者教学环节而开展的精彩教与学活动的全过程。后来，微课（2.0 版本）定义为，根据新课程标准和课堂教学实际，以教学视频为主要载体，记录教师在课堂教学中针对某个知识点或教学环节而开展的精彩教与学活动中所需的各种教学资源的有机结合体。再后来，微课（3.0 版本）定义为，微课又名"微课程"，是"微型视频网络课程"的简称，它是以微型教学视频为主要载体，针对某个学科知识点（如重点、难点、疑点、考点等）或教学环节（如学习活动、主题、实验、任务等）而设计开发的一种情境化、支持多种学习方式的新型网络课程。这里强调微课程是视频型的在线网络课程，并支持多种学习方式（如移动学习、自主学习、合作学习等）。[①]

焦建利认为，微课是以阐释某一知识点为目标，以短小精悍的在线视频为表现形式，以学习或教学应用为目的的在线教学视频。这里说明了微课的表现形式和应用目的。[②]

[①] 胡铁生，黄明燕，李民. 我国微课发展的三个阶段及其启示 [J]. 远程教育杂志，2013，31（4）：36-42.
[②] 焦建利. 微课及其应用与影响 [J]. 中小学信息技术教育，2013，（4）：13-14.

黎加厚给出了微课的定义：微课（或者称为微课程）是指时间在 10 分钟以内，有明确的教学目标，内容短小，集中说明一个问题的小课程。[①] 微课程除了包括教师讲授教学内容的微视频，还包括学习单和学生学习活动的安排。微课程主要使用微视频作为记录教师教授知识与技能的媒体，教师还可以根据不同学科和不同教学情境的需求，采用其他格式（如音频、PPT、文本等）的媒体，不一定局限在微视频格式。

本书根据上述的论述基础，对微课进行了详细的界定：微课是指在自主学习理论的指导下，依托 PPT 制作软件（包括文字、音乐、图片等），以其一个具体的知识点、主题、概念为中心讲解对象，以故事与知识的穿插为教学途径，以教学目标、教学环节、教学活动为基本教学任务，在 5~10 分钟的基础上精彩呈现丰富知识内容的全过程。因此，微课不仅有利于教师教学任务的完成，而且有利于增强学生的自主化学习和个性化发展，从而有效地提高学生的学习成绩。

（二）微课的基本特点

1. 微而精

微课最经典的特点是"短小精悍"，即"微而精"。

"微"即"小"，主要指：时间"微"，微课一般不超过 10 分钟，学习者可以利用零碎的时间学习；内容"微"，微课内容少，只对某个具体的知识点进行讲解，但讲解深刻，便于学生熟记；储存"微"，微课视频格式一般为 mp4、wmv、rmvb 等，内存小，便于储存。

微课"精"主要体现在三个方面：第一，教学内容精准，微课的教学内容虽小，但视角独特，内容精练、准确，主题突出；第二，教学设计精密，微课要求教师对每个教学设计都进行精细的策划，从而有效地实现教学任务；第三，教学活动精彩，在微课模式下的教学活动丰富多彩，学生互动性高，活动的趣味性吸引学生的注意力，有利于提高学生的课堂兴趣。

2. 多而实

微课资源丰富，资源开发与制作方式多样化。微课资源来源比较广，微课包括微教学、微教案、微课件、微练习、微评价及微反馈等资源，这些资源共同构成了微课资源包，有利于微课的开发与建设。同时微课具有情境化、贴近现实生活、贴近学生生活、将学习与生活相结合等优点，可以有效促进学生的学习与发展。

3. 广而便

广指传播范围广、利用领域广及知识面广，即"三广"。首先，传播范围广，微课以视频为传播媒介，线上线下便于学习。其次，利用领域广，微课既适合教师职业发展培

[①] 黎加厚. 教育技术教程：教育信息化时代的教与学 [M]. 上海：华东师范大学出版社，2002.

训，又适合不同年龄段的学习者学习，其中包括成年人在家自学知识。微课涉及各个领域，任何方面的内容都可以设计成微课的形式。最后，知识面广，微课既涉及中小学学科教学，也涉及较高水平的学习，如大学及中专等。便指微课具有便捷性，微课使得学生无论在何时何地都可以学习，增强了学生对知识碎片化的处理。

总之，微课以其独特新颖的特点活跃于课上课下，创造了人人皆学、处处可学、时时能学的学习条件，有效促进了学生自主学习能力的提升，促进了学生综合素质的发展。

（三）微课运用于高校英语教学中的现实意义

1. 对传统高校英语教学模式的冲击作用

微课的核心是"以学生为中心"，强调学生学习不受时间和空间的限制，使学生的自主学习成为可能，丰富了英语教师的教学手段，拓展了学生的学习渠道。微课的这种以"学"为本的教学价值取向从根本上挑战着传统课堂以"授"为主的教学模式。在基于微课的大学英语翻转课堂上，课堂成为集中答疑及共同做练习的场所，学生提问、教师解答及学生之间进行讨论交流。在这个学习过程中，教师更多的是学生认知学习过程中的引导者而不再是高高在上的信息传递者。

2. 对英语教师专业发展的促进作用

首先，教师通过制作优秀的微课资源，学会如何使用软件拍摄和录制微课，拓宽了教学手段，有利于提升教师整合英语教学和现代信息技术的综合能力。其次，教师根据每个单元的重、难点录制 10 分钟左右的英语教学视频，采用合适的教学方法、媒体和策略，遵循教学规律，抓住学生学习过程中的最佳注意力时长，避免学生注意力分散，把知识点讲透，以达到最佳的教学效果。最后，教师通过观看自制的微课教学视频，不断反思改进自己的教学，有利于教师业务水平、专业能力和教学质量的提高。

3. 对构建新型教学关系的推动作用

在现行大学英语课堂教学中，高校多采用多媒体教学、教师授课的方式，教师向学生进行信息传递，处于"被教育"状态的学生在教学过程中的主体地位却被忽略了。教师在微课教学过程中不仅要扮演知识传授者的角色，还要扮演解惑者和引领者的角色，给学生提供更丰富的学习资源，满足学生多元化的学习需求，进而引导学生进行个性化的、深层次的学习与探索。这种学习模式不仅有利于教师角色的转变，也可以培养学生的自主学习能力和研究能力，无形之中拉近了师生之间的关系。

（四）微课在高校英语教学中的实践应用

本质上而言，微课在高校英语教学中是一种微型化的网络英语课程教学。一门完整的网络英语课程，可以由众多与知识相关的教学环节的微课组成。微课英语教学的设计和制作流程具体如下。

1. 微课选题

微课是建立在特定的主题基础上的，这些特定的主题包含某个知识点、某个核心概念、某一教学活动或者某一教学环节，具有明确的教学目标和内容，并且能够在较短时间内解释清楚，从而激起学生的学习兴趣，较快掌握该特定主题内容。微课教学的内容可以是技能演示型、知识讲解型、知识拓展型、题型精讲型、方法传授型、总结归纳型、教学经验交流型或者教材解读型等。

微课选题还应该具有生动性、有趣性、准确性和实用性，形式上也应确保短小精悍。对于那些与主题不相关、主题凸显不明显、没有任何特色的内容或活动，在设计和制作中可以摒弃掉。

2. 教学设计

在进行微课教学的设计与制作时，应该尽量降低学生的认知负荷。根据认知负荷理论，学习材料的组织方式、呈现方式、复杂性及个体的先验知识是影响学生认知负荷的基本要素。但是，由于微课具有内容短小、主题明确等特点，要想在较短时间内保证内容的清晰和生动，就需要将复杂问题简单化，避免给学生带来太大的压力，即适度安排原生性认知负荷，将无关性认知负荷放到最低限度，实现认知负荷的优化。

3. 视频制作

视频是微课教学的核心内容，微课多采用视频的形式呈现教学过程。微课视频要尽量简短，这是与记忆的信息加工理论相符合的。

在微课视频制作初始，可以开门见山地引出主题，或者采用承上启下、设置悬念等形式；也可以从学生熟悉的视角出发引入主题。但相比较而言，后者的效果会更好。在内容讲解上，微课视频内容应该明确、清晰，跟随教学主题逐步展开，突出重点。在教学过程中，教师应该采用恰当的方法集中学生的注意力，使他们不被外界干扰。

在收尾上，微课视频应该简洁明了，给学生留下足够的回味思考空间，这样不仅可以减轻学生的记忆负担，还能够加深学生的印象。

4. 辅助材料

除视频外，微课的开展还需要与之相关的支持材料，以对微课视频教学进行辅助。一般来说，这些支持材料包括教学设计的教案、教学设计的学案、课程教学内容简介、教师课后的教学反思、学生的反馈、专家的点评等。但是，这些支持材料并不是都包含在内，也不是需要样样都有，教师应该从教学内容、教学目标出发进行选择。

5. 上传与反馈

微课视频与相关支持材料设计与制作完成后，应该将其上传到网络。如果是为了专门的教学而设计与制作的视频，就应该传到教学网络平台上，并且按照平台对用户的评价进行回答、反思或者做出反馈等。

当前，与微课教学相关的网络平台并不是很多，大多是为了参加微课视频设计与制作的竞赛而设立的，这呈现了明显的评比色彩。但是，针对微课教学特点的网络学习环境还需要进行深入的研究与开发，以此为高校英语教学模式提供指导。

6. 评价

微课教学的评价需要考虑三个层面：教育性、技术性及应用性。

（1）教育性

微课教学的教育性主要包含教学目标的设定、教学内容的组织、教学策略的使用等。具体而言，教学目标应该设定明确，教学主题应该明确凸显；教学内容应该进行有序组织，并且每个环节都应该安排恰当、承接自然，单元知识应该有完整明确的说明；教学策略上应该更新颖，表现形式恰当、生动、有趣；配套的学习资料不宜太多，要把握适量原则，并且能够与教学主题紧密结合。

（2）技术性

微课教学的技术性主要涉及微课本身的艺术性、微课平台的共享性等。微课视频应该确保技术规范性，即码流的速度和分辨率都是严格按照规定设计的。在布局上，应该保证美观、协调，文字与色彩应有合理的搭配，因为这与学生的认知风格相符合。

（3）应用性

微课教学的应用性是建立在其教育性与技术性的基础上的，如果微课教学具有良好的教育性和技术性，那么必然能够保证良好的应用效果。

总体而言，教师应根据具体的教学内容、学生的学习情况等设计有效的微课，以便更好地服务于高校英语教学，提高教学的质量和学生的学习效率。

（五）微课融入英语教学的创新拓展

1. 内化与拓展——抓住课堂教学创新的关键

内化与拓展，即内化知识和拓展能力。微课教学法认为，经过课前学习，学生已经基本掌握以往教师在课堂上讲授的知识，达成了教学目标。进入课堂学习，学生需要的是在初步学习的基础上内化知识和拓展能力。[①]

内化知识与拓展能力基本上与建构主义的同化与顺应相一致。从生物学的观点来看，同化就是把外界元素整合于一个机体的正在形成中或已完全形成的结构内。同化性的图式或结构受到它所同化的元素的影响而发生的改变称为顺应。生物的同化需要它的对立面——顺应，从来不会自身单独存在。同化是客体对主体的适应，而客体同时丧失自己的特征。相反，顺应是主体过去已经形成的反应对客体的适应，并且向新的反应方式过渡。微课教学法认为，内化知识即在原有认知结构中增加新的元素，基本表现为对课前学习知识的温故，是一个从陌生到熟练掌握的过程。在这个过程中，认知上表现为学生掌握知识的量的规定性发生改变，新的知识融入原有认知结构之中。与此同时，为"顺应"新的认知

---

① 汤海丽. 高校英语信息化教学改革与微课教学模式探究［M］. 北京：冶金工业出版社，2018.

结构做了必要的准备。

拓展能力类似于"同化性的图式或结构受到它所同化的元素的影响而发生的改变",是一个在原有认知基础上认识另一个或若干个未知领域的现象的过程,其结果是温故而知新,表现为原有认知结构向新的认知结构的跃迁,学生能力综合发展带动知识拓展一气呵成。原有认知结构顺应新的知识元素,顺应新认知结构的产生。

内化与拓展抓住了课堂教学方式创新的关键。由于在课前学习活动阶段,学生已经基本掌握了原来需要教师在课堂上讲授的知识,课堂学习活动阶段就没有必要传授知识,而是必须抓住"内化",巩固新知,达到"精熟学习"程度;抓住"拓展",使学生的自主学习、创新思维、语言表达、社会交往等综合素养得到全面提升,会对原有知识体系产生全新的理解。

2. 三大模块、导学一体——系统最优化层面的教学创新

微课教学法认为,教师如果能够将内化知识、拓展能力要义(即"同化"与"顺应")与学科教学的具体内容(细化到学段、学科、单位课时学习内容)、学生的情况,以及教师本人的个性特长熔为一炉,就可以对教学步骤或环节重新进行排列组合,甚至可以加一个或减一个。这个时候,选择的标准是系统最优化组合,是教师对于微课教学法,或基于微课的英语教学中国化的再造,是一般原则与教师特质融为一体的深度整合。这样的系统最优化重组,一般来说,能够超越普遍意义的"入门之法",而上升到比较高级的良好或优秀的水平。[①]

于是,可以看到,在"创新课堂教学方式"这个模块中,师生同处于一个学习空间,内化和拓展是课堂教学活动的核心。学生既是接受检测自主学习成效的主体,又是进阶作业、协作探究和展示交流的主体。教师则是学习活动的设计者、组织者和把学习引向深入的帮助者与指导者。"导学一体"在这里得到更加显性的体现。

二、高校英语混合式教学模式——慕课

(一)慕课的概念

慕课,实际上就是大型开放式网络课程(Massive Online Open Courses,MOOC)。慕课是在信息网络飞速发展的时代背景下产生的,是一种比较新颖的学习方式。中国著名的学者焦建利把 MOOC 翻译成"慕课",这样的翻译在中国还是第一次。慕课有其自身的理念,就是把世界上最为优等的教育资源和信息输送到世界的各个地方,这样可以把教育公平的理念真正落实到实践中。

慕课具有规模大、门槛低、在线、免费、开放、大数据等特点,它是一种非常新颖的学习、教育方式。慕课开始真正地在学生个人和社会发展需求方面得到关注,体现了自

---

① 伍齐珊. 信息化背景下高校英语微课教学方法探析[J]. 湖北开放职业学院学报,2019,32(9):165-166.

主、个性和终身学习等教育教学价值方向。慕课是怎么把世界上各种各样的优等的教育教学资源输送到世界的各个地方的呢？其主要运用了两种技术：一是信息技术，二是网络技术。慕课是学生个性化学习的有效途径之一，它除了把一些非常有用的教育教学信息提供给人们，还可以让人们从中获得比较完整的学习体验。

慕课凭借它优质的学习资源及其先进的教育理念，创造了数字信息时代一种新型的教育范式。国外的一些研究人员对慕课进行了分类，其中一种是根据有关的学习理论进行划分的，他们把慕课分为两种类型——基于联通主义学习理论的 cMOOC、基于行为主义学习理论的 xMOOC。cMOOC 以学习网络的建立为中心，强调知识的建构与创造，强调学习者的自主学习、社会网络学习，需要学习者具备极强的自治能力，学习者通过资源共享与交互进行自主学习；xMOOC 以内容的传递为中心，强调知识的传递与复制，强调视频学习、作业和测试，学生获取知识的主要途径是课程学习。虽然最先产生的慕课是基于联通主义的 cMOOC，但由于 xMOOC 模式与传统的教学模式更贴近，在知识的传递与复制方面优势明显，更有利于确定性知识的传递，更有利于学习者获取与掌握知识，加之 xMOOC 的课程资源的呈现方式以短小精悍的视频为主，更符合现代社会快节奏的生活方式和碎片化的学习方式，因此，相对来说，xMOOC 课程模式更受商业机构的青睐，也成为投资最多的一种课程建设模式。

就现在的情况来看，我们认为，世界上的慕课平台主要有三个：一个是 Coursera，一个是 Udacity，还有一个是 edX。随着经济和网络技术的发展，中国也出现了一些慕课平台，其中比较有名的中国大学慕课、慕课院等。无论哪一种慕课平台，都有其自身的特点和优势，学习人员可以按照自身的情况及慕课平台的特点进行理智的选择。不只慕课平台丰富，慕课平台上的课程资源也是多种多样，涵盖了物理学、化学、生物学、地理学、计算机科学与技术、经济与金融、教育、法律、数学、医学、音乐等多个学科。

慕课平台提供的课程多是世界名校名师的课程，注册简单、门槛低，只要有网络，哪里都可以成为学习的"天堂"。普通的学习者也可以享受到世界级大师的精彩讲授，即使在偏远的山村也可以和哈佛大学、耶鲁大学、MIT（麻省理工学院）等世界名校的学生一样享受世界最优质的教育资源，学习不再是少部分人的特权。慕课平台的课程实际上就是一些比较精练的学习视频，一个学习视频主要围绕某个知识点展开，时间也很短，能够集中人的注意力，对于人们利用比较零散的时间进行学习是非常有用的。除此之外，慕课不再受时间和空间的制约，人们可以随时随地地开展学习。

（二）慕课教育特点

1. 在线开放，实现资源共享

慕课教育与传统教育的最大区别在于，慕课是在网络技术的基础上建立的，它依托网络而生，因此具有网络的特性与优势。慕课能够为学习者提供丰富的学习资源，还能够实现知识共享、课程共享、教学成果共享等。传统课堂教学受到多方面的限制，影响力较小，但是慕课的出现使课堂的时空限制被完全打破了，人们可以随时随地查阅资料，随时随地开展学习活动。不同专业、不同层次的学习群体都能在慕课中找到自己需要的学习资料，这正是慕课开放性特点的鲜明体现。进入慕课学习的条件非常简单，只需要一部有网络的电子设备及一个学习账号即可。

2. 内容丰富，满足个性化需求

由于慕课的资源内容非常丰富，因此，它可以满足不同学习个体对知识的个性化需求。在慕课平台上，学习者可以为自己创设一套独一无二的课程模式，可以选择自己感兴趣的课程，也可以根据自身的学习能力或职业规划进行课程的选择。在整个学习过程中，学习者可以自由掌握学习进度，这在最大限度上满足了学习者的个性化需求。除此之外，学习者还可以借助慕课平台向教师寻求指导。教师可以监督学生的学习进度，提醒学生调整学习状态，及时解答学生在学习过程中遇到的问题，对学生予以针对性的指导，做到因材施教，从而增强学生的学习效果。

3. 立足学生，实现自主学习

慕课的教学方式完全颠覆了以往传统的教学模式。在慕课教育中，学生的中心地位越发突出，学生在课堂上不再是消极的、被动的，而是积极的、主动的，教师在其中只是适当地发挥指导作用，引导学生整理知识信息，完善知识系统。这种教学模式能够促进学生自主学习能力的提升，有助于学生将所学知识进行有效内化。学生可以在慕课教育平台上进行课前预习，也可以进行自我测评，还可以与同学互相讨论，充分发挥学习的自主性，完全把握自己的学习进度与学习状态。

（三）慕课应用于英语教学的意义

1. 创造良好的语言使用环境

对于我国学生而言，英语是第二语言，本身缺乏语言学习的环境，导致学生在课堂上学到的知识很难在现实中应用。从很大程度上说，降低了学生学习英语的成就感，也对日后学生的语言能力提升十分不利。慕课的出现能够为学生创设良好的语言学习环境，即学生可以接触真实的语言，甚至可以与世界上其他国家的人进行交流，这都有助于提升学生的交际能力。

2. 提供综合能力培养的平台

我国的高校英语教学虽然一直在不断变革，但总体上还是将重心放在基础知识教学上。这种教学模式必然阻碍学生将英语教学与所学专业结合起来，也就很难实现自己综合能力的提升。受这种教学背景的影响，很多学生忽视了英语的学习，并没有意识到英语这一工具的作用。慕课的出现能够为学生提供最新的发展评估和专业动向，有助于激发学生的学习动机和兴趣，促使学生提升自己的专业能力，解决英语教学与自己专业的问题。

3. 拓展学生的知识储备

在我国，高校英语教学主要通过课堂教育的形式展开，面对繁重的课业压力与紧张的教学时间，课堂教学能带给学生的英语知识实在有限。慕课教学以网络为平台，向学生提供了更丰富的知识储备，方便学生及时更新自身知识。同时，慕课的在线课程还包含在线论坛与小组讨论，极大提高了学生的学习兴趣与效率。

4. 平衡不同学生的学习水平

高校学生来自不同的地域，各地学生的教育水平存在差异，因此学生的学习能力和学习基础也高低不同。在统一的大班英语课堂上，教师很难实行一对一教学，只能从宏观上对学生进行指导。在这样的教育现实下，很多学生已经追赶不上教学的进度，或者不满足于当前的教学水平。慕课模式通过开放性的网络平台，给学生提供了有针对性的教学，缓解了教师教与学生学的矛盾。同时，慕课不受时空限制，既能促进基础差的学生知识的巩固，也能促进基础好的学生能力的发展。

（四）慕课在高校英语教学中的实施过程

1. 第一阶段——做好充足的准备

（1）重新梳理高校英语教学的知识体系

使用慕课教育形式要求各个教师必须要自行制作教学视频，而若要令简短的视频起到真实的教学作用，教师就必须着重筛选视频内容。教师团队可以将某一学年的教育内容加以梳理，如按照语法之间的关联将所有知识点加以关联。具体可以使用思维导图形式，也可以使用逻辑树，重点在于要将所有的逻辑知识用清晰的模式加以呈现。之所以要将学习的内容加以梳理，而不是以教师经验为主进行呈现，是因为慕课教育需要一个固定的周期性。学生只有在周期性的学习中才能养成良好的学习习惯，而若要配合学生的这一特性，便需要教学人员将慕课教育也设定为固定的周期，且各个教学视频必须具有一定的联系，如此才能稳定学生心理层面对于"规律"的客观印象。

同时，仅在网络教育范围内实现"周期性"也并不符合整体性特征，因此高校英语教师在创建以慕课为主的教育模式时，应该将实体课堂中可能会出现的实践类知识也加以连续化，这样才能保证学生在学习慕课课程时，清晰地将理论课程与实践课程的实际内容加以关联，进而形成"双重记忆"效果。具体的知识图谱可以将某一种词汇作为核心，如将英语状语作为引导类词汇，再以其为核心延展出时间状语、让步状语从句等分项内容，以该知识体系为主进行视频的录制即可。当学生需要学习某一固定阶段的内容时，教师则需为学生提供搜索关键词，随后学生自主进行筛选学习即可。具体的知识图谱可以各个高校英语教学部内不同的教学体系为例，但需要得到高校内英语教学组的一致同意。

（2）直接挑选慕课平台内可用的英语教学资源

慕课平台内部实际上也有一些已经成型的资源，这些资源大多来自国内各所名校。因此，高校实际上也可以直接为学生统一购买这类慕课资源，要求学生以此为主进行学习。但在应用慕课资源的同时，英语教学组应该按照选定的内容重新调整实体课堂的教学思路。同样要保证学生网络所学和实际所学具有极高的关联性。但一般而言，已经成型的慕课课程不会以高校内部的知识图谱作为教学周期思路，因此校方可以适当调整英语专业课程体系，如以专业技能为主将课程结构加以划分，分为"口语课程""听力课程""写作课程"等。

英语教学组在筛选慕课课程时，应先自行查看，确认教学视频具有切实的教学价值后再将其加以应用，而一旦发现所选课程质量与高校所要求的水准不相符，则应尽量使用校内教师自主制作的课程，务必保证学生接受的网络教育具有切实的质量，而不是单纯地以"慕课"为主，却不具有实际价值。

2. 第二阶段——创建英语专业慕课技术团队

要将慕课教育技术完全应用于校内，则需要一个相对稳定的活动团队。以慕课教育的应有形式为主，该团队应该具备两部分：一部分是负责标定教学内容，并可以充当教学者角色的教师团队。教师团队负责在知识图谱中筛选可用的课程内容，并将内容按照知识点的重难点绘制为教学纲要。具体的视频内容设计和形式也需要由教师来完成。另一部分则是技术人员。技术人员负责录制、剪辑、上传及网络维护工作。基本上所有与教学无关但需要妥善完成的工作，都由技术人员负责。但高校若要保证在慕课教育实践进程中，各个英语教学组的成员能够发挥出切实的作用，便需要在正式开展教育教学前，先对教师进行培训。培训方向可分为两点：一是对教师的专业能力进行培训；二是对教师的慕课视频操作能力和互联网操作能力进行培训，这样一来教师才能够妥善利用互联网与学生进行交流沟通。

3. 第三阶段——实践慕课英语教育

（1）布置教学任务，网络+实体结合指导

在实践应用慕课英语教学法的初期阶段，教师需要为学生讲解该教学模式的基本流程，也就是要先为学生明确学习方向。学生再根据教师给出的学习方向去慕课学习平台，在教师主页或直接搜索关键词来查找教学视频。完成观看后，学生要先在网络视频的旁侧查找与该课程对应的练习板块，再依照自身对于课程的理解完成习题。这时慕课后台便能依照学生给出的答案直接进行测评，并实时给出对应的成绩。整个评级过程教师不需要参与，但在教师管理页面中，可以看到整个班级学生的成绩及错题记录。教师也可以依照自身的教学习惯要求学生在观看视频的过程中记笔记，并在实体课程开始前简单检查学生的笔记情况。这样一来便能够督促学生及时观看教学视频，减少学生因不参与实体课程而产生的懒惰、倦怠现象。

（2）重塑课堂活动，锻炼学生全面性实践能力

在以慕课教育为主的教学模式中，教师应该充分突出学生的主体地位。第一，在设置实践教学的过程中，需要按照本班学生的能力来设定任务内容。但也要将实践任务与慕课视频相对应，切勿出现学生学习后反而无法进行对应实践的现象。第二，教师应该将传统课堂中所用的实践教学模式加以更新，务必使用更加新颖的教学手段。例如，以辩论形式、商贸业务形式和外贸交流形式为主，要求学生在实践活动中扮演不同的角色，全程用

英语进行对话等。这种实践模式既能够令学生对就业环境有所熟悉，也可以通过专业化的场地和任务内容，提升学生对专业知识的掌握程度。

（3）成立学习小组，实现互动实践模式

教师利用实体课堂来锻炼学生的交流能力具有切实的教育价值。教师可以在课前先将学生们分为固定的行动小组，要求各个小组在班级内确认自身的行动地点，直至班级内形成"蜂巢"状的活动格局。然后教师可以以慕课教学的内容为主，直接在课堂中下达实践指令，由各个小组的学生在组内进行活动。同时，教师也应该规定固定的准备时间，时间一到教师便要验证学生的准备成果。这样一来，大学生便可以在紧张的实践氛围中高度锻炼自身的英语专业能力。

4. 第四阶段——教学质量检验

教师可以将慕课教育平台作为检验学生学习质量的途径，直接利用慕课平台中的检验功能来测量学生的综合成绩。测评考卷可以直接从校内的题库中选择，学生可以通过互联网平台来实现在线测评。同时，教师也可以使用实地测评的方式，直接要求学生进入考场中接受专业的英语学习质量测评。

教师在平常也可以随时观察学生在课堂中的表现。例如，记录学生在固定阶段完成观看的视频的数量，学生完成课后练习的时间及正确度，以及学生在实体课堂中的表现等。这些都是能被算在学生学分测评以内的考察点，各个教师可以依照自身的教学经验加以调整，将整个评价体系无限贴近于本班状况。

第三节 高校英语混合式教学模式——翻转课堂

一、翻转课堂的概念

翻转课堂，是一种教师依据教学目标将教学内容制作成视频或文本资源，传递给学生，学生利用一定的时间，按照自己的步调进行学习，并解决一系列问题，在此基础上开展师生交互活动，促使学生学习过程中的问题得到解决的教学模式。它是一种信息技术环境下的教学变革，是利用现代教育技术营造学习环境，促进学生课外自主学习，在课堂上展开问题解决活动的混合式教学模式。借助计算机和网络技术，翻转课堂前期利用教学视频把知识传授的过程放在课外，让学生按照自己的步调进行自学，课堂上，教师和学生共同解决问题来实现知识的内化。[1] 翻转课堂是一种将传统教学中教师的传授与学生的内化两个过程颠倒的教学模式。从本质来说，它是一种先学后教的教学模式。过程中，学生利

---

[1] 杨智明. 翻转课堂的实践研究 [J]. 教育现代化，2019，6（38）：110-111.

用各种资源进行自主学习，独立完成学习任务，然后与教师或同伴交互，最终实现教学目标。在交互的过程中，学生与同伴形成学习共同体，促成交流、分享的氛围，教师作为教学活动中的指导者，对学习者个体或群体进行及时有效的辅导。在先学后教的步骤中，学生的自主学习可以在课下时间完成，也可以在课堂中实现，依据教学内容及学生的特点，教师可以有不同的安排。在课堂中完成自学过程的，称为课上翻转，它更利于教师监控学生的自主学习过程，但受时间限制，不能完全实现个性化学习。[①] 与之相对应的是课下翻转即学生在课下自由安排时间来进行自学，这种方式能使学生更好地安排自己的学习过程，但自主学习的过程，需要学生有较强的自制力。翻转课堂中教师的教不同于传统课堂中的教，它是一种辅导、引导、指导。在师生互动完成教学活动的过程中，教师观察、倾听学生的言行，与之形成协作的关系，促使学生顺利内化教学内容。

翻转课堂教学模式中的课堂是围绕着一系列的问题开展的活动，这些问题可以是习题式的，也可以是真实情境中的问题，教师将它们按照一定的顺序组织起来，形成与学生共同参与的活动。翻转课堂先学后教的教学次序突破了传统教学中的瓶颈，即学生发现或遇见学习中的困难，教师不在身边时，问题该怎样解决。翻转课堂给学生提供自主时间去发现问题，同时又在课堂上为学生解决问题提供支架。在课堂上通过师生交互、生生交互将知识内化的难度进行分解，同时也将知识内化的次数增加，最终使学生获得知识。依据安德森和克拉斯沃尔对教育目标的修订，教育目标分为识记、理解、应用、分析、评价、创建。该教育目标分类可以从两个层级进行分析，一个是较低层级即浅层次学习，主要是对知识的简单认识、记忆、理解；另一个层级是深度学习，是对知识的应用及创造过程。翻转课堂是指向深度学习的教学模式，它是学生自主进行浅层次学习之后，在课堂上与教师完成问题解决，通过活动参与和完成任务达成知识内化，对知识本身的关注逐渐转移到知识的应用、问题的解决，学生的被动状态逐渐转变成主动状态。[②] 在交互的过程中逐步加深理解，对学习策略和学习目的进行有效的反思，实现深度学习。翻转课堂教学模式下的课堂是以学定教的课堂，教师在对学生自学效果有所了解的基础上进行教学设计，在学生的"最近发展区"中解决问题，实现教学目标。[③]

翻转课堂教学模式不同于传统课堂，许多学者对其教学实施模型提出了见解。最经典的是美国富兰克林学院教授基于多年应用，创造性地构建了翻转课堂实施的结构模型。这是一种常见的翻转课堂应用模式，它将翻转课堂分为课前课后两个阶段，课前教师准备微视频等学习资料，学生观看微视频并完成相应的任务单。课堂分为：课堂检测、问题解决、知识总结，其中以师生互动形式进行的问题解决过程，是促进学生知识内化的主要手段。翻转课堂的结构模型为实践者提供了清晰的实施步骤，它着重强调了教师和学生在课前与课中所要完成的教学任务。

---

① 刘琦. 翻转课堂式教学 [J]. 中文信息, 2019 (4): 150.
② 刘琦, 宫小飞, 邰玉龙, 等. 翻转课堂初探 [J]. 中文信息, 2019 (3): 173.
③ 程竹平. 浅谈"翻转课堂" [J]. 课程教育研究, 2019 (7): 1-2.

二、翻转课堂在英语教学中应用的必要性

翻转课堂的出现，对加快教育信息化进程，尤其是公共英语教学有着积极的推动作用。因此，将翻转课堂应用于公共英语教学是极为必要的。

（一）教学理念的转变

在现代技术飞速发展的今天，高校教育需要更好地与人才市场相连接。然而，以课堂、教材和教师为中心，填鸭式地将知识生搬硬套灌输给学生的传统教学模式离高校教育的主旨越来越远，制约高校教育的发展及与人才市场的衔接，已经不适合当前高校教育。翻转课堂的出现对传统教学模式发起了一场破坏性的革命，主张让学生不在课内而是在课前通过观看视频教学资源自主学习英语课程内容，在课堂上不是学习课本知识而是在教师的组织与引导下完成英语语言应用，达到学以致用、理论与教学实际相结合的教学要求，尤其适合公共英语教学。

（二）高校信息化程度提高

当今，信息技术高速发展，采用传统教学模式进行英语教学，既浪费信息资源又与现代科学技术脱节。实施翻转课堂教学模式需要借助现代化的信息技术工具和手段。目前，数字化校园网已推广至各高校。教师可以借助电子设备，如手机、平板电脑、笔记本将制作好的英语视频资料、英语课程内容上传至网络平台，同时，学生的学习突破了时间和空间的制约和束缚，也能随时随地浏览下载。在线学习技术的成熟发展为翻转课堂教学提供了平台，是其成功实施的必要前提条件。

（三）高校学生对口语交流和听力需求的增加

随着中国经济的快速发展及与世界经济的快速接轨，英语的使用越来越频繁，社会对毕业生英语语用水平的要求越来越高。许多高校的学生英语口语和听力能力远远达不到社会需求。为了摆脱"哑巴英语"的尴尬局面，国家开始注重学生英语口语能力的培养。高校英语的教学目标是培养学生的英语综合应用能力，为社会培养高素质应用技能型专门人才。在传统课堂上，教师占用大量时间来讲解知识点和语法，几乎没有时间锻炼学生的口语和听力。与之相反，在翻转课堂上，学生课前通过教学资源自主能动地学习知识，课堂上的时间则用于师生、生生互动交流探索以及小组协作探究。因此，翻转课堂能将提高学生听说能力训练落到实处，非常契合高校英语的教学目标及社会对高校人才的英语需求。

（四）高校学生个性化的学习需求明显

传统的高校公共英语课堂，教学内容陈旧、针对性不强，仍旧采用单一的教学内容和方法，忽视学生的个体差异、能力水平和个性发展。翻转课堂能极大满足学生个性化需求，有效整合资源。在授课前观看与英语课程内容相关视频及教学资料，能够让学生根据

自身对知识的需要及理解掌握程度，合理规划学习进度、内容、节奏和呈现知识的方式。在自主学习过程中能够强化学生找到问题、解决问题的能力，以此获得更真实的学习，提高他们的英语综合能力，有利于他们个性化的发展。

三、翻转课堂模式应用于英语教学的改革策略

（一）提高教师综合能力

翻转课堂这一新型教学模式，转变了教师过往课堂主人的角色，教师成为学生学习的支持者和引导者。学生在学习的过程中，需要教师给予明确的教学目标，选择合适的教学视频、教学材料、教学活动及教学评价方法等，给予学生针对性的指导，保证每个学生的问题都能得到解决，从而能够进入下一个知识点的学习。为了做到上述内容，教师不仅需要彻底改变自己的角色观和教学观，切实转变自己的教育教学理念，从传统的灌输式教学的执行者变成现代的引导式教学的支持者，同时，还需要大幅度提高自身的综合能力。

首先，教师需要提高教学设计能力。教学设计的价值之一是提高教学效果，这也是开展教学设计的目的之一。教师通过研读课程标准、研究教材、分析教学内容和对象、确定教学目标、录制教学内容、选择教学活动、安排诊断性的作业和测验、设计教学评价方式等教学准备完成教学设计。教师所开展的每一项准备工作都是为了顺利地开展教学，实现教学效果的最优化。通过教学设计，教师能够有效地把握学生的学习状态，及时调整教学设计，为下一阶段的学习奠定良好的基础。为了更好地进行教学设计，教师应当反复研读课程标准、相关的教材，认真学习语言学习理论和教学理论；坚持教学设计的思想性原则、系统性原则、趣味性原则、灵活多样性原则、形成性评价原则及可行性原则；积极参加各类教研活动、教学展示活动，与其他教师交流和分享教学设计心得；不断反思和修改教学设计，并付诸实践。这样，教师才能在提高自身教学设计能力的同时，促进自身专业发展，帮助学生全面进步。

其次，教师需要提高技术应用能力。英语翻转课堂是信息技术时代的产物，在英语翻转课堂中每时每刻都渗透着技术的力量。想要成功地翻转一节课堂不仅要求教师具备传统的教学设计能力，也要求教师具备灵活应用各类科学技术的能力。在教学设计的准备阶段，需要教师能通过网络搜集有用的教学资源，以帮助教师有充足的准备进入下一步的设计。在教学媒体的设计阶段，由于教学媒体制作的复杂性，对教师的技术能力要求相对较高。尤其是教师在录制视频、编辑和美化视频及上传视频的过程中，涉及教师录影录像能力、软件操作能力、网络应用等综合性技术应用能力。在个别拥有在线教学支持平台的学校内，教师需要在上传教学媒体的同时，建立教学资源包，布置在线作业，组织在线讨论等活动，这些都会对教师的技术应用能力提出更高的要求。因此，教师应当在提高自身教学设计能力外，掌握一定的技术应用能力，多阅读相关的书籍，必要时参加培训班，以提高自身的技术应用能力，制作出更加有趣丰富、满足学生需求的教学媒本。

最后，教师需要提高课堂掌控能力。无论是传统课堂还是翻转课堂，只要有师生面对

面的空间，教师就需要控制整个课堂，把握整个课堂的学习节奏，以期完成整个教学设计，获得良好的教学效果。在英语翻转课堂内，教师是帮助学生完成各项教学活动的支持者，除了适时地引导学生参与到各项活动中去，还需要在不打扰学生的情况下观察学生的表现，了解学生的学习进展，发现学生存在的问题和困扰，并及时给予支持和解答。由于班级内学生数量较多，教师一不小心就会遗漏个别学生，忽视个别学生的表现和问题。还有部分学生在没有教师指导和监督时往往不会主动参与到学习活动中，从而影响了整个学习进度。因此教师需要观察所有学生的表现，发现所有学生的问题，引导所有学生参与到学习活动中，这对于教师的课堂掌控能力是一次极大的挑战。教师应当在翻转前熟悉每一个学生的学习能力、学习进度和学习特点，设计多样的教学活动以满足不同学生的不同需求。在个别情况下，教师可以采用小组合作的方式，鼓励生生之间的帮助和监督，并对学习有特殊情况的学生，专门设计个性化的学习活动，以此提高教师掌控课堂的能力，扩大参与活动的学生面，提高学生的学习热情。

（二）设计可操作的任务清单

英语翻转课堂作为一种赋予学生更多自由和权利的教学模式，对于学生的自主性和责任心要求较高。学生只有在课前认真观看了视频，才能够掌握主要的知识点，并在课上更加积极地完成知识点的练习，参加巩固加深的活动。但在学生具备较高的自主性和强烈的责任心前，教师为了保证学生能够完成课前视频观看这一任务，让学生明确具体的学习要求，罗列任务清单是极为必要的。

任务清单是教师设计的一种以表单形式呈现的，指导学生进行自主学习的方案，是帮助学生开展高效的自主学习的支架和载体。学生课前独自开展教学视频的观看以及在其他任务完成的过程中，任务清单无形中成为学生的"指导者"，指导学生在课前自主地开展学习，替代了教师的角色。

在设计任务清单的过程中，首先，教师需要明确任务清单的使用者是学生，其本质是教师设计的一种用以指导学生开展自主学习的计划。因此在设计任务清单时，教师必须时刻以学生为中心，将各类教学目标转化为学生自主学习过程中能够理解和达成的目标，设计出能够帮助学生自主学习的任务，并在各个任务与课堂教学活动之间建立起衔接关系。其次，任务清单的设计应当秉承问题导向、任务驱动的原则，这是设计任务清单最基本和最重要的原则。学生的自主学习必须与问题和任务相结合，带着问题和任务开展学习能够引起学生的学习兴趣，使学生带着真实的问题和任务开展学习能提高学生的专注度，更好地完成知识的同化和顺应。这一原则能够帮助学生明确学习目标，认清目标达成的要求，借助教学视频和其他资源完成自主学习。最后，教师需要在熟悉教学内容和对象的基础上确定好教学目标，并将其转化为可实现、可操作的内容，使学生能够立刻明了自己能通过什么样的方法达成目标。同时将本节课的重点难点转化为若干个学生能够理解的问题，并按照难度排列，使得难以操作的自主学习在明确学习任务和问题后变得可以操作。

教师需要注意的是，在设计任务清单时要明确地告诉学生观看视频的目的是什么，学生需要达成哪些目标，并附上若干个能帮助学生更好学习知识的问题；任务清单上的每一个任务都需要具备可操作性，学生看到后就能知道如何去完成任务。

（三）制作优质的教学视频

教学视频质量对学生课前学习有着重要的影响，优质的教学视频能够直观地表现一节课的知识点，帮助学生理解和掌握本课的教学内容，提高学生的学习效率，为教师课堂内开展教学活动做好充足的准备。质量较低的视频非但不能帮助学生的学习，反而会将学生带入一种知识混乱的状态。

制作教学视频对于部分教师而言是一件相当困难的事，更不要说制作优质的教学视频。这不仅要求教师具有一定的技术应用能力，同时要求教师具备深厚的学科素养，能够根据教学目标、内容和对象的特点，在教学视频中呈现出这一知识点来。许多教师在开展了翻转课堂后表示制作教学视频对于他们而言是一项极大的挑战。

近年来，随着翻转课堂在国内的盛行，越来越多的教师参与到了翻转课堂的实施中。他们中不乏精通制作教学视频的能人。因此，当教师遇到制作教学视频困难时，不妨上网搜索相关的视频案例，与其他教师交流心得，获取相关的视频资源。在征得对方允许后，可在其视频基础上进行个性化的修改，以满足自身课程的需求。也可以在对方的指导下，重新制作一个教学视频。这样从一定程度上，能够减轻教师在英语翻转课堂前期准备时的工作量。

（四）加强课堂活动的互动性

由于对翻转课堂存在一定的误解，许多教师认为翻转课堂的重点是课前视频的制作。但事实上，英语翻转课堂真正重要的是教师对于课堂活动的设计。课堂活动的设计要以学生为中心，最大化地利用课堂上面对面的互动时间，培养学生的主动性，重点训练学生的高级思维能力，加深学生对知识的理解。

热身环节是课堂活动的开始。在热身环节，教师的主要工作是了解学生在课前学习中的心得体会及存在的问题，鼓励学生在其他学生面前展示自己的学习过程和方式等。以热身环节作为切入点，不仅能够衔接起学生在课前自主观看视频后完成任务清单的内容，帮助教师判断学生学习的共性问题，从而提供及时正确的指正和引导。还能够在这一环节引导学生相互之间质疑、解答，帮助学生逐渐养成独立思考和主动提问的习惯，并最终使学生能够针对所学的知识点提出有价值的问题。因此，本书认为，教师在设计课堂活动时不能忽视热身环节，要以热身环节作为课堂活动的起点，慢慢引导学生投入到学习中来。

在建构英语翻转课堂教学设计模型时，在课堂内，教师应当多采取参与度高的、互动性强的活动，如伙伴学习、小组学习及探究型学习等。

在伙伴学习的过程中，教师应当引导学生主动向对方表达观点和看法，无论是正确的还是错误的认识都有利于在学生之间形成一种良好的探讨氛围。学生之间不断地陈述、质疑和解答，能加深对知识点的理解。教师在这一过程中除了引导学生外，在适当的时候要做出总结，给予学生明确清晰的解答。

在小组学习的过程中，学生是学习的主体，每个学生的需要都要被充分考虑到。成功的小组学习首先需要明确小组学习的内容和任务，以内容和任务为导向，指导学生在小组内通过合作的形式自主开展后续的学习工作。在此基础上，教师需要合理分配小组成员，力求做到"组间同质，组内异质"，使学生在小组内建立良好的关系，相互引导，相互帮助，激发更多的思维火花。教师需要鼓励学生在组内积极地发言，注重每个学生在组内发言和展示的机会，避免出现"一言堂"的现象。紧接着，教师需要丰富小组活动的时机和形式。只要遇到有难度的知识点、易混淆的内容，教师就可以设计小组合作，引导学生通过讨论得出最终答案。同时，以游戏竞赛、辩论赛等形式开展的小组活动既能够激发学生的学习热情和动机，也能帮助学生深入地开展讨论，避免浮于表面的学习。

教师在伙伴学习和小组学习的过程中尤其需要注意的是要明确学习的目标，鼓励每一位学生参与，让学生养成记录讨论的习惯，帮助学生挖掘知识的深度以及给予其充分的讨论时间等。

除了伙伴学习和小组学习外，本书认为学生学习成就感的获得也应当受到关注，满足学生的成就感是保证学生继续前行的动力，同时也是对学生付出的努力的肯定。在课堂活动设计中，穿插各种形式的展示和分享是学生成就感获得的方式之一。因此，本书鼓励教师在每一种学习的最后都邀请学生进行分享和展示，突出学生在课堂内的主体地位，肯定学生的努力，满足学生的成就感。

第五章 高校英语听力教学方法

第一节 高校英语听力教学中的策略

一、元认知策略

元认知策略主要涉及语言学习者为促进某一学习活动的顺利完成而采取的计划、监控和评估等行动。元认知策略主要包括计划、集中注意力、监控及评估等多种策略。

（一）计划策略

英语专业教学大纲对听力有明确的要求：二级要求学生能听懂 VOA（The Voice of America）慢速新闻广播；四级要求能听懂难度中等的（如托福考试）听力材料，理解大意，领会作者的态度、感情和真实意图，听懂 VOA 正常语速和英国广播公司新闻节目的主要内容。大纲的要求可作为学生中期和长期的目标。每个学生应根据自身的情况制定短期目标，如语音差的学生可以先从听音、辨音、弄懂单词发音开始。每周听辨几个容易混淆的音素、单词，逐渐掌握连读、失去爆破、弱读等语音技巧。听力好的学生可以每周听写 2~3 条 VOA 慢速新闻。一旦计划确定，每个学生必须按计划实施，每两周交一次新闻听写作业，教师进行批改。

（二）集中注意力策略

集中注意力是听力理解中很重要的策略，包括两个方面：一是集中全部注意力去听，二是有选择地注意某些信息。在听的过程中学生一旦发现自己注意力不集中，停下来思考或纠缠某个单词时，一定要及时调整注意力，跟上说话者的思路。不仅要集中注意力，还要有选择地集中注意力，教师应培养学生选择主要信息、分清主次的能力。在听长篇文章时，教师应指导学生把注意力集中在说话者的思路上，从整体上把握大意，而不是将注意力放在听懂所有的单词上。

（三）监控及评估策略

监控策略是指学习活动进行过程中依据学习的目标对学习计划中的学习进程、学习方法、效果、计划执行情况等方面进行有意识的监控，如监控自己是否领会了学习内容，自己采用的学习策略是否适当，自己的注意力是否集中，等等。自我评估策略是指学习者回顾自己的学习，如在完成某项语言任务时做得怎样。自我评估一方面可以检查自己是否听懂了材料或听懂了多少，另一方面可以评估自己的听力水平经过一段时间的训练是否有所进步。

二、认知策略

认知策略与具体的语言学习任务直接相关。其对语言学习的效果是直接的、具体的，可操作性较强，在听力教学中对学生的作用也是明显的。结合听力理解的特征，听力学习中的认知策略可概括为预测、联想发挥、利用关键词句、利用语法知识、记笔记、推理等。

（一）预测

学生在听力训练或测试中善于运用已知信息材料进行预测会大大提高听的效率。因为听力过程并非像录音机那样被动地接受有声材料，而是不自觉地对听到的信息进行积极的预测、筛选、释义和总结等一系列的心理加工，尤其是在听者的英语听力水平达到中级以上后，情况更是如此。这一技巧在听力材料只放一遍的考试中显得十分重要。

（二）联想发挥

联系已有的先验知识（包括文化背景、生活常识等）的相关信息来理解听力材料。

（三）利用关键词句

关键词一般指最能反映场所、环境及特征方面的词。在听对话时，只要抓住其中一个词，就能判断出主要内容。关键词有时也指带有否定意义的副词、形容词、代词、转折词、连词及某些词组等。重点句在语篇中通常指主题句或能体现重点信息的句子。

（四）利用语法知识

在高校英语学习过程中，除了要掌握英语文化和基本英语学习方法外，我们也要关注英语语法的有效学习，利用更加适宜自己学习需求的学习机制提高学习效率。

第一，英语语法的有效学习能在一定程度上促进单词的背诵效果。在英语学习中，我们往往更加关注英语词汇的积累，但是因为词汇数量较多且种类较为复杂，每个单词都存在不同的含义，一味进行硬性记忆不仅会耗费大量的时间，也会造成学习效率下降的问题。利用语法学习能在掌握相应语境的过程中提升对于单词应用的认知水平，并且进一步提高学习效果。最关键的是，在英语语法有效学习的过程中，能借助构词法将不同的单词进行分块处理，有效寻找单词之间的规律并将其作为单词记忆的方式和方法，从根本上提高单词记忆的基本效率。

第二，英语语法的有效学习能提升学生的阅读能力。对于我们而言，英语学习早就告别了"哑巴英语"的年代，要想提升综合英语素养和学习水平，就要将英语运用能力作为关键，因此，借助英语语法的有效学习能进一步提升类型题的学习效果。不仅能提高综合阅读水平，也能有效维护英语阅读和实践应用的融合。最关键的是，在英语阅读教学模式中，要将复合句和一些较为生僻的单词进行融会贯通，确保能从根本上提升对具体内容的理解程度，从而有效形成直观的认知，为后续建立完整的英语学习规划奠定基础。例如，在应用语法学习的过程中，分析句子结构时可以将复合句转变为几个简单句，从而顺利地理解文章的大概内容，找到关键词后也能提升把握文章中心思想的水平。从根本上提高英语阅读能力和综合水平。

第三，英语语法的有效学习能在一定程度上提高学生的口语水平。在英语学习过程中，除了要掌握英语单词、英语语言应用方式等，也要完善科学化口语规划，确保能有效提升自身的英语交际能力。合理性的语法学习能在提高英语单词储备量的基础上，形成相应的语段和篇章，真正意义上提高英语综合素养，能利用完整的语法知识架构合理的语言顺序，并且实现无障碍沟通。

（五）记笔记

记笔记需要知道记什么和怎么记，是边听边记关键词和重要信息，还是听懂一段话以后概括其主要意思并记录下来？或者画图，或者列提纲等，要依靠内容来决定。例如，用树状图概括一个段落的中心思想，用流线图解释复杂的工艺流程，都是应用认知策略来解决听力问题的常见例子。这些技巧有利于生成新的意义并减轻短时记忆的负担，可以促使学生更加集中精力来理解新的听力材料。

（六）推理

借助背景声音、说话者的语气语调、说话者的态度等非语言信息来判定谈话发生的地点或说话者之间的关系等；还可运用从听力材料中获得的已知信息来对结果做出推论；在做听写练习或单词填空题时，借助听懂的内容或题目中给出的条件进行推断。

三、社会、情感策略

社会、情感策略是语言学习者为促进某一学习任务的完成而跟别人进行交流，或自己控制情绪、消除不安或疑虑等。

（一）社会策略

听力学习中的社会策略主要体现在对疑难问题的解释、澄清，与他人的交流合作。其中与他人的交流合作主要表现在对他人学习经验的反应，以及在学习过程中学习方法的交流。这跟元认知策略中的评估策略有一定的相似之处。但评估策略更多强调对自身学习过程的评价和衡量，而社会策略则更多地涉及与他人的合作，是向他人学习并获得帮助的过程。

（二）情感策略

听力学习中的情感策略强调听者在听力过程中控制自己的焦虑情绪，调整心理状态，以达到最佳听力效果。如果学生学习的情感过滤程度低，不是在焦虑的状态下学习，语言习得的能力就容易提高。相反，如果学生心情紧张、信心差、焦虑感多的话，就会经常处于一种越听不懂越灰心丧气、越不敢听或越不想听的状态。因此，学生要充分意识到情感策略，即控制自己情绪的策略对听力学习的重要影响，学会调整心态，充满信心地投入学习中。此外，教师也应尽量帮助学生减轻心理负担和心理压力，消除焦虑，使学生发挥应有水平，达到较好的听力理解效果。

人们一直很重视探讨语言教师如何传授知识，然而作为语言学习的主体，学生的学习过程、学生如何内化语言也是语言教师要关注的东西。因为语言学习过程不仅是语言知识和语用知识综合的过程，也是学习策略的操作过程。学习策略是影响学生成绩的一个变量，它对学生成绩的提高有着重要作用。教师在听力教学中指导学生运用元认知策略、认知策略和社会、情感策略，可以使学生更加积极主动，且更加有效地进行听力训练，最终达到提高听力成绩的目的。

四、素质教育背景下改革高校英语听力教学的途径

21世纪的社会竞争越来越激烈，社会各个行业希望从业人员具有良好的英语应用能力，提升大学生的英语听力能力势在必行，要从以下几点入手。

（一）激发学生英语学习积极性，建立良好的师生关系

学生是英语学习的主体，是自身英语成绩提高的主要因素。因此，激发学生学习英语的兴趣和积极性是英语教学的第一步。打破教师在学生心目中严肃、古板和高高在上的印象，又不能失去权威性，与学生建立一种平等、互信及合作的良好师生关系，在激发学生学习英语的积极性方面尤为重要。事实证明，学生一旦喜欢某个任课教师，就会对他所教的课程产生兴趣，师生之间会产生一条流畅的情感和心理通道，使教师进行有效施教，使学生的学习发生质的变化。教师理应将自己摆在与学生平等的地位，这样整个教学过程会在一种轻松愉快的氛围中进行，学生就不会产生抵触、焦虑和紧张情绪。紧张情绪与个人成绩成反比，在听的过程中，学生越紧张，听的效果越差。如果课堂氛围轻松愉快，学生就会愿意听教师所讲，也会乐于表达自己所想。教师需保持自己的权威性，表现出高水平的专业素养和业务能力，赢得学生的信任与合作，这样才能让学生完成课堂上布置的学习任务，自觉进行单词记忆和语法操练。除此之外，教师对大学生取得的进步和做出的努力都应给予相应的表扬和鼓励，让大学生内心产生成就感和自豪感，这样大学生才会有源源不断的学习英语的动力。

（二）高校英语听力教学的有效途径

1. 课前准备

在真正进入某一堂课内容的讲授之前，教师应要求学生对将要讲授的内容进行预习，可借助网络、书籍和杂志等多种手段搜集与听力内容主题相关的材料，并进行分类整理，在课堂上与其他同学进行交流、分享，或者学生可以选择做有PPT辅助的课堂展示。教师也应做大量的课前准备工作，对学生的陈述进行补充，介绍与听力材料相关的历史、地理、政治概况、文化风俗和名人逸事等学生喜闻乐见的内容。介绍时需配以一定量的图片，在条件允许的情况下可以穿插视频，让学生更直接地接收信息。教育者还要注意使用的语言要风趣幽默。课前准备的意义在于：首先，大学生熟悉听力材料的相关内容，有助于他们理解听到的内容；其次，大学生自行查阅相关内容，准备课堂展示的过程可使他们接触到听力材料相关的词汇和句型，并且，通过与其他同学的交流和分享，他们的听力和口语能力可以得到锻炼；最后，整个课前准备的过程，无论是由教育者还是大学生完成的部分，都可有效地激发大学生学习的兴趣。

2. 课堂教学

（1）培养学生听力技巧和正确的听力习惯

听力技巧的传授和听力习惯的培养是必不可少的。做听力练习之前，要求学生务必要审题，对可能听到的问题进行预测。听完后快速复述所听到的内容，把握关键信息。有时，关键信息可能只是某个词。在平时的训练中，要提醒学生注意思维方式的转变，从而正确推测、揣摩说话人话语间隐含的意思。

（2）结合听力材料的话题进行口语训练

传统的高校英语听力课堂只重视对学生听力技巧的培养，忽视了学生口语能力的提高，即使是在视听说课上，留给学生口语练习的时间也不多。这种重听力、轻口语的做法收获不了很大的成效。人对自己能够表达的信息是较为敏感的。因此，学生的英语口语能力对听力能力的提高至关重要。教育工作者在平时的英语听力课和综合课上应该有意识地给予学生足够的英语口语训练时间。至于口语训练的话题，可以与高校英语四级考试紧密联系起来。高校英语四级考试听力部分，即短对话、长对话和短文，所涉及的话题或考查到的问题，包括人物关系、建议措施、地点场景、行为预测和意义解释等。让学生结合上述的某一话题，结合历年考试中围绕这一话题出现过的重点单词，两人或四人组成一个小组编写对话并练习。要求必须完整具备所发生事件的起承转合，鼓励学生在对话中使用倒装句、强调句和虚拟语气等高校英语四级考试考查的重点语法。大学生使用这些单词和词组组成对话并演练，之后在课堂上表演出来，让教师和同学对其单词发音和内容方面进行点评，使大学生及时了解自己需要改进的地方。大学生甚至可以模仿考试，就自己所表演的对话提问，由其他学生回答，反复几次之后，大学生会对这些单词的用法和读音较为熟悉，在录音中就能将它们辨别出来，而长此以往，学生的英语听力水平必定能有所提高。

这样，教师成为教学过程的组织者、指导者，意义建构的帮助者、促进者，同时，通过由学生自己设置情境的对话练习，强调了建构主义者所倡导的"情境"在教学中的作用。

（3）自上而下与自下而上双向方式提高听的能力

视听过程中，教师着眼于语篇水平的理解，着手于语句水平的训练，培养学生具备抓住细节意义，从而深刻领会通篇意义的能力。在课堂上，教师先放视听材料，使学生把注意力放在对篇章的总体把握上。也就是把重点放在语篇的理解上，而不把思维停留在具体的单词和语句上。其目的是让他们体验交际的真正过程。在这一过程中，学生必须主动利用已有的图式知识进行假设、思考、判断、证实。经过对文章总体的提问及讨论，教师对难词及注释给予解释。第一遍视听训练的宗旨是培养学生积极思维的习惯，提高他们在语篇水平上的理解能力。这是听力所要达到的最终目标。因为我们学习语言就是要进行交际。在日常交际中，人们经常会靠对话双方的体态语来释意。而且除非有特殊情况，听者在交际中很少有第二次重复听的机会。为了确保听懂口语材料，教师在变音方面应使学生掌握连读、失爆、省音、同化等技巧，在语流中练习词句重音、节奏、语调。有了这些基础之后，第二遍训练重点就可以培养学生听写语句、语段等语言技能。可以反复听同一句话（难句或重点句），直到学生给出正确的答案，确保语句水平的理解。重点句子听懂之后，再分段听和视听。在这一过程中学生还应根据上下文逻辑关系、先前知识、生活经验、词的前后缀知识来加速听力理解进程。

（4）利用英文歌曲进行教学

歌曲是大部分学生喜欢的一种艺术形式。将歌词难度适中、节奏较慢的歌曲作为听力材料，让学生进行听写练习，可以诱发学生的听音兴趣。教唱英文歌曲可以使学生自我纠正英语单词的错误发音。同时，利用英文歌曲进行教学也能改变课堂枯燥的氛围，这也是学生在注意力高度集中后放松精神的有效手段之一。

3. 课后自学

教师应当督促学生在课余时间进行自学。除了复习、回顾课堂上所学的内容，学生应努力增加自己的单词量，就语法薄弱环节进行练习。另外，教师应鼓励学生大量阅读英文杂志、报纸和书籍，听英文歌曲，赏析经典英文影视作品，以及浏览国外新闻类网站等。

第二节 高校英语听力教学法

一、听力教学法概述

在英语教学的历史中，很多语言学家相继提出了不同的英语语言学习理论，形成了很多传统英语教学法。这些教学方法在具体的操作过程中对于促进我国英语的教学也起到了一定的积极作用。

针对英语教师来说，英语教学不仅要考虑教学内容，还要考虑教学对象，考虑教师如何帮助学生掌握英语语言规则，学会运用语言作为交际工具。因此，单纯地讲教学法理论，不结合教学实践采取具体的教学方法和方式的纯理论的教学，既不能使教师自觉地、创造性地组织教学，更不能满足学生的需要。

结合英语听力课来说，传统的教学法依然占主导地位；同时，教学实践也不断证明各种教法都有自己的优点和缺点，需要不断更新和补充。

例如，听说法。听说法是一种与语言学理论联系最明显、最直接的教学法。它建立在结构主义语言学的基础之上，且以行为主义理论为基础。它认为习得语言的过程就是一连串的刺激、反应的过程，认为语言是一种行为，是通过反复刺激和反应操练形成习惯的过程。

听说法主张学习语言要听说领先，读写跟上，通过口语训练掌握英语；利用心理学上的这种刺激反应理论，强化操练，最终形成习惯，达到脱口而出，从而学会英语。同时，它强调要使学生学到地道的语音、语调，教学中要由外教对学生进行听说训练，让学生反复听并且模仿他们录制的录音磁带。教学中只许接触和使用正确的语言，课堂上尽量不用本族语。听说法提出以口语为中心、以句型或结构为纲的教学主张，强调模仿并强记固定短语，重视语音和语调训练。

又如，视听法。视听法基于听说法，主张听说训练必须同一定情境结合，在情境中整体感知英语的声音和结构。由此，又叫情境法。

视听法主张广泛利用电教设备组织听说操练，把听觉形象和视觉形象结合起来。这种教学方法目前在我国很受欢迎，市面上也有很多相关的教学材料。在听力课堂上，多媒体教学工具的介入也使得这种教学法颇受欢迎。

视听法发扬了听说法的长处，在教学中使语言与形象紧密结合。这种视听结合的方法比单纯依靠听觉或视觉来理解和储存的语言信息要多。视觉形象为学生提供思维形象的条件，能促使学生自然而牢固地掌握英语。听觉形象有助于养成正确的语音、语调、节奏、遣词及造句的能力和习惯。听说法虽然强调自然习得语言的重要性，提倡使用实物帮助教学，但当这些方法被实际应用于课堂教学时，使用的实物都只是很简单的，难以与现实世界的复杂情况相匹配，所以就这方面而言，视听法比听说法更重视实际语言环境的创设。

视听法的缺点是过于重视语言形式，忽视交际能力的培养，过分强调整体结构，忽视语言的分析、讲解和训练。

再如，交互式教学法。它又被称为互动教学法，是一种适应时代的教学理论和策略。交互式教学法以学生为中心，教师积极主动地参与组织教学的各个环节，让学生参与教学活动的全过程，真正成为教学活动的主体，与此同时还要注意发挥教师在教学中的主导作用，实现教师与学生、学生与学生的双向交流与互动，旨在建立以教师为主导，以学生为主体，在师生之间、学生之间，以及人与多媒体之间通过"互动"方式组织起来的一套英语教学法。

"互动"是两个或更多的人相互交流思想感情、传递信息并产生相互影响的过程。目前流行的交际教学理论的核心就是交际能力培养必须具备"互动"这个性质。从信息交换的角度来说，教师和学生之间的信息交流是双向的，他们之间存在着大量的信息交流。

针对现在高校英语听力中仍然是传统的以教师为中心的课堂现状，在高校英语听力教学中实施交互式教学法是非常有必要的。交互式教学模式将传统的"以教师为中心"转变为教师引导、学生积极参与、师生之间良性互动的"以学生为中心"，即教师在教学过程中是作为参与者而非整体的控制者，它注重了师生的协作互动，提高了学生的教学参与性，从而提高了高校英语听力课的教学效果。

随着英语教学辅助工具数量的增加，传统英语教学法也会在中国的英语实践中焕发出新的活力，孕育出新的教法。当前英语教学法的理论研究与实践探索的趋势是理论的折中化和实践的个性化，在国内外英语教学领域出现了一种普遍趋势，那就是对于各种教法和流派采取折中主义态度。因此英语教师很有必要了解一些新时代背景下英语教学方法发展和应用的趋势。

二、听力微技能法

在英语听力教学中，教师需要使用科学的方法，对学生的听力活动进行指导。听力理解的过程是听者不断使用猜测、推断、分析等手段进行信息获取的过程，这些听力活动中的微技能有利于提高学生听力理解的效果。

具体而言，听力微技能主要有以下几种。

（一）进行听前预测

听前预测对于听力理解尤为重要。在英语听力教学中，教师应该重视听前预测手段的教授。具体而言，听前预测需要交际者在听力练习之前首先熟悉一下测试题，了解题目所考的范围，如人名、地点、数字等。例如：

①In the restaurant.
②In the library.
③In the dormitory.
④In the classroom.

这四个选项都是关于地点的，因此听力材料播放之前，学生可以先熟悉这些选项，在听力材料播放的过程中重点关注地点信息。原材料如下：

M：I'm exhausted today. I've been here in the classroom all day reading and doing my homework. What about you?

W：Not too bad. But I'm hungry now. Let's go to the restaurant, shall we?

Q：Where does this conversation take place?

由于学生在听力材料播放前便已经进行了听前预测，因此在材料播放中就可以进行准确的分析，并自觉关注材料中出现的地点。

（二）引导学生猜测词义

在听力实践过程中，听者很难完全听明白材料的每一个词，此时就可以通过上下文等进行词义猜测，从而更加顺畅地理解材料内容。在听力实践过程中，切勿一有生词就打断思路，应从整体听力活动入手，综合使用词义猜测技巧，确保听力活动顺利进行。

（三）引导学生抓住要点

交际是交际者在交际目的的作用下进行的言语活动。在英语听力教学中，教师应给学生介绍抓重点信息的方法，在听的过程中，要抓主要内容、关键词、主题句，略听一些无关紧要的信息。

（四）引导学生关注细节

在英语听力教学中，教师还应注意引导学生关注听力材料的细节，使学生更好地理解听力材料。

一般而言，在听力材料中，细节通常与五个 W（when，where，why，who，what）有关。在听的过程中，如果抓住了它们，就抓住了英语听力的关键要素，从而能准确理解听力的内容。例如：

W：Lily, I called you yesterday evening, but you were not in.

M：I went to the cinema with a friend of mine.

Q：Can you tell me where Lily went?

这则听力对话提问的是地点，因此学生需要对材料中的地点细节进行关注，并迅速选出正确答案。

（五）教会学生笔记记录

听力活动具有速度快、不可扭转的特点，很多对话都发生在很短的时间内，同时留给听者很少的考虑时间。所以，学生应根据听力特点，学会笔记的记录技巧。

在英语听力教学中，教师可以引导学生养成边听边记的好习惯。由于听力时间有限，故听力笔记不要求十分整齐，只要听者自己能看懂即可。教师可以教学生一些简单的记录符号与缩写。

下面列举一些常用的缩写符号。

∑ 表示"总和、总数、总共"等。

↗ 表示"上扬、渐渐好转"等。

↘ 表示"下挫、不断亏损"等。

= 表示"等于、相当于、一样、是……的对手、势均力敌"等。

≠ 表示"不等于、不是……的对手"等。

× 表示"不是、不对、没有、错的、坏的、不对的、不好的、臭名昭著的"等。

↑表示"上升、增长、增加、提高、发展、升值、扩大、加强、发射、起飞、升空、晋升"等。

↓表示"下降、减少、下跌、贬值、扣除、削减、跳水、降职、轰炸、情况恶化"等。

三、文化教学法

语言与文化关系密切，听力材料中经常涉及文化因素。学生掌握英语国家的文化背景知识，可以提高听力理解能力。因此，教师可以采取文化教学法来展开听力教学。下面简单介绍两种文化教学法。

（一）选用英语为母语的听力材料

目前，我国英语听力材料一般会有配套的听力光盘，通过看和听结合的方式来训练学生的听力理解能力。在传统听力教材中融入视频元素，将"声音"与"图像"结合起来，有助于提高学生的感性认识，易于学生接受。因此，教师应适当采用这类听力材料，以英语为母语的材料为主，使学生接触与学习原汁原味的英语，了解地道的英语表达，熟悉英语语言环境，使学生更好地理解文化知识在实际中的应用。

（二）创设真实的文化情境

我国的英语教学缺乏真实的英语语言交际环境，不利于学生了解英语语言与文化的差异，从而给听力理解带来一定的障碍。因此，在英语听力教学中，教师应适当地为学生创设真实的文化情境，使学生的听力训练在真实的情境中进行，使学生更好地学习文化知识。

四、课外活动法

课堂教学时间十分有限，课外活动法是课堂教学的有效补充。对于英语听力教学而言，教师可以结合学生自身特点，鼓励学生参加一些不同类型的课外活动。

课外听力练习活动既有利于提高学生的听力水平，在主动地搜集、整理资料的过程中又有利于提高学生的学习能力。此外，由于课外听力练习活动要求学生互相合作，对锻炼学生的组织能力与沟通交际能力也十分有利，同时练习活动还给学生提供了施展才华的机会，有利于培养并提高学生的创新能力。

课外活动的形式丰富多样，这里选取广播电台与电影配音两种形式加以介绍。

（一）英语广播电台活动

英语广播电台在内容上不受限制，时间上较为便利，通过每天在固定时间播放英语节目，可以增加学生的听力时间，弥补学生课堂听力时间的不足。

在课外，教师可组织开展英语广播电台活动，需要注意以下几个方面。

1. 安排好播音时段与内容

学生学习英语的时间有限，因而教师需要认真考虑、选择英语广播播放的时段与内容，合理安排英语电台的节目、学院自己开办的栏目及课外听力材料与考试辅导类节目。

2. 安排好节目播放模式

在制作听力节目时，教师应注意把握听力材料的速度，根据不同年级、不同层次的学生设计英语广播节目，提高听力训练的针对性，教师还可以在节目单上注明所需要的听力材料，使学生提前预习，提高听力的效果。

3. 结合第二课堂办电台

与日常生活中的节目不同，学校英语广播电台的目的不仅仅是丰富学生的业余生活，更重要的是培养学生的英语学习兴趣，培养学生的语感，逐渐提高学生的听力能力。因此，教师应要求学生对所播放的英语节目进行反馈。为了激发学生听节目的兴趣，教师可结合一些竞赛或沙龙活动来开展电台活动。

英语广播电台将英语广播与学生的实际情况相结合，营造了良好的英语氛围，激发了学生的英语学习兴趣，有利于学生学习英美文化知识，提升听力理解能力，是听力课堂教学的重要补充。

（二）英语电影配音活动

一般而言，英语电影中的台词具有戏剧性与灵动性，贴近实际生活，更贴近口语。就听力练习而言，教师可以组织学生进行电影配音活动，这样的任务既有输入，也有输出。

具体而言，在为英语电影配音的活动中，教师可以让学生自由组队，一般是2~3人一组，截取某一部电影的某一片段，并通过软件加以编辑，使英文字幕保留下来，之后分角色配音。要想提高这一练习活动的效果，学生首先应看懂电影，了解角色，在此基础上，对所要进行配音的片段进行反复观看、仔细聆听，记好台词，尤其应注意一些特殊的语音现象，如连读、弱读、重读等，然后模仿训练。成功的配音除了要做到语音匹配外，还要使情绪、情感、音量等恰如其分。

英语电影配音既有利于提高学生的听力能力与口语能力，又有利于培养学生的团队协作意识与合作精神，是英语听力课外活动的一种有效形式。

第三节　高校英语听力教学创新

一、以网络多媒体为依托的现代英语专业听力教学模式建构

网络多媒体技术作为现代教育技术的代名词，在英语教学领域的应用越来越广泛，成

了现代英语听力教学的重要组成部分。

(一) 网络多媒体的优化作用

网络多媒体技术应用于语言教学以来，对英语专业听力教学方法和教学模式的优化作用主要体现在以下三个方面。

1. 优化听前准备活动

在听前准备阶段，教师先通过网络多媒体技术同时展现重难点词汇的音、形、义，使学生在各种感官的共同作用下迅速建立对该词汇各方面的联系。教师使用多媒体技术将听力材料涉及的背景知识展示得更加丰富直观、生动形象，同时用标准的英文进行解说，使学生从多方面了解目标学习材料，为接下来的听力训练做好铺垫。

2. 优化听力教学手段

通过网络多媒体，听力课教师可以更加深刻地展示课堂教学中的常规教学手段，如游戏、讨论和表演等，激发学生对所听语言材料的兴趣。

3. 优化听力教学内容

在网络多媒体教室里，以教材为依托，在相近或相同层面上实现多种语言材料的输入，一方面扩大信息量，另一方面创造更多的运用英语的机会。教师可选录一些世界主流电台或电视台的英语节目。另外，在听力课上适当补充一些多媒体教学片或影视内容，调动学生的视觉、听觉和口头等多种感官的综合运用。在影片播放的过程中，教师可以针对片中的文化背景和语言难点设计一些练习，或结合影片中出现的日常用语及文化现象加以说明和讲解，使学生真正体会英语语言在日常生活中的使用。对较易懂的影片，可要求学生背诵一些对白，并模仿影片进行表演。这样的影视学习训练不仅能够提高学生发音的准确性，更重要的是能够创造一个生动的英语学习环境。一些多媒体教学片和经典影片都是非常好的视听材料。

(二) 基于网络多媒体的现代英语专业听力教学模式概览

如何建构有效的教学模式，提高教学效率，增加学生运用英语的机会，培养学生的自主学习能力是英语专业听力教学面临的新问题。现代英语专业听力教学新模式应当是以计算机、多媒体和网络为载体的课堂教学和学生自主学习相结合的模式；学生的学习模式是教师教、学生学和网络辅导三位一体的体验教学模式。新的教学模式以学生为中心，确保学生在学习中体验和在体验中学习，即通过自己掌握和控制学习过程，选择自己的学习内容、学习方式和评估自己的学习结果来体验英语学习。在听力教学过程中，教师指导学生成立学习小组，师生一起制定学习目标和设计教学活动。同时，听力教师由单一角色向多重角色转变，即由单一的知识传授者转变为课堂设计者、组织者、考核者、指导者和参与者。这种新的教学模式使学生英语学习呈现出多地点、非定时、个性化和自主式特点。

1. 教学条件

传统英语教学强调教师的主导和输入作用，教师是知识信息渠道的唯一来源，学生被动地接受知识信息。网络多媒体环境下的现代英语专业听力教学有着传统教学没有的优势：互联网上开放的信息渠道提供了无限潜在的学习资源；电子教材的普及和网络多媒体教学平台的开发已经相当成熟，提供了更多有针对性的、丰富多样的听力学习材料；高校校园调频台等其他学习途径提供了更多的学习机会和潜在环境。

2. 建构原则

网络多媒体环境下英语专业听力教学的建构不仅要体现英语教学的基本原理，还要考虑具体的技术实施和总体课程规划，应将网络活动置于整个教学计划之中，与真实课堂教学有机结合。因网络资源极其丰富，教师在备课时必须根据学生的水平和需求选择适当的材料，并根据学生的学习期望、语言水平、知识面、兴趣范围等对所选的听力材料进行适当的分级或分类整理。

3. 教学过程

新模式听力教学过程分为课前准备、课堂教学和课后自主学习三个阶段。在这三个教学阶段中，师生共同制定教学目标、选择教学内容和设计教学活动，这种体验式学习氛围的营造能够充分调动学生学习的积极性。

现代英语专业听力课堂教学过程分为三个阶段：听前的准备阶段、听中的理解阶段、听后的评估和反馈阶段。基于网络多媒体的现代英语专业听力教学设计依然要遵循这个步骤，做好听前、听中和听后的有机统一。

听前的准备阶段：听力活动是一种有目的，或者说有任务的交互式的活动。学习者的记忆存储能力并不是无限的，所以教师应该帮助学习者尽量缩小他们对所听材料的预测范围，明确要完成的任务，以便把有限的精力集中到与任务有关的信息上，以减轻认知负担。网络多媒体集文字、图形、图像、声音和动画等各种信息传输手段于一体，具有很强的表现力。在这一阶段，教师可通过采用不同的活动和方法，如游戏、音乐、电影片段和戏剧等，引起学生对所学语言材料的兴趣，并促使他们积极参与其中。

听中的理解阶段：在这个阶段，教师可通过课堂活动和练习，使学生掌握语音、语法和词汇等语言知识。教师采用网络多媒体作为信息传输手段，同时调动学生的视、听、说等多种感官。多媒体的多感官刺激作用有利于学生注意力的长期保持和对知识的获取。考虑到学生英语水平的差异性，可以采取分组合作的方式，保证每个学生都能得到不同程度的提高。为了达到互动的效果，可以运用提问、讨论、表演、复述和听述等形式。

听后的评估和反馈阶段：这一阶段是记忆运用和交际巩固的阶段。教师可与学生讨论与听力材料有关的深层问题，进而检查听力预期目标是否实现。通过对所听材料进行综合性分析、评论，学生会进一步理解所听材料的意义，并由此完成输入和输出（消化）。

评估和反馈过程中要杜绝根据分数给学生排队、贴标签的现象。根据评估的性质，可分为量化评估和质化评估。量化评估主要有测验法，质化评估主要有表现评估、观察评估、活动评估等。小测验具有灵活性强、内容有针对性、教学效果反馈及时等特点。英语听力结束后，教师可结合听力材料内容，自编一些小测验来评估学生听解情况。但是测验不是唯一的评估方法，教师应改变过于注重分数的做法，注意评估方法的多元性和开放性。

质化评估可以采用问答、作业、日志或学生自评和互评的形式。学生进行自我评价和同学评价时，教师要注意培养他们对自我反省和客观评价的态度。评估不仅要反映学生的学业成就，更要反映学生的学习态度和学习过程。有益的反馈应该及时、明确、客观，没有责怪。教师的反馈要以激励为主，及时发现学生的进步并给予鼓励，加强与学生的沟通和交流；要以关怀的态度指出学生的缺点和不足，对学生的改进提出合理的建议；要注意保护学生的自尊心，增强学生的自信心及学习的积极性和主动性。

以计算机、多媒体和网络为载体的现代英语专业听力教学新模式突出了新教材、新教学手段和方式、新教学测评方式及师生角色定位和转换。这种新模式既为教师提供了施展才华、大力进行教学改革的动力，也提出了更多更高的要求。一方面，基于网络多媒体的现代英语专业听力教学信息容量大且丰富多样，教师课前必须做好充分的准备，还要考虑可能出现问题的应对措施；另一方面，网络多媒体教学手段存在一定的盲目性，忽视了教学的针对性和复杂性，忽视了情感因素在教学过程中的作用，教师需要在课后加强与学生的沟通和交流。

外部环境的优化与学习资源的开发并不能保证学生的进步和能力的增强。本节着重探究网络多媒体环境下的现代高校英语专业听力教学模式，而如何创设更全面的教学条件，充分利用和整合这些教学资源，还需要进行进一步探索。

二、基于认知策略理论的高校英语听力教学模式研究

听力是语言学习者需掌握的一项重要能力，也是进行有效交流的基础。听力理解的过程可划分为三个阶段：感知、解析和应用。

在听力理解感知阶段，听者由感觉器官所获得的语音信息保留在感觉记忆中，在此过程中，听者的注意力会集中于听力材料本身，并不断将注意到的新信息存入短时记忆中。人的注意力有限，声音信息却稍纵即逝，如果听者不能及时提取目的信息，旧信息将很快被新信息取代，所以听音过程中提高信息的提取速度尤为关键。事实上，大量研究证明，相关认知策略的运用可以提高听力过程中信息提取的效率。预测刺激图式，可以通过减少需要考虑的可能命题的总数来减轻认知负荷。预测有助于听者预料将要发生的事情，并帮助听者对即将听到的材料做好充分的准备，从而促成更有效的听力理解。

在听力理解解析阶段，听者会对进入短时记忆的语音信息进行加工解码，这种解码主要以意义暗示或结构特征为基础，涉及主题识别、意群划分、语义结构组合等多种技能，记忆单位表现为单词、短语或句子。但是此时的语音负载信息不一定能全部转入长时记忆，而短时记忆容量又有限，随着新信息持续输入，未能得到及时编码转入长时记忆的信息将很快被清除，让位于新输入的未解码信息，因此要采用一定的认知策略，如记笔记、

回避母语、概括大意、集中于意义等，以有利于听力理解的顺利推进。

在听力理解应用阶段，输入听者大脑中的话语意义会与长时记忆中的知识相结合，从而产生语义理解。由此可见，好的听力理解效果是由先验知识的丰富程度以及对先验知识的及时调度和组织决定的。人工智能专家们曾形象地把先验模式解释为等级层次形式储存于长期记忆中的一组相互作用的知识结构或构成认知能力的"建筑砌块"。听者如果能在听音过程中充分运用如联想这样的认知策略，合理利用这些联想"建筑砌块"，听力理解应用效果将会大为改观。

简言之，在认知观信息处理模式下，听力属于主动型接受性语言能力。听力理解不仅是一个"自上而下"或"自下而上"的信息加工过程，更是一个复杂的认知过程。认知策略对于听力理解各个阶段中信息的筛选、记忆、储存、处理直至理解都大有裨益。听者如果能在每一环节恰当运用相应的认知策略，听力效率必将大大提升。

纵观传统高校英语听力课堂，教学效果不好，学生听力成绩不理想，其原因无非在于：一是它未能把握住听力的本质特征，二是它未能掌握科学的听力技巧和方法。由此，引入认知策略培训的高校英语听力教学模式必将帮助学生清楚地认识到听力不只是单纯的声学现象，更不只是被动的感知，而是一个积极主动的认知过程，需要合理使用不同的认知策略处理不同的听力任务。如此一来，学生有的放矢地听，教学效果必会迥然不同。

在听前阶段，利用目的语资源和推测策略与听力成绩提升显著相关。可见，语言感知是语言理解的第一步，培养学生听前阶段的感知能力至关重要。事实上，在听音过程中，语言的感知不仅包括词汇的准确听辨，还包括词汇的迅速提取，如对头脑中现存图式的激活。因声音和意义两者都会对心理词汇提取起到一定的作用，所以在注重培养学生把握正确语音、语调的同时，还需着力指导学生积累熟识目的语，在头脑中建立丰富的图式，将目的语意义化，提升听者感知过程中的信息处理速度。此外还需对学生进行强化性练习，训练他们在听前养成快速浏览标题、题干、选项、图片、表格等预测听力材料主题及主要内容的习惯，以最大限度地激活头脑中的已有图式，使陌生听力材料熟悉化，增强对听力材料的感知。

在听中阶段，推测、速记、回避母语和集中于意义策略也与听力成绩提升息息相关。首先，作为语言能力的重要组成部分，推测策略是语言运用和学习的基本技巧，是理解口头语至关重要的程序。听力教学中，教师应积极引导学生学会根据上下文进行合理推断，依据已有的相关背景知识对没有听懂的信息点进行大胆联想。例如，训练学生从对话双方的语音语调、说话态度等推测出人物关系或事件发生的场景等。另外，由于听力理解是听者的已知知识和口头语篇信息交互作用的结果，而前者是理解语篇的关键，所以存在于听者头脑中的图式越完整，在理解过程中对信息的预测、推理和证实就越快越准确。鉴于此，听力教学中，在训练推测技巧的同时，提醒学生不断丰富语言知识和背景知识也十分重要。其次，速记策略能够有效帮助延长短时记忆，它是增强听者解析能力不可或缺的策略之一。教师应训练学生在听力过程中保持大脑兴奋，集中注意力，学会及时将捕捉到的关键信息尤其是频繁出现的数字、时间、地点等，运用缩写、图形等方式迅速记录下来，增强解析能力。事实上,速记不仅有利于学生理解听力材料的主旨内容,且能帮助学生把握材料中的细节信息,成功应对听力中的细节考查题。再次,回避母语策略是实现英语理解自动化,提高听力成绩的另一重要环节。听力课堂上,由于身处母语的学习环境,多数学生会倾向于先将英语翻译成汉语再进行分析,故听音时很难跟上说话人的语速,从而影响了听音效果。基于此,教师应尽可能地训练学生用英语进行思维,如在进入每个单元前,通过大量的文化输入,向学生提供与话题相关的正确的英语表达,以此丰富其英语语言知识的积累,使他们始终沉浸在英语思维的氛围中,逐步降低对母语的依赖。最后,集中于意义策略也是听力理解中一个不可小觑的技巧。因为,在听力过程中,若将注意力集中于单个单词,则会错失大量信息,难以全面把握听力材料的内容,获得理解。反之,如果将零星的信息重组成更大单位,以语义组块的形式来记忆,信息的记忆量就会大大增加。所以,对学生进行克服性听力训练,指导他们将注意力集中于关键词组,使他们学会主动放弃难以理解的词句,听力实效性必然显而易见。此外,句法知识也可以有效帮助学习者理清输入信息中的冗余部分,减轻大脑负担,因而可以训练学生借助句法知识识别词与词之间的关联、组成意义,从而使句子或语段在短时记忆中保持较长时间,会增强他们对听力材料的解析能力。

在听后阶段,总结和归类策略也与听力成绩呈显著正相关。对听力理解中的心理因素的研究表明,听力过程中将所听到的内容在大脑中做小结不仅可以帮助听者排除焦虑心理、集中注意力,而且可以加深其对听力材料中出现的细节信息的理解,有效避免短暂性遗忘。由此,教师应该教会学生运用总结策略,通过对短时内头脑中捕获信息的重新组合、编码,帮助他们形成长时记忆,进而提高听力效果。教师还应引导学生对诸如结构较严谨、语言较流畅的听力原文展开归类性反复听,帮助他们学习材料中相对陌生的习惯表达,巩固语言知识,以此来进一步强化其听力运用技能。总之,在听后引导学生学会总结并有重点地进行归类性听力练习,能够有效强化学生的听力应用能力,是对学生听力成绩有助力作用的认知策略。

三、英语听力教学模式创新研究

以信息技术为载体的高校英语教学方式,能够将抽象的知识形象化,便于学生深层次理解英语语法知识,实现对知识的灵活运用。以信息技术为载体的高校英语教学模式,能够促进教与学的共同进步,提高课堂的教学效率,确保教学达到事半功倍的效果。

(一) 高校英语听力教学模式创新研究的前提

1. 教师教学任务重,思想上对继续教育认识不够

因教学任务繁重,许多教师忙于科研工作,对继续教育的认识不够全面。许多高校教师的继续教育处于被动状态,很多高校尚不能认识到继续教育对提高高校教师综合素质的重要性。目前,全国各高校继续教育机会少,教师参与继续教育的机会更是不多。教师不

能及时接收到最新的前沿教学方法，在一定程度上限制了高校英语教学的创新。

2. 教师缺乏对课堂教学的创新，教学方式过于落后

现如今，科学技术快速发展，产生了一系列的先进教学设备，如多媒体设备等。然而，许多教师仍旧沿袭着说教的方式对学生进行教育，对多媒体等先进设备操作不熟练，不能充分利用先进设备的优势进行教学。

3. 学生的差异性

学生学习英语的态度存在问题。学生学习英语的方法存在一定的问题，学生依旧习惯题海训练，缺少对英语听力、口语的练习。学生不能养成课前预习、课上认真听讲、课后巩固复习的习惯，学习习惯有待进一步改进。

（二）建立以信息技术为载体的创新教学模式的必要性

1. 以信息技术为载体的创新教学模式使教学重点明确化

传统的教学模式，教师的教学方式较为单一，所有的知识讲解都会以课堂板书的形式呈现出来，教师疲劳化的课堂讲解容易让学生分散注意力，课堂精力不集中。同时，传统的教学模式内容较杂，重点内容与了解内容上划分不明确，学生的重点内容意识不强。然而，信息技术在传统教学模式中的融入，很好地弥补了传统教学模式上的不足，教师可以利用多媒体技术，将课堂讲解内容通过PPT的形式呈现给学生，内容划分明确，重点内容明确。学生在以信息技术为载体的教学模式下，能够清楚地明白课堂的重点，有意识地加深对重点内容的学习，将更多的时间用于重点内容上。教学重点内容的明确化，提高了学生的学习效率，有利于促使学生快速进步。

2. 方便教学成果的验收

传统落后的教学模式下，教师对学生学习的掌握情况，只能通过书面作业的完成情况来了解，且通过收作业、批改作业来检查教学成果的效率较低，在时间上也造成了极大的浪费。以信息技术为载体的高校英语创新式教学，学生可以通过网络交作业，教师可以在线对学生的作业进行批改，学生也能及时地了解自己英语学习中的问题，并且可以及时向教师反馈，实现教师与学生教与学上的交流。同时，也解决了传统教学模式上问题解决缺乏针对性的难题，这样能够彻底解决学生问题。

3. 以信息技术为载体的创新教学模式使课堂教学内容丰富化

以信息技术为载体的课堂教学模式与传统的教学模式相比，课堂教学内容逐渐丰富。在传统的教学模式下，教师的授课方式极为单一，课堂内容全靠教师的板书呈现。课堂板书耗费时间，教学模式单一，导致学生的学习效率不高。通过引进信息技术，教师通过多媒体教学，大大地丰富了课堂的教学内容，学生对知识的了解不再受到局限，学生可以自主在网络上进行学习。学生在以信息技术为载体的高校英语创新教学模式下，注意力更加集中，能够全身心地投入课堂学习中。作业的完成质量与传统教学模式下相比也有了很大

的进步。在这种新的教学模式下，课堂教学内容丰富化，学生对知识了解的渠道更加广泛，促进了学生对知识的全面掌握。

（三）建立高校英语听力教学创新模式的策略

1. 注重对学生的技能培养，适应时代对高校英语专业学生的要求

教师应该改变对学生的纯理论教学的方式，促进学生与教师之间的沟通交流，增加学生对理论知识的理解与应用能力的提升。学生的专业技能的培养，需要创新教学模式的支持。创新教学模式可以采取任务型教学法和探究性教学法，增强学生的动手实践能力，提高学生的英语写作能力。

教师可以为学生提供一组作文标题，学生以小组为单位发表看法，谈谈自己对该标题写作的意见，如写作语言风格、题材的选取、作文格式等。通过实践来加强学生对应用文的掌握能力，为以后进入职场的应用做准备。

2. 建立以信息技术为载体的高校英语听力教学模式

（1）创建网络环境下开放式的教学氛围

"互联网+教育"提倡的是一种高度开放、全面的新型教学模式，倡导教师通过互联网信息技术的运用来实现学生学习环境的改变。为此，"互联网+"环境下为实现高效英语听力教学方法创新，高校首先需要积极构建开放式的教学氛围。具体来讲，高校需要通过对多媒体技术的综合运用，结合听力教学内容，在图片、视频、音频的共同作用下，实现对英语对话情境的再造，使学生能够在真实的对话情境中去感知英语口语的语感、语速、语音等特点，以此来实现对自身听力能力的锻炼。例如，教材内容角色扮演、英语小剧场、英文辩论赛等这些都能够对英语听力教学氛围的营造，起到很好的效果。

（2）构建网络环境下自主学习教学模式

为了突出学生在英语听力课堂教学中的主体地位，网络环境下英语听力自主学习模式的构建是集创新与自主于一体的一种新型教学模式。相较传统英语听力教学，更彰显学生在课堂教学中的主体地位，倡导学生在信息技术的辅助下，自定义主题来开展研究性学习活动，以此来实现学生英语听力创新意识、自主学习能力的全面培育。这里我们需要强调的是对现有成熟英语网络教学平台的充分利用，如中国高校外语慕课平台。该平台是一种集英语听力资源下载、英语听力课程选择、学习计划个性化制订、视频在线观看、师生互动为一体的网络教学平台。将其运用到英语听力教学中，更有助于英语教学资源的综合运用，能够使学生在优质的网络教学平台的作用下，激发自身英语听力学习兴趣、增强自主学习动力，由此来推进网络环境下高校英语听力智慧教学目标的实现。

（3）开发网络教学资源，拓展教学范围

"互联网+"环境下高校英语听力教学面临的一项重大发展机遇来自丰富的网络教学资源。基于此，为促成网络时代高校英语听力教学创新改革目标，我们需要积极拓展高校英语听力教学范围，使教师、学生的视野从单一的英语听力教材上，拓展至更加宽广的网络教学资源上，从而在网络教学资源与教材的优势互补作用下，为学生的英语听力教学奠定坚实的资源基础。为此，学校方面要尽快启动英语听力数字化资源库的建设工作，通过将校园网链接到地区局域教育网，实现区域内优质英语听力教学资源的共享共建。同时还要以校园网为依托，在英语教学中加入电子阅览听力训练、网上教程、在线听力试题、听力难点辅导等栏目，以此来满足学生多样化的英语听力学习需求。

3. 引导英美文化学习，提高学生的听力技巧

（1）通过教师讲解导入文化知识

听力是一种认知活动，教师是这项认知活动中重要的引导者。学生完成对材料听和理解的程度与教师的引导有着重要关系。所以，在听之前，教师有计划地、适时地向学生介绍一些跟听力材料有关的背景文化知识，循序渐进地导入一些不同领域的专用词语、英美文化理念等就显得至关重要。但是，在时间有限并应以学生听为主的听力课堂上，简洁有效地完成相关文化导入并非易事。以下技巧可以帮助教师事半功倍地完成这一任务。

第一，教师应博览群书，提高自身的文化修养。俗话说："要给学生一杯水，教师首先应有一桶水。"只有对相关知识达到一定量的积累，在碰到类似的听力材料的时候才能做到有话说，并且知道说什么、如何说。

第二，教师可以利用多媒体教学手段作为辅助。教师可以事先根据教学内容需要把相关的英美文化背景信息做成幻灯片，其中可以穿插文字、图片、视频片段等。这样，教师在导入文化背景知识的时候不仅可以使原本枯燥的听力课堂活跃起来，还可以使教学内容丰富，更主要的是节省有限的课堂听力时间。另外，教授同一个年级的英语专业教师可以协同作战。不同科目的任课教师在一起多交流，或者可以选择集体备课的方法，大家交换近期的教学心得。对于重合的背景知识可以指定某门课程的教师主要讲解，而其他教师在课上只是点到为止，主要处理其他问题。这样主次有序的讲解，不仅可以有效地利用课堂时间，丰富教学内容，还可以反复强调知识点来加深学生的印象，让学生能够充分掌握，以达到自由运用的效果。

（2）通过英文电影欣赏导入文化知识

电影是一种包罗万象的文化载体。英文电影可以从多方面、多角度展现英语方面的文化。一部好的英文电影具有较好的思想内涵和文化内涵，学生可以从中获得丰富的背景知识。因此，比起其他的多媒体教学手段，通过英文电影欣赏导入文化知识具有无法比拟的优越性。但是，教师在以此方法来传递文化知识的时候应注意以下两个问题。

第一，注意影片的选择。英文电影以好莱坞影片居多，而好莱坞影片往往具有很强的商业性，一些电影中会充斥着暴力、血腥的场面。所以，在选择影片的时候，要排除类似因素，选择内容积极、语言简单、题材轻松的。

第二，可以选择播放电影片段。好的英文电影往往时间都很长，而且在听力课上长时间观看电影也是不可行的。那么，教师可以有选择性地播放影片的相关片段。这样，既可以达到文化导入的目的，又可以调动学生的积极性，一举两得。而且，影片的其他部分可以作为作业让学生课下自行完成，在下堂课的时候让学生阐述对影片的感受和习得的东

西，达到锻炼口语的目的。

（3）通过课上学生自我展示导入文化知识

教师可以在听力课进入听之前安排一个3~5分钟的自我展示环节。让学生在课前做好准备，个人或小组都可以，内容要与英美文化有关。学生可以通过讲故事、表演小品等形式来介绍英美国家的历史、人物、名胜古迹、习俗等，最后提出问题让其他同学来回答。这样的安排，首先，可以丰富学生的文化背景知识，全班同学共享知识；其次，在听的同时，锻炼学生说的能力；最后，活跃课堂气氛，在正式进入听之前充分调动学生的热情。

（4）通过学生的自我学习习得文化知识

大学阶段的学生自由时间充足，课下的大量阅读就成为他们知识的主要来源。对于英语专业的学生来说，阅读的主要内容应关乎英美文化知识。教师应该做的首先是对其加以引导，推荐给学生一些内容丰富、幽默、难易适度的书籍和材料，来丰富学生的各方面知识。另外，教师应对学生的自我学习情况加以监督。有些大学生往往自学能力很差，不加以监督，很难达到自我习得的效果。教师可以利用一些方法，如让学生在自我展示环节来展示之前指定的阅读材料，或者书写一些小文章等，以此监督并促进学生的自我学习。

第六章 高校英语口语教学方法

第一节 高校英语口语教学概述

一、高校英语口语教学存在的问题

（一）对口语教学缺乏足够的重视

目前，多数高校受到学时限制或师资队伍不足等主客观因素的影响，针对非英语专业开设的口语课少之又少，基本上都是在听力和口语为教学内容的听说课上进行。然而，尽管这样，学生的听说课程所占比重几乎仅为读写课程的四分之一。由此可见，目前很多高校的教学主管部门对口语课缺乏足够的重视，学生的听说能力依然得不到充分的训练。此外，在英语课程考试体系中，对口语尚未制定一套正规、细致的测试方式和评分细则，即使是对于专业学生也只是象征性地进行考察，不计入学期总成绩，使得学生积极性不高，容易忽略口语。

（二）口语教学方法落后

在很多高校中，听说课相对于精读课而言属于辅课，教师在有限的学时内，既要培养学生听力的能力，又要充分调动学生的积极性，使学生参与课堂讨论，这使得很多教师感到力不从心。因此在大多数情况下，教师在教学观念、方式和内容上依然偏重语言知识的传授和积累，组织课堂讨论的时间很少，学生很少甚至是没有机会真正锻炼口语，教师处在课堂活动的主体位置，而学生在整个教学过程中则处于被动的位置，很多学生只有知识的输入，却无法对其所学的知识进行实践，而口语则需要实践才能进步。由此可见，传统的授课形式已不适合英语口语课。

（三）跨文化意识薄弱

口语能力作为输出能力的一种，在进行交流的过程中不仅仅是语言的交流，更是跨文化意识的体现。如果跨文化意识薄弱，学生在口语交流中就无法真正理解对方的观点，就会造成歧义、闹笑话甚至产生误解。中外文化的差异，在学生口语交流过程中也反映和体现出来，因此在教学过程中，教师应该对学生进行文化教学，培养学生的跨文化意识和交流能力。

（四）学生的非智力因素

对于很多非英语专业的学生来说，口语课上不仅是因为自身英语基础薄弱而很少开口，很大一部分学生是由于"害怕"和"害羞"。很多学生觉得自己口语不好，碍于面子，害怕在同学和教师面前犯错误，害怕出现一些低级错误遭到同学的嘲笑，因此选择在口语课上"保持沉默"而不是"积极参与"。

二、英语教师在高校英语口语教学中的角色定位

（一）设计者和管理者

教学活动的效果在很大程度上取决于学生的主观能动性和参与性。要将新知识和已有的知识相结合，将语言技能从理论形态转换为实践形态，都必须通过学生自身的实践活动。在传统的英语教学方式上，教师是教学过程的主导者，而学生是知识的接受者，而英语学习是具有实践意义的教学活动，学生才应该是教学的中心。所以，新教学模式是对教师角色转变的促进，这种对"教"与"学"关系的调整使英语教学回归到自然过程。在"以学生为中心"的原则指导下，"教"是帮助学生"学"或引起学生"学"。以学生为中心的教学模式可以极大提高学生学习的积极性和参与度，教师可以根据新的教学模式以及学生的自身需求设计情景对话、小组讨论、角色扮演、情景表演等一系列实践活动，让每个学生都可以积极地参与其中。教师对口语活动及表演的时间分配、活动要求、表演形式等进行调控管理。这样，学生就成为口语教学活动的积极参与者，教师则转变为口语活动的设计者和管理者。

（二）监督者、控制者

教师在介绍完话题的相关背景后，由学生开展小组讨论。在讨论过程中，教师应深入每个小组倾听学生是否在讲英语，谈论的内容是否与规定的话题相关。如果不是，则要及时给予纠正。在口语活动中，要让尽可能多的学生参与其中，促使学生用已具备的语言能力和现有的知识经验进行现场发挥，以保证达到训练口语的目的。同时，因为课堂时间有限，教师要合理控制每个学生发言的时间，尽量避免某个学生发言时间过长而导致其他学生不能发言的情况，也要尽量鼓励那些口语差、有心理障碍、性格内向的学生发言。另外，为避免有些学生发言后不用心听别人的意见，可采取听完后让观众提问，或者教师就学生发言给听众提问的方式，引导学生认真对待每个人的发言，从而达到预期的教学目的。

（三）评判者

在这样轻松、愉快的课堂气氛中，在教学目标的指导下，学生发表了自己的见解和看

法，锻炼了自己的胆量和口语。学生发言后，口语课结束前，教师应认真地点评每个学生的表现。由于英语汉语两种语言有明显的差异，且文化风俗也迥然不同，因此学生在语言交际过程中难免会出现错误，教师若频繁纠错，不仅会影响交际效果，而且容易挫伤学生的积极性和自信心。在评判学生表现时，教师要注意时间的把握，而且对学生应该首先给予鼓励和表扬，然后再纠正语音及涉及的文化风俗方面的错误。同时，应适当地加深英美文化、社会背景等方面知识的学习，培养学生的跨文化意识，以增强语言能力。

（四）组织设计者

如何使一节课让学生乐于上、乐于说，如何将现有的教材、教学设施、教学目标统一起来，锻炼学生的口语，既满足他们学习的需求，又让他们保持学习的兴趣。教师必须根据自己以往的经验并结合其他教师的教学经验做出判断，话题的确定非常重要，为找到学生的兴趣所在，教师必须进行调查，看学生对哪些话题感兴趣，挑选出大多数学生感兴趣的话题作为课堂讨论的话题，并做出设计方案，采取哪种方式组织教学必须根据学生的英语程度来确定。分组讨论是常用的方法，因为这种方法可以消除学生的顾虑，创造轻松的语言环境。教师要选择恰当的切入点，并注意语言的组织。

（五）分析者和解答者

在培养学生口语技能的过程中，教师要考虑学生语言运用的流利度、准确度、得体性，而这几个方面的培养需要大量的实践练习以及对相关语言知识、文化背景知识的深入了解。教师在提高学生口语能力的教学过程中，还必须针对学生在口语活动中出现的问题进行分析解决，使学生的语言实践更加规范，帮助学生取得更大的进步。高校英语口语教学必须采取以学生为主、师生互动的模式，对于学生在使用英语进行交流或练习过程中出现的困难和疑惑，教师作为分析者和解答者的角色就要发挥作用，才能使学生的口语能力达到准确、流利、得体。

（六）学生英语口语环境的创造者

环境对于学生学习口语来说是一个非常重要的因素，教师在教学中，应注重对学习环境的创设，应尽可能地为学生提供合适的语言学习环境。教师在教学中可选取与所学内容相关并与本班学生学习能力相适应的口语话题，并以此为基础，合理安排课堂活动，让学生在活动中更好地进行口语表达。

除此之外，教师在每节课的课前可以给学生留几分钟的时间，让他们进行演讲。演讲的题材、体裁不限，话题内容不限，在课下自发搜集资料，便能形成内容较好、质量较为可观的演讲。课前演讲能锻炼学生在人前说话的勇气，激发他们口语表达的兴趣，对于提高他们的英语口语表达能力大有裨益。

另外，学生学习口语的过程也是熟悉另一种文化的过程。针对学生在口语表达中经常出现的与文化有关的问题，教师除了在日常教学中进行讲解之外，还可以通过多媒体或其他视听媒体来解释。教师可准备一些有较大差别的两种语言的视频,让学生在观看之后写出自己的体会,教师在这个过程中,可以给予适当的提醒。此外,教师需要注意,选取视频时应剔除那些片面夸大或贬低外国文化的片段,避免学生形成文化偏见,这个教学过程会非常缓慢且非常艰难,但教学效果却极佳。因此,教师应注重运用多媒体给学生提供学习他国文化的环境,让学生在学习文化的同时,提升自身口语表达的技巧。

三、高校英语口语教学的原则

(一)系统性原则

口语教学的系统性主要表现在教学时要注意循序渐进,有步骤、分阶段地开展教学。口语能力的提高绝不是一朝一夕的事情,必须因势利导、分段进行。口语教学的系统性还表现在训练应由浅入深、循序渐进,从简单、容易到复杂、困难,既要有语言形式的操练,也要有素质能力的培养,还要引入以功能意念为主的会话课内容,逐步建立和完善口语课程系统。

(二)实用性原则

口语训练的目的就是传递信息,教会学生进行得体而恰当的社会交往与合作。语言是文化的一面镜子,是文化的载体,语言与文化紧密相连,离开文化因素而全面准确地掌握一种语言显然是不可能的。由此可见,偶尔违反了语言结构规则,如产生语法错误,对方可以谅解,但是如果违反了语言使用规则,就会被认为不礼貌而产生交际障碍。因此,口语课应有计划、有步骤地介绍和传授与功能项目有关的文化风俗背景知识和社会背景知识,有意识地培养学生在社会语境中观察和理解语言的能力,观察在什么场合该用什么语体,教师应尽量为学生创造语言环境,让学生提出问题,展开讨论,引导学生在读文学作品、报纸、杂志时留心和积累社会文化方面的知识。在课堂训练中,教师还要帮助学生注意自己所扮演的角色,使用得体的语言进行交际。口语教学的实用性还体现在要通过口语训练,促使学生去广泛地阅读积累,锻炼实践,从而提高自身素质。

(三)主体性原则

口语教学的关键在于学生。在口语课堂上,真正的主体、核心应该是学生,他们应当是教学过程中最活跃、最积极的参与者。教师不应该是课堂的主人,他们主要担任指导者、参与者的角色,应当把学生带进英语学习之门,为学生提供必要的帮助。合适的教材只能给教师提供一个演出的脚本,而口语课能否上得成功,上得有声有色,让学生的语言能力得到提高,则要看教师如何引导学生发挥他们的积极性和主动性。与其他课程不同,在口语课上教师尤其要善于引导学生参与设计活动,应该给学生提供更多的开口机会,让学生做课堂的主人。在具体的操作中,每位教师都可以发挥自己的所长,结合课本和学生的实际情况,设计合理、活泼、有益于学生语言能力发展的课堂教学活动。当然,要做到这一点，教师就必须对学生的情况了然于胸，使口语较好的学生和口语较差的学生机会均等。

（四）鼓励性原则

利用英语进行交际不必追求形式上的正确、完美。犯错误是一个学语言的人必须面对的问题，在英语口语学习中更是如此。因为学生口语能力的高低，不是以错误多少来衡量，而是要看学生能否用英语来进行交流，实现交际的目的。因此，教师对待学生交谈中所犯错误的态度，应当采取"无改错法"，即在学生进行机械或半机械操练过程中所犯的基本结构错误，教师应给予重视，而学生则要敢于使用英语进行会话。

四、高校英语口语教学的模式和策略

（一）高校英语口语教学的模式

1. 从控制练习过渡到自由会话的模式

会话必须是思想、信息、感情的有意义的口头交流，会话绝不是词汇、短语、句子的组合游戏或简单重复，如句型操练并不是跟会话一样。在会话课上，一种活动是教师主宰一切，学生从课本或录音中获取语言，并在教师的指导下重复这些语言或进行操练。另一种活动则是由学生利用自己已掌握的语言表达思想，在教室里与同学自由地进行会话。

2. "投入—运用—学习"模式

口语活动非常典型地遵循了同样的模式：投入—运用—学习，即教师使学生对一个话题产生兴趣，然后让学生完成任务，教师通过观察发现学生在完成任务中存在的问题，最后让学生学习教师认为有问题的地方。在口语课堂上，口语练习活动应该有明确的作用：第一，口语练习活动给学生提供了练习的机会，使学生获得用英语进行交际的真实感受。第二，口语练习活动给学生和教师提供了信息反馈，实现了教学相长。第三，口语练习活动的趣味性有助于激发学生全身心地投入，消除焦虑感。无论是口语教学内容还是口语教学活动，都应注意多样性和趣味性，每一次口语课都应该有新的话题，或从不同角度讨论同一话题，口语活动模式，如会话、分组讨论、讲故事、角色扮演、看图说话、问答等，应交替使用。分组应尽量变换成员，目的是让学生适应与不同的人交流，有助于增加学生的新鲜感。

3. "兴趣—欲望—行动"模式

在市场上，商品是否老化、是否符合消费者的需求，厂商的营销手段是否富有创意、是否表现出商品的吸引力或优越性从而成功地占领市场份额，这些因素都至关重要。结合市场营销的角度来看，学生是消费者，要重视他们对课程商品的购买欲、购买力和购买行动。高校英语口语课堂如何使学生产生学习口语的兴趣、欲望并付诸行动，是口语教师应当深思的问题。

4. 提出新模式

新的教学模式应体现英语教学的实用性、知识性和趣味性相结合的原则，应充分调动教师和学生双方的积极性，尤其要确定学生在教学过程中的主体地位。新教学模式在技术上应体现交互性、可实现性和易于操作性。另外，新教学模式在充分利用现代技术的同时，也应充分考虑和合理继承现有教学模式中的优秀部分。

以上四种模式，从不同角度为高校英语口语教学模式提供了依据。归纳起来，从控制练习过渡到自由会话的模式，强调口语教学的交际性；"投入—运用—学习"模式，强调口语课程的任务性；"兴趣—欲望—行动"模式，强调口语课堂的趣味性、创新性；提出新模式，则告诉我们口语教学应该遵循实用性、知识性和趣味性相结合的原则，强调学生的主体性和教学技术手段的交互性，这些观点互为补充。简言之，理想的高校英语口语课堂，应是交际性和任务性的结合，以学生为中心，融实用性、知识性和趣味性于一体，灵活地运用各种教学技术手段，为学生创设相对真实的学习情境和大量互动交流的机会。

（二）高校英语口语教学的措施

1. 因材施教，打破常规教学法

在高校英语课堂上，口语教学有许多方法。因高校英语口语教学环境、所在社会背景、授课者的实施能力以及学习者的学习能力有所不同，教师应因材施教，切忌对所有学生采用同一种教学方法，应该将多种口语教学方法贯穿于整个口语教学过程中。具体来说，我们要争取引导教师放弃长期沿用的传统语法翻译法教学。要以学生为中心，把学生语言运用能力、交际能力的培养作为重点，教师授课的核心不再是单纯讲授课本知识，而是要选择不同的教授方法，更好地适应讲课的题材，更好地调动学生参与的积极性，使学生学会开口说英语。

2. 重视英语口语教学中的情感和心理因素，营造和谐轻松的课堂气氛

虽然情感对习得机制并无影响，但情感因素起着阻碍或促进输入传到大脑语言习得器官的作用。也就是说，学生在课堂上能否消除心理障碍、敢不敢开口，是口语教学能否成功进行的关键。

焦虑感在英语学习者口头交际时表现得最为明显，由此产生的紧张和焦虑感常常会对学生练习口语产生负面影响。因此，师生关系的融洽是口语教学中一个十分重要的因素。教师在课堂上要极力营造轻松、自然、和谐的环境，缓解学生的紧张情绪，鼓励学生开口。对取得进步的学生要不吝表扬，对表达有误的学生要注意纠正的方式。对于学生害怕犯错的心理，教师的肯定和鼓励显得非常重要。因此，教师应以鼓励表扬为主，适当批评，让学生经常得到自己进步的"反馈"，以建立自信心。同时，教师要有丰富的表情和幽默的言语，要创造一种和谐、轻松的交际氛围，激发学生愉快的情感，确保他们乐于开口说英语。

3. 转变教师角色，确立学生在教学中的主体地位

确立学生在教学中的主体地位，以学生为本是明确学生在整个高校英语教学过程中的主体地位，使传统的"师道尊严"式的师生关系为平等民主的师生关系所代替。从学生的角度来看，其由被动接受知识的客体，转变为主动获取知识、不断提高学习与实践能力的主体；从教师的角度看，其将由知识的传授者转化为学生活动的促进者、引导者和参与者。学生将真正成为课堂的主人。师生之间的关系越来越朝着"合作伙伴"关系发展，教师的角色从"前台的圣人"转向"靠边站的向导"，这种角色的转变实际上是教师面临的一种挑战。教师应改变教育观念和他们习以为常的教学方式、教学行为，这对教师在专业知识之外的组织能力、应变能力及吸收新知识的能力都提出了更高、更严格的要求。

4. 以听导说

流利的口语只能靠学生自己习得，通过对语言输入的理解逐步提高语言能力。语言的输入就是"听"，是大脑接受语言信息的过程。听的过程既是一个接收的过程，又是一个构建的过程，这一过程分为三个阶段：第一阶段为感觉阶段，学习者得到的仅是一个浅显的印象，基本上是被动接收；第二阶段为识别阶段，这一阶段学习者将接收到的信号一个个加以识别和联系，其行为基本上是积极的、细致的；第三阶段为领悟和构建阶段，学习者将所求得的材料加以理解并存在记忆里，再寻求一种表达的方式以达到语言的输出。

因此，要达到真正以听导说的效果，并非盲目地听，而是有计划、有目标地认真听。听的过程其实也是模仿借鉴的过程，对于所听材料的模仿，首先，要慢和准。刚开始模仿时语速应该放慢，保证发音准确，这是有效沟通的基础。其次，要加速和反复。通过观看英语电影，不难发现其语速之快，比我们接触过的外教的语速要快上三四倍，因为外教了解中国学生的情况，有意放慢速度，加速练习能增强有效沟通。最后，要流利和有情感。刚接触外国人时，我们会被他们夸张的面部表情和肢体语言吸引，要想与他们自然接触，就要让学生增强语音语调的练习，有情感、流利地讲述内容才是用第二语言与人沟通的最高境界。

以听导说结合了听说法、直观法和功能交际法的长处，将语言训练视为一种习惯，强调在反复运用中学习和习得语言。实践证明，在语言实验室里，复述难度低于听力水平的口语材料是达到口语流畅准确的最佳方式。在以听导说的过程中，不仅仅是要模仿，更要学习运用。

在以听导说的口语课堂上，教师要让学生听懂每词、每句的意思，甚至语气上的差别。此外，还要对其所听材料不断进行提问，提高学生听力的主观能动性，让学生进行复述讲明前因后果，不断鼓励学生，并了解学生羞于开口的心理，包容学生的语言错误，循序渐进，不断提高学生的口语水平。

英语口语教学的目标之一是将学生培养成具有较强逻辑思维能力和口头表达能力的说话者，使其用词准确、表达地道，与人交流自然大方。因此，在英语教学过程中，教师要努力尝试各种教学方法，将准确地道的表达方法教授给学生，让学生有效地收集和使用语

块，多听多模仿。在教师的鼓励下，学生有了自信心，才能积极大胆地用英文阐述自己的观点。

5. 勇于"开口"，善于"倾听"

口语练习中，要避免两种现象：一是怕说不好而羞于开口；二是口若悬河，不管别人的反应。要解决不敢开口的问题，学习者就要牢记：真正的交际是意义的传递，语法只是监控句子的规范程度，是为有效地表达意义而服务的。所以，大可不必因语法不好或怕出错就因噎废食，不敢开口。另外，学习者在完成一项语言任务之前，不妨先给自己一些积极的暗示，如"I can make myself understood even though my vocabulary is limited"（即使我的词汇量有限，我也能表达清楚我的意思）。这样就会非常放松，即使遇到生僻的单词，也会快速地在脑海里搜寻有限的词汇来达到语言交际的目的。当然，能够滔滔不绝地说英语，自然令那些找不着门道的初学者感到可望而不可即，但是对于口语已入门并希望得到进一步提高的学习者来说，仅仅开口还不够，还要学会倾听。成功的语言交际，应当以语用恰当为标准，即所说的话语既符合语法要求，又符合说话人的身份和说话的场合。语言交际是双向的，一个人口若悬河而不注意倾听对方的谈话，即便讲得再流利，这种交际也注定是不成功的交际。

6. 设计恰当的讨论话题，激发学生的学习兴趣

学生的学习兴趣是提升学习效果的重要因素。早在20世纪70年代初，教学实践就证明，有效的教学活动是能够激起学生的兴趣、发挥其主动性和积极性的过程。具体到课堂教学中，教师要做到以下两点。

第一，就学生感兴趣或贴近学生学习、生活的话题进行讨论，如校园生活、幸福感、兼职、时尚等，使学生有话可说。这既丰富了学生的知识，也培养了他们的英语思维。

第二，以学生为主举办大型英文活动。例如，每学期组织学生参加演讲比赛，在活动过程中"输入"相关信息。

五、高校英语口语教学的形成性评价

（一）形成性评价的内涵和特征

形成性评价的主要目的是确定学习任务被掌握的程度以及未被掌握的部分是哪些，它的目的不是将学习者分等或鉴定，而是要帮助学生或教师把注意力集中在为进一步提高所必需的特殊学习上。由此可见，形成性评价是伴随学习过程进行的，是向师生提供学习和进程的反馈信息，并调节教与学的活动。它具有以下特点：第一，人本性。形成性评价重视学生在评价中的个性化反应，尊重学生的个别差异和个性特点，允许学生依照自己的兴趣和特长做出不同形式和内容的解答。在进行横向比较的同时，充分考虑学生的纵向发展；在评价学生的同时，教会学生自我评价，帮助学生形成切实有效的符合个性特点的学习方式，使他们成为学习的主人。第二，多元性。形成性评价的多元性表现在评价内容、

评价主体、评价标准等方面。在内容上，其不仅评价学生掌握基础知识和学习内容的水平，还评价个体的兴趣、态度、策略等在学习过程中的发展和改进；在评价的主体上，它变单一的教师评价为教师评价、家长评价、学生自我评价和学生相互评价相结合，使学生由被动受试者变为主动参与者；在评价的标准上，它既有以课程目标为参照的统一标准，又有以学生的纵向发展水平为参照的个人标准，二者相辅相成，共同对学生的学习状况进行评价。第三，开放性。形成性评价突出发展变化的过程，关注学生的主观能动性，培养学生积极主动的态度，为评价而进行的课堂表现观察、作业记录、测验、问卷调查等，都是在自然的状态和开放的环境中进行的。

（二）形成性评价在高校英语口语教学中的实施原则

1. 发展性原则

英语口语教学形成性评价，不仅是教师对学生的一种评估，更是学生自身的一次学习和实践。评价的作用在于对教学的动态调控，而不是区分学生的优劣和简单地判断答案的对错。促进学生发展的评价，不能只对学生的学习情况做简单的好坏之分，重点在于强调其形成性的作用，同时注重发展功能。

2. 系统性和持续性原则

形成性评价需要有计划、系统的安排，并且常常需要在教学和学习过程中展开。在口语教学中，应根据具体教学大纲和计划有针对性地对形成性评价的具体形式和方法及时间进行精心策划，并坚持进行定期评估。如果评估不能做到系统化和长期坚持，而只是教师课堂上随意的、即兴的评估行为，形成性评价将失去作用和效果。形成性评价的重点不是评价本身，而是通过评价不断地改进学习和教学，因此它不应只是针对某一具体学习活动的偶发性评价，而应是有目的、持续地对学习过程的监控和评估，并通过评估反馈不断改进教学和学习的过程。

3. 及时与有效反馈原则

评估信息反馈在整个形成性评价过程中，无论对教师还是学生都极其重要。有评估而无反馈或者没有及时有效地利用反馈调整教学与学习，形成性评估则没有什么价值可言。因此，教师对评估信息的处理要及时，在分析整理时要有所取舍，找出学生口语学习中存在的问题，尽快反馈给学生，让学生了解自己的差距与不足，从而进行相应调整。同时，教师也应通过收集评估信息，分析教学中存在的不足，并及时对教学活动进行调整。

4. 多元化和变化性原则

在口语教学活动中，形成性评价应注意根据口语活动的类型、班级的具体情况和学生的态度与特点，在不同时机和场合采取如教师评价、个人评价、小组或同伴评价等不同形式的评价，同时，使用适当评估工具从不同侧面对学生口语水平进行评价。另外，教师还应根据学生学习发展情况对评估标准和内容不断进行调整，并利用评估信息改进教学方法，积极创新，在变换和尝试不同形式的口语教学中，探索出适合学生和促进学生口语学习的教学方法。

（三）形成性评价在高校英语口语教学中的实施方法

1. 教师评价

课堂教学过程应贯穿教师评价。教师针对自己的教学进行反思，改进自己的教学计划。教师可以就学生在口语活动中的发言情况进行记录和评价，利用事先设计好的评价表或评估量表记录学生在活动中的表现情况。与此同时，结合终结性评价（考试分数），将通过期末测试考查的学生掌握运用英语口语技能的情况作为参考。

2. 学生自评与互评

学生的自评和互评是形成性评价中的重要组成部分，学生参照评分标准进行自评，起到自我督促的作用。课堂可采用任务型教学法，根据不同口语教学主题设计小组任务，要求小组成员务必相互合作，同时分组完成并在课堂上进行演示。在小组内，在共同完成任务的同时，对彼此的表现进行评估，相互听取意见，在合作中相互促进。学生自评和互评能够培养学生学会正确评价自己的学习的能力，使他们学会为自己的学习负责，不仅能让学生交流学习和体验评价过程，也能加强师生间的交流与互动，促进教学的有效进行。

3. 建立学习档案

让学生本人建立学习档案。其主要包括以下内容：存在的英语口语问题；解决问题的方法和过程；解决问题后的反思；制作的图片、卡片、照片、学生录音；收集的有关资料（如英语形成性评价记录等）；等等。教师指导学生定期对学习档案进行评估，学生不断反思自己的学习过程，以便全面了解自己的学习过程。教学实践证明，把形成性评价引进英语口语课堂，与总结性评价进行有机结合，使教学取得了明显的成效。学生学习英语口语的兴趣比较浓厚，一改以往不愿张口的现象，英语口语水平有了显著提高。

六、高校英语口语教学的意义

（一）符合语言和学习语言的规律

作为人类交际工具的语言是有声的语言，它有自己的读音、书写形式和意义。人们借助词语的音或形表达意义、交流想法。在交流过程中，通过听和读来获取信息，通过说和写来传递信息。听、说、读、写这四种能力在语言交际过程中是相辅相成的，若缺少任何一种都无法正常进行交际活动。

纵观现代英语教学法，如"直接法""听说法""自觉实践法""交际法"等，我们会发现它们有一个共同点，就是强调口语训练在英语教学中的重要性。"语法翻译法"是历史最悠久的英语教学法，但它忽视口语训练和语言习惯的养成，过分强调语法分析和翻译理解。口语训练应贯穿在英语学习过程之中，这样才有可能确保学生的语言能力得到全面发展。

（二）促进语言知识和实践的结合

学习英语要重实践，但多年来受传统教学法的影响，教师倾向于把英语作为一门知识课来传授，把课文内容分解成孤立的语言点，对语法、短语、词汇等进行举例讲解，以扫清语言障碍，确保学生理解所学内容。现代英语教学法认为语言的形式和语言的功能同等重要，学到的有关语言结构和词汇知识应落实于语言实践。只有依靠大量语言实践，特别是口语实践才能彻底理解并熟练掌握和运用所学内容，形成语言习惯。加强口语训练是一种改变考前语言知识和语言运用脱节现象的行之有效的方法。

（三）有助于培养语感，形成外语思维

精通外语的人，一接触外语就能立即领会说话人想要表达的概念或事物，同时几乎不假思索就能根据具体情况运用所学语言表达自己的思想，这主要是因为外语语感和外语思维在起作用。语感使学习者不用有意识地考虑语法和词形变化等语言特点，而只需根据具体的语境就能正确地运用语言。理性分析、学习记忆语法书上的规则和词语方面的知识有助于语感的形成。但仅仅依靠知识本身永远不能形成语感，没有语言实践，它们依然只是些纯词语的、理论的或抽象的知识。口语实践活动对培养学生的语感是必不可少的，因为只有经过大量的口语实践才有可能形成迅速听懂词语意义的能力，以及选择恰当词语口头表达自己思想的能力。

思维通常在语言的基础上才能产生和存在，人们思维的形成要依靠某种体系的语言材料。思维活动产生的思想也要通过语言来表达。由于英语和汉语在语音、语法、习惯用法及词语所概括的概念内涵与外延方面的差异，这两种语言的思维内容有很大的区别。口语训练可以帮助学生逐步养成用外语思维交流的习惯，外语思维和语感是用外语流利表达思想内容的先决条件。

（四）促进其他语言能力的发展

在英语教学中，"说"不仅是教学目的之一，也是促进其他语言能力发展的一种重要手段。口语中的听和说是相互依存、紧密联系的关系，通过说可以更深刻地理解话语的重音、节奏、速度、语气、语调、停顿等所携带的信息，掌握不完全爆破、失去爆破、重读、弱读、连读等发音要领，这必然会增强辨音能力，促进听力技能的提高。

目前，高校英语教学侧重于书面语。学生所见到的绝大部分语句结构完整规范，定语、状语、表语从句比较多，句子较长，与日常生活中用的口头语言有一定区别。在当今时代，口语表达内容日趋复杂。在许多场合，如谈判、演讲、学术讨论、求职面试、向上级汇报工作等，会用到大量近似书面语的结构和词语。从这个意义上讲，口语应该也必须与书面语教学结合起来。口语训练对写作能力也会起到积极作用。人们在口语交流中通常运用自己熟练掌握的词语结构，这些结构也是他们用英语进行思维的要素。写作时，这些词语结构会首先从脑海里涌现出来，经过加工整理后成文。因此，用比较规范的话语进行

口语训练会提高写作能力。

第二节 高校英语口语任务型学习法

一、高校英语口语任务型学习法的局限性及其解决措施

（一）高校英语口语任务型学习法的局限性

1. 教学进度的把握

目前，任务型学习法还不能完全适应高校英语教学，教师只能把它当作一种新兴学习方法来尝试，但远远不能达到替代传统方法的地步，而且任务型学习法的引入，势必要和高校的教学思想、教学宗旨及学生接受能力等发生融合。在教学进度的把握上，很多教师反映，在学生分小组讨论、汇报、反思过程中，教师不能随便打断学生的思路，教师在其中只能充当引导者的角色，真正的主角是学生，但是这样安排下来，就会拖延课堂时间，进而影响教学进度。

2. 学生的应试压力

学生的应试压力是导致任务型教学法无法真正融入国内办学思想的主要因素。教师的教学进度难以把握，使得在规定时间内考试的学生不能学到考试范围内的全部知识，在我国当前的国情下，考试分数仍然被师生视为重点。大部分学生认为，任务型学习法和考试内容关联不大，很多学生和家长都认为，任务型学习法长时间使用会浪费学习时间，影响学习成绩，这就是中外教育理念的差异。

3. 与因材施教的关系处理

任务型学习法在实施过程中，会与因材施教法产生一定的冲突。因材施教是对不同接受能力的学生进行分组教学，更有利于学生吸收知识，而任务型学习法是锻炼学生的交际和应用能力，培养兴趣，也是采取小组的形式，在分组理念上就与因材施教法产生了冲突。国内大部分教师习惯于占主导地位，而国外的教学中都是学生占主导地位，教师根据不同水平的学生采取不同的教学方法，这是教师占主导地位的最好体现。

（二）解决高校英语口语任务型学习法局限性的措施

1. 不照搬照抄外国的任务型学习法

如果仅仅是照搬照抄外国的任务型学习法，那么任务型学习法永远也不会完好地融合进高校英语教学。在高校英语教学中，教师主要是向学生传授英语词汇、语法、句型方面的知识，让同学们懂得怎样去运用、懂得如何用这些词汇和句型来表达自己的思想，并不会过多地涉及与人交际、提高兴趣度这样的"釜底抽薪"的方法。这样的方法虽然是正确

的，从长远发展看，会提高英语学习能力，但不适用于高校英语考试制度。因此，必须想办法，让任务型学习法与我国的具体制度相结合，走出一条属于自己的路。

2. 高校英语试题的适度改革

目前，大多数普通高校英语考试试题都是以教材为主，词汇、语法、翻译、听力大多数都是教材原题，试题中只有阅读理解是平时没有见过的试题。这样的考试会指引学生的学习方向，但是过分注重书本上知识的试题，会使学生形成单纯依赖书本学习英语的习惯，这样的英语学习只适用于应试，而不适用于日常语言交流，这就产生了很多中国人学习英语的现象：考试分数很高，但是总觉得英语很差。所以，高校英语试题的改革是十分必要的。英语试题应该摒弃书本上的原题，更加注重学生实际运用英语的能力，也应该增加对于学生口语表达能力的考察，这样在进行正常的交谈和翻译时，学生才能应付自如。

3. 适当照顾不同学生的学习情况

学习成绩较好的学生，通常都能适应型任务学习法，觉得非常有趣，也愿意继续尝试；而成绩中等、成绩较差的学生，则对这种方法不感兴趣。因为所分的小组当中，通常有好、中、差三类学生，而进行任务汇报和反思的通常都是成绩好的学生，其他学生通常都得不到很好的互动，也不会很积极。因此，在任务型教学法的分组当中，教师要考虑好分组的人员情况，要与因材施教原则相结合，这样才能兼顾到各类学生，让所有学生都能在这个教学法中受益。

二、高校英语口语任务型学习法

（一）任务型学习法对于高校英语口语教学的重要性

1. 任务型学习法有利于实现"以生为本"的目标

在传统的学习模式下，英语教师往往忽略学生在课堂中的主体地位，这十分不利于激发学生对英语口语学习的兴趣。在课程教育改革的背景下，任务型学习法实现了"以学生为中心"的目标，转变学生与教师在英语课堂上的位置，学生渐渐成为英语课堂教学中的主体，而教师则处于引导者的地位。任务型学习法在高校英语口语教学中的运用，可以使大学生积极参与课堂活动，进而激发大学生主动学习英语知识的积极性，最终发挥他们在英语课堂中的主体性作用。

2. 任务型学习法有利于活跃英语口语课堂教学气氛，提高教师的教学水平

在高校英语口语教学过程中，英语教师可以根据教学任务和学生的兴趣爱好，设计部分有趣的情景对话，鼓励学生积极地参与到活动中，有利于调动学生学习的积极性，活跃课堂气氛，从而带动更多的同学参与到英语交流活动中，提高教学质量。此外，任务型教学法能够有效地调动学生的情感因素，为他们创设情境，让他们参与到任务中来，在轻松自如的讨论与交流中解决问题并体会成功的喜悦。而且，教师还可结合学生的兴趣爱好和

实际生活，精心设计多种富有趣味的教学任务，充分调动学生学习的积极性、主动性和创造性，丰富学生的课外生活，为学生口语表达提供机会。

3. 任务型学习法具有明确的任务，学生可以带着明确的目标进行学习

任务型学习法能最大限度地调动学生学习英语口语的积极性，以及在英语语言的实践过程中，逐步培养学生发现问题、分析问题及解决问题的能力。在执行教学任务的过程中，学生能够主动体验、参与、交流、合作，学习兴趣得到了显著提高。通过认真观察、研究、发现和总结语言规律，形成有效的英语语言学习策略。与此同时，任务型学习法也可以培养学生的自主学习能力。

（二）高校英语口语任务型学习法存在的问题

1. 口语教学方法不当

受应试教育和传统教学法等因素的影响，在高校英语口语课堂上，教师更注重的是英语语言知识和英语实用知识的传授，而忽略了对学生跨文化交际、发散思维等能力的培养。例如，有些教师过多地使用传统教学法，即先听对话，再讲解，学生再背。在整个教学过程中，学生自始至终都只是在被动地完成教师安排的任务，其主观能动性和积极性并未得到真正的调动。又如，学生在口语练习中经常"he""she"不分，漏掉第三人称的"s""es"等，这是学习英语口语时的一个问题，部分教师一旦发现学生说错就立即纠正，往往会打断学生的思路，从而导致学生害怕在语言交流中出现错误，并最终影响学生学习的积极性。

2. 教学目的定位不明确

教与学都讲究目的性，只有明确教与学的目的，才能使教学活动做到有的放矢，英语口语教学亦概莫能外。明确教学目的，是解决问题的首要条件，通过明确教学目的，学生也能明确学习英语的目的，进而才有可能以极大的热情和毅力去努力学习英语。在高校英语教学的目的方面，很多师生尚不十分明确。一些高校英语教师认为英语基础差的学生，其是否学习英语无关紧要，只要少数英语基础好的学生愿意学习就行了。但大部分学生对于英语口语的学习都没有明确的指向性，他们大多是被动地学习英语，并最终影响了教师的英语口语教学质量。

3. 口语教学任务安排不合理

英语教师在设计口语教学任务时，往往会忽略任务的可行性问题，而且英语教师将任务设计得不合理，又会对学生的英语口语学习产生十分不利的影响。一方面，若设计的口语教学任务难度系数过大，会导致学生因完成不了任务而丧失自信心，而在以后的任务完成过程中，他们便不敢大胆地发言，这将会影响学生学习口语的积极性；另一方面，如果设计的口语教学任务过于简单，只会让学生觉得枯燥无聊，降低学生口语学习的兴趣。

4. 口语教学受到多方面因素的影响

（1）传统口语教学环境的影响

在传统口语教学环境中，口语教学活动仅限于以教材、教师、教室为中心，教师习惯于套用旧的教学模式，即封闭式教学，进而忽略了学校与社会的关系，即忽略了学校和社会应相互依托、相互开放资源的紧密关系。在传统的教学活动中，教师没有担负起扮演社会型、开放型角色的职责，从而使英语教学的重心偏向书本知识，而与社会的真实英语实践活动相脱离。这种封闭的教学环境，使学生失去了理论联系实际的机会，没有可供练习口语的真实语境，进而丧失了学习的积极性，从而影响英语口语能力的提高。

（2）英语教师的影响

英语教师，作为高校英语教学活动的重要组成部分，其教学活动可以概括为传道、授业、解惑三者的有机统一。因此，教师的作用重在引导学生，也就是发挥教师的组织、引导、启发、激励等作用。然而，引导的前提必须以教师自身素养和努力程度为条件。但是在我国高校英语口语教学的过程中，英语教师自身仍存在着问题。

①受传统教学理念，即应试教育理念影响较大。应试教育的影响渗透到英语学习的每个阶段。中考、高考、研究生考试及平时的各种考试，英语皆为笔头表达，而往往忽略了口头表达，甚至不要求口头表达。由此可见，在应试教育中，笔试的比例较重，而口试比例相对较低，教师严重忽略了学生口语表达能力的培养与训练。这一现象在众多经济欠发达、对外交流不活跃地区，表现得尤为突出。

②教师知识素质及个人能力不均衡。教师知识素质及个人能力的高低，关系到课堂教学的成败。但是，现今在部分高校，英语教师师资力量相对薄弱，有些英语教师甚至没有接受过专门的培训，而是临时从其他专业转行来的，还有个别教师因不重视教学方法的运用，不能有效地组织好课堂教学活动，这些都直接影响了学生的口语表达能力。

（三）高校英语口语任务型学习法的原则

在高校英语口语任务型学习活动中，任务的难易程度、任务完成的进度和准确性等，都将直接影响大学生的兴趣和积极性；任务过程中的组织能力，将影响大学生讨论的正确方向和交流的流畅性；任务布置是否清晰恰当，将影响大学生对任务的掌握程度；展示汇报活动等形式的选择，将影响大学生充分展现学习的成果。在吸取其他同学的成果基础上，从中进行新旧、优劣、是非等评价，这些因素与科学合理的任务设置密切相关。因此，在高校英语口语任务型学习活动中，任务设计者需要遵循如下原则，以便取得预期的教学效果。

1. 可操作原则

在高校英语口语任务型学习活动中，任务设计者首先应充分考虑任务设计在英语口语课堂环境中的可操作性，尽量避免程序过于复杂、环节过多的课堂任务。设计者要根据教学活动的具体条件，围绕特定的语言环境和交际目的，科学设计教学任务，开展难度适中的课内外教学主题活动，为大学生提供相关的任务操作模式及建议。在高校英语口语任务型学习活动中，只有具备了可操作性，大学生才不会对任务型口语学习满头雾水，才不会因不知从何做起而对相关口语学习丧失兴趣。

2. 主体性原则

在高校英语口语任务型学习活动中，主体性是指大学生在英语口语学习实践过程中表现出来的地位、作用、能力。大学生应是英语口语学习任务的主体和完成者，他们在教师的引导下，以团队成员已有的知识为基础，通过成员间主动积极的辩论、交流、对话和角色扮演等，在英语口语的任务完成过程中，既能将目的语融会贯通，又掌握了新的口语知识，进而将学习成果拓展到自己已有的文化知识体系之中。

3. 实用性原则

在高校英语口语任务型学习活动中，任务型学习法是一种有效的学习方法，任务的设计不能仅仅注重教学的形式和内容，还要充分考虑教学的效果。因此，在教学任务设计中教师要尽最大可能为大学生的团队活动、个体活动创造有利的条件，充分利用有限的空间和时间，最大限度地为大学生提供交流和互动的机会，以便达到预期的教学目的和教学效果。

4. 原生态原则

在高校英语口语任务型学习活动中，若语言脱离本身原汁原味的用法，大学生就不能熟练地运用英语。因此，在学习过程中要将原生态的语言情境和语言形式相关联，增强大学生对英语语言得体性的掌握程度。

5. 真实性原则

在高校英语口语任务型学习活动中，真实性指高校英语口语任务学习所输入的教学材料必须来源于现实生活中的真实情景，要求学生在教学过程中履行任务的情境和完成任务的设定，并且教学活动应尽量接近生活实际，使大学生在英语口语课堂上使用的技能和语言能够在生活实践中得到有效运用。"真实"在高校英语口语课堂中是个相对的概念，并不反对非真实语言材料出现在高校英语口语课堂任务学习中，因为"非真实"性材料从一定程度上可以补充"真实"性材料的不足之处。

6. 趣味性原则

在高校英语口语任务型学习活动中，兴趣是推动大学生进行自主学习的动力，通过趣味性的课堂交际活动和任务激发大学生的学习动机，是任务型学习法的特点。任务型学习法形式多样，采用角色扮演、复述、小组汇报、讨论、预测甚至改变故事情节等形式，都可以提高大学生的兴奋程度。其中，若选取诸如时尚、文化、经济等领域的相关材料，可以避免教学内容的单调性。任务的趣味性来自多个方面，如多向的互动和交流，多人的参与，完成任务或解决问题后的成就感、兴奋感，任务履行过程中的人际情感交流等。

（四）高校英语口语任务型学习法的步骤

1. 设计任务

在任务设计阶段，最重要的是要把握好任务的难度。一方面，应该做到难度适中，太难会让学生产生畏惧心理，更有可能使学生的自信心与积极性受到伤害。而太过简单则没有挑战性，对于这类任务，学生不会采取谨慎的态度，更不会花太多时间，教学效果根本得不到保证。另一方面，设计的任务要切合主题，任务的好坏决定教学效果的优劣，适当的、切合主题的任务能够激发学生的浓厚兴趣，调动学生的学习积极性与主动性。

2. 做好任务准备

这一阶段在对学生提出要求的同时，对教师也提出了更高的要求。简言之，就是要求教师在备好教学内容的同时，也要备好拓展延伸资料。课前想好如何在尊重学生主体地位的前提下，恰当引导学生，使学生积极主动地参与课堂教学活动，做好任务准备是课堂教学取得预期效果的重要保障。

3. 进行任务呈现

学生一般是在课前做好充分准备，即研究主题，搜集、整理资料，这样才能将自己的想法在课上以最恰当的形式呈现出来。这一过程是其充分发挥主观能动性的过程，教师应扮演好引导者、组织者的角色，对学生的活动进行有序组织，给予学生肯定、激励和建议。例如，可在课堂教学中将全体学生分为正反两方，结合任务主题展开辩论，教师做主持人，判断最后的结果。这样可以调动全体学生的积极性，因双方学生为取得最后胜利，必定会竭尽所能出谋划策，精确表达自己的观点，与其他学生相互配合，展现并发挥自身特长，使胆小的学生也能积极参与，增强自信，为后续实现更大进步奠定坚实的基础。

4. 交流讨论

没有反思就没有进步，交流讨论是任务型学习法应用过程中的反思环节。学生对自己或者对本小组完成任务的情况进行考察与总结，在这一环节做到了取长补短。教师也应当对教学过程中的普遍性问题进行讲解，有时间可让学生现学现用，对表现好的学生给予鼓励，对有较大进步的学生给予嘉奖。

（五）高校英语口语任务型学习法的策略

要将任务型语言交际学习真正落到实处，师生首先要各自扮演好在课堂上的角色。学生是交际者，其主要任务是沟通信息，具有学习的自由性，并经常进行两人或小组活动。为使学生成为交际者，教师首先应该成为助学者、任务的组织者和完成任务的监督者，有时也要加入活动之中担当"伙伴"。同时，教师要从学生"学"的角度来设计交际教学活动，使学生的学习具有明确的目标，并构成一个递进的连续关系。在教师设计的各种"任务"中，学生能够不断地获得知识或者得出结论，从而获得语言运用能力，而不仅仅是现成的语言知识点。因此随着任务的不断深化，整个语言学习过程也会变得越来越自动化、自主化。

1. 创设愉快、和谐的口语交际环境

课堂心理环境是指在课堂教学中，教师与学生之间围绕课堂教学内容、教学任务而形成的精神环境，主要指在课堂教学中影响学生认知效率的师生心理互动环境。良好的课堂

心理环境，对于提高课堂教学效率、提高教学质量至关重要。任何有意义的语言交际活动都是在特定的语境下进行的，英语口语课的语言环境作用于学生的感官，可使学生产生交际的动机和运用语言进行交际的心智活动。因此，情境的设置效果就像真实场景的再现，能使学生产生真实的情感体验，从而在轻松而熟悉的环境中不受任何约束地体会语言、理解语言、运用语言，最终正确、流利地使用口语。

2. 介入情境会话与信息输入

英语听、说能力主要生成于隐性知识和显性知识。显性知识是指人们储存的语言规则，它们可以有意识地对人们生成的语言进行监控，而隐性知识则是语言规则的心理表征，是学习者内化了的语法，这种语法隐而不露，存在于人们对语言特性的本能的感悟之中。我们能在交谈中持续用英语进行交流，主要依靠隐性知识。虽然可以依靠课堂讲解和反复练习，但主要依赖可理解的大量语言接触和输入，特别依赖把语言的结构和语言功能融合为一体的交际教学活动。隐性知识的增长，是通过运用语言进行交际获得的，学习者最大限度地运用语言进行交际，强化语言的功能性练习，能够促进隐性知识的提高，因为这种交际是一种认知体验，能够催化新旧信息的重组与融合。

由此可见，教师为学生提供大量且难度适中的语言输入，是保证学生习得语言的必要条件。任务型口语交际学习并不是让学生完全依赖于个人的放任自流，以自我为中心，随意盲目地发展，它仍然不能脱离大量演英语、玩英语，如编演小品、课本剧等信息输入途径，把注意力集中在理解上，交给学习者执行与他们生活、学习及工作相关的任务。因为输入与输出是相伴而行的，没有输入，输出就成了无源之水、无本之木；没有输出，输入的语言知识就不能转化为语言交际能力。因此，在为学生提供大量可理解性语言输入的同时，必须加强输出，使学生通过输出活动自然内化输入的语言材料和相关知识。

3. 鼓励交流、合作与分享

英语口语交际能力的提高，主要在"学"而不在"教"，教师应该把口语课堂的大部分时间留给学生，充分调动学生的积极性、主动性、创造性，让他们进行全方位的交流。教师应从灌输式的机械教学模式中解脱出来进行角色的变更，努力充当学生学习动机的激发者、学习任务的精心设计者、课堂活动的积极组织者、学习过程的有力监督者和指导者。任课教师必须以饱满的热情，公平公正地对待每一位学生，细心观察学生的心理变化和细微的进步。为了更好地鼓励学生积极主动地参与课堂口语交际，必要时教师可以将全班学生分为若干个小组，每组四到六名学生。分组时，在学生自愿组合的基础上，教师进行适当微调，如注意男女学生的搭配，性格内向与性格外向学生的搭配，口语表达能力强的与口语表达能力弱的学生的搭配。每组选派一名组长，帮助教师组织本小组的一切活动，保证组员分工合作、相互帮助、轮流发言、机会均等。分组有利于口语课堂教学的顺利进行，有利于学生减轻紧张情绪、相互学习、取长补短，有利于创造真实自然的英语环境，是为实现师生互动、生生互动而搭建的实际平台。

4. 口语交际"内""外"连贯

一般来说，课堂口语交际教学任务可以分成三个阶段。

(1) 课前热身

这一阶段是口语课堂教学的起点，也是对学生课下活动的检查和鼓励。活动的安排视学生英语水平而定，教师可以灵活掌握。可以安排不同的形式内容，如个人陈述、答记者问，也可以是校园短剧等。为便于学生活动，短剧的排练最好以宿舍为单位进行，全班宿舍轮流汇报表演。各种课前活动，不仅有利于学生课下"拳不离手，曲不离口"，还有利于促进同学关系的和谐、增强学生的合作意识、充分挖掘学生各方面的潜能，将英语口语融入生活之中，真正有效地促进口语交际能力的提升。

(2) 话题讨论

话题讨论是课堂教学的关键环节，也是任务型交际学习的核心部分。本阶段由教师课前认真设计的一系列由浅入深、由简入繁、由单人向多人、环环相扣的活动组成，每项活动的时间视学生的兴趣和参与程度来灵活掌握。活动形式多种多样、不拘一格，如选词造句、单句释疑、个人陈述、双人活动、角色扮演、辩论、故事接龙、谚语传递、语法改错、句子翻译等。在这个阶段，学生的课堂口语交流一般采取自愿和随机抽查相结合的方法进行。为了增强竞争意识，促进整个班级良性互动，要鼓励学生主动表现、积极应答。与此同时，在课上、课下教师要多多鞭策和帮助口语表达上的弱势学生群体，如果时间许可，还可以进行一项小组"成果汇报"活动，汇报不仅是讨论结果的展现，还可以使学生享受成功的喜悦，并且在欣赏他人、他组汇报的同时，对比优劣、分析自我，有利于后续的口语进步。

(3) 课外延伸

课外延伸是课堂教学的有益补充，口语教学最忌讳的是课堂内外脱节。例如，课下学生要为下一次口语课的主题讨论准备语料和相关语言表达形式，每个宿舍晚上睡觉前进行20分钟的英语"卧谈"。而且有的人或有的宿舍，要为下一次课前活动做充足准备，如英语短剧的选题、排练、道具的选择等。只有将英语口语融入生活实际之中，才能使课堂内外有效而紧密地结合起来。

5. 以发展性评价促进学生口语交际能力的持续提高

有效使用激励机制，是保证学生积极参与来提高英语口语课堂效率的重要手段。发展性评价是本着通过评价促使全体学生全面发展的指导思想，承认学生在发展水平上的个体差异，对他们的知识、能力及感情因素等进行全方位的评价。任务型口语课堂交际学习策略，除为学生提供相对宽松的交互环境外，还能针对学生不同的性格特点和课堂表现，给予不同的个性化奖励。

（六）英语口语任务型学习法的评价机制

高校英语口语任务型学习活动，是以口语任务的形式来开展的，那么学生是否完成了任务、是否达到了任务的目的，就需要建立一个合理的评价方式对学生完成任务的过程和结果给予客观有效的评价。根据评价在整个任务型口语学习活动中的作用和功能，评价可以分为终结性评价和形成性评价两种。终结性评价通常采用各种传统的考试或考查手段对某一个时段内的教学质量给予结论性的评价,评价的目的是对学生的能力下结论或划分等级;形成性评价是对学生学习过程的评价,目的是挖掘和激励学生的潜能,并发现教学活动中存在的问题,及时调整教学方法以达到最佳的教学效果。

1. 终结性评价

对学生英语口语能力的终结性评价,通常采用口头面试的方式进行。教师是评价的主体,学生是评价的客体,进行终结性评价应首先明确评价的具体内容。其中学生口语能力的要求分为两个层次:一般要求和较高要求。一般要求是指学生能在学习过程中用英语交流,并能就某一主题进行讨论,能就日常话题与来自英语国家的人进行交谈;能就所熟悉的话题经准备后做简短的发言,表达比较清楚,语音、语调基本正确;能在交谈中使用基本的会话策略。较高要求是指学生能够与来自英语国家的人士进行比较流利的会话,较好地掌握会话策略,能基本表达个人意见、情感、观点等,能基本陈述事实、事件、理由等,表达思想清楚,语音、语调基本正确。口语能力主要体现在四个方面:能否开展会话;语言是否准确得体;表达是否清楚流利;会话策略是否恰当有效。由此,对英语口语能力的评价必须紧密围绕以上四个方面进行。

2. 形成性评价

形成性评价是指教学过程中实施的教学评价,是在学生学习了一段时间之后进行的。其目的在于了解教学效果,了解学生学习的情况及存在的问题或缺陷。与终结性评价相比,形成性评价具有比较明显的优势。

(1) 评价主体多元化

在形成性评价中,教师不再是唯一评价主体,学生也将参与评价。形成性评价包括教师评价、学生自评及学生相互之间的评价。由于学生的参与,整个评价体系将更加客观,并且能调动学生的学习主动性,使学生能够感受到自己在学习过程中的不足,及时反思和调整自己的学习方法,从而提高学习效率,增强自主学习能力。

(2) 评价方式多样化

对学生口语能力的形成性评价,首先可以采用口试的方式,及时了解学生某个学习阶段所达到的能力。但更重要的是,形成性评价将采取观察、建立学生个人档案记录和评价表的方式,对学生整个学习过程进行评价。观察包括对学生学习态度、参与课堂口语活动程度、出勤、课后活动完成情况等的观察,观察的结果将详细地记录在学生个人档案里。同时,教师还可以根据口语技能要求制定能力评价量表,包括教师评价表和学生自评表,定量和定性评价学生某个阶段口语活动取得的成绩。学生个人档案和能力评价量表将配合使用,互为参照,让学生在了解自己学习状态的同时,对自己的口语能力有一个清晰的认识,以便及时总结学习过程中的得与失,扬长避短,争取更大的进步。

(3) 评价内容合理化

传统的终结性评价只重视对学生最终学习结果的评价,而形成性评价是对学生整个学习过程的评价。因此,在高校英语任务型口语学习的整个环节,形成性评价不仅只关注学生任务完成的最终结果，更注重对学生在执行任务过程中的态度、策略和情感的评价，确保评价内容更加全面、更加合理。

第三节　高校英语口语教学创新

一、PBL 在高校英语口语教学中的应用

（一）PBL 的内涵

基于问题的教学模式（Problem-Based Learning，PBL），主要是指以学生为中心，在教师的辅助指导下，分小组进行的围绕分析解决问题的学习方式。根据研究问题的深度的不同，PBL 又可分为三种，即初级水平、中级水平及高级水平的教学。学习者可以根据自身的基础水平选择不同阶段的 PBL 教学水平，并通过学习不断地提升自我的综合素质。

PBL 的核心是"问题"的分析与解决，强调学习者的学习主动性。整个学习过程由学习者本身控制，其在小组合作式的讨论与学习中分析并解决问题，通过这一过程对知识进行整合，构建自我的知识认知。由于出发角度不同，学者们对 PBL 的理解也不尽相同，但其理论的核心基本一致。PBL 是一种既是课程又是学习方式的教学模式。教师在课程中设计和提出需要用相关知识点解决的问题，让学习者在以小组为单位采用系统性的方法解决问题的同时获得知识和实践技能，并且增强其团队合作意识及自主学习的能力。

关于 PBL 目前并无统一的内涵界定，国外关于 PBL 的定义主要如下：一种是从 PBL 教学本质上来说，认为 PBL 教学通过将学生引入真实情境中，将情境与教学内容相结合，以情境问题的解决来习得新知识和新经验；一种是从问题出发，认为 PBL 教学是一种以问题为基本推动力的教学方法，通过一连串的问题，组成问题群，逐渐引导学生解决问题，并在解决问题的过程中发现自己的无知，学习新知；还有就是从教学目的来说，认为 PBL 教学是以培养学生获得知识、培养各方面技能、团队意识和解决问题的能力为目的的教学，通过教学培养学生迎接未来生活和工作中的各种问题的能力。以上三种定义，分别从 PBL 教学的情境、问题及教学效果的角度着手进行定义，各有侧重。

PBL 强调让学习者在复杂、有意义的问题情境中通过合作分析并解决真实的问题，从实践中获得知识，同时也有利于自身实践能力和学习自主性的提升。其概念的核心在于：通过问题引导，教师及学生在解决问题的过程中完成教学内容；设置的问题需要符合真实的情境，且存在灵活的解决方法；以学生为中心，培养学生的学习主动性，并通过解决问题的教学方式，提升学生的实践能力、自学能力及社交能力；教师作为学生的辅助者和引导者进行教学。

PBL 是以学生为主体、以问题为起点、以项目工作为重要环节，将知识获取与知识应用相结合的探究型学习模式。PBL 强调将学习依附于复杂的有意义的项目情境中，通过让

学生以个人或小组合作的形式完成对适当项目的设计与制作，学习和巩固隐含于项目背后的理论知识，提高他们解决实际问题的能力，自主学习、合作学习及终身学习的能力，比较符合日益强化的高等教育的社会需求和受教育者的个性化发展。

（二）PBL 的特征

1. 情境性和综合性

情境性，是指具有实践与应用的背景。教师将教学的目标置于一个大情境中（如用多媒体表现的一个事件），引导学生借助情境中的各种资料去发现问题，形成问题，解决问题。学生的学习是"亲历其境"的学习，因此，情境性是 PBL 的首要特点。在以往的要素学习中，知识的接受不一定放在问题背景之中，为了学习的简约化，有时甚至采用条目式的学习。

PBL 则需要通过问题情境去激发学生的问题意识，探究解决问题的途径。问题的情境通常也是综合性的，它不同于学科要素学习的单一性。学科学习往往从一个具体要素的理解着手，渐次达到对学科要素整体的积累；而 PBL 的学习，需要从综合的情境中去分析头绪，达到提高分析问题、解决问题能力的目的，增强学生的自主探究精神和合作意识。

2. 体验性和感受性

人类认识客观世界，经历着从感性到理性的过程。但是，对于人类已经理性认识了的客观世界，就不怕让每一个个体去重复。因此，接受性的学习，可以说是以理性的认识为特色的学习。这种理性的认识，由于缺乏感受，容易走上"理论脱离实际"之路。PBL 强调通过实际问题的解决得到感性的认识，使理性的要素内化为指导行为的认知结构。因此体验性和感受性是 PBL 的又一个特点。教师为学生提供能够反映所要学的知识、又能够与学生现有知识经验相关的问题，学生通过合作、讨论来分析问题、解决问题，可以发现其中的关系，理解其中的新问题，可以深刻地理解相应的概念、原理，建立良好的知识结构，形成独具特色的、可以迁移的问题解决策略。学生通过问题解决的学习，对学得的要素是否有体验和感受，可以说是 PBL 教学效果的一项反馈。

3. 探索性和创造性

问题解决的过程是学生个体认识问题的基本因素及其情境的过程，是个体对问题情境经过调节、重组，直至领悟其关键的过程，而探索问题解决的方法与途径可以是各种各样的。因此，PBL 中学生对问题的探究与解决，绝不是被动接受的过程，而是主动探索的过程，可以充分发挥学生的求异思维能力，实现问题解决途径与问题答案的多样性，从而使每个学生的创造性都能得到更好发展，呈现出探索性和创造性的特点。

4. 主体性与过程性

PBL 是以学生对问题情境的直接体验和感悟为基础而展开的，所以，教师要在课堂教学中尽可能多地给学生自由提问、展示问题意识产生、问题形成、分析、讨论和解决问题的时间、空间；从问题选择、设计、分析、讨论直至解决，要充分体现学生的主体作用。

教师在整个过程中只起辅导的作用，帮助学生增强问题意识、完善探究过程，提高分析和解决问题的能力，引导学生的思维向预定的目标发展。PBL关注的是学生对问题分析和解决的过程和问题意识、问题能力的形成过程，尤其是这一过程中学生对问题的感受和体验。这就要求教师重视对课堂教学中"问题"的全程管理，注意对学生问题意识、问题能力的形成情况进行跟踪分析，及时指导，把"引探"作为实现目标的桥梁和纽带，把"问题"作为课堂教学的出发点和归宿。因此，PBL自始至终体现着主体性与过程性的高度统一。

5. 实践性与开放性

PBL不仅仅是知识的接受过程，更是知识内化、能力形成、学生主动参与教学实践的过程。学生通过对教师提出问题的独立思考、分析探究、判断或在教师引导下，提出问题和研究问题，了解知识的产生过程，最后实现问题的解决。这本身就是学生参与实践的过程，带有鲜明的实践性特点。同时，由于学生在问题探究过程中心态的开放、自由，问题情境的设置和问题内容不拘泥于教材以及部分问题答案的多元性，P3L有利于学生的个性化发展，尊重每位学生发展的特殊需要，其内容和形式都具有开放性，是实践中的开放与开放中的实践的统一。

（三）PBL在高校英语口语教学中应用的优势

对大学生而言，英语仍为必修课程，但对于非英语专业的学生而言，英语学习本身具有一定的难度，大部分学生甚至对英语产生反感、厌恶。在现实生活中，由于没有相应的语言环境，学生在学习的过程当中难免出现偏差，如部分学生的英语应试能力强，但口语表达能力却相对较差，甚至无法用英语与他人进行正常交流。语言的存在本身就是为了人与人之间的交往交流，若学习英语仅为了应付考试，则英语便无存在的价值。因此，英语教师可以通过对传统的教学模式的改革，提高学生的口语表达能力。PBL通过为学生创建一个语言环境，设置各种开放的、有意义的问题，其优势主要有以下两点。

第一，PBL能让学生学会学以致用，将学生置于一个真实的情境当中，并通过提出问题，引导学生进行思考，并能让学生回想起之前所学的知识，将以往知识与问题进行联系，从而提高学生的思维能力及语言知识的运用与表达能力。

第二，在PBL教学过程中，教师不再处于主动、主导地位，也并不只是知识的传播者，而是引导者与管理者，学生则处于主体地位，获得更多的主动权，并能根据自己的兴趣决定英语口语学习的内容及学习的方式。为能尽快完成口语学习任务，学生会自主制订计划、创建思维模式、独立或合作进行研究等，以保证任务的顺利完成，这种教学模式极大地调动了学生英语口语学习的积极性。

（四）PBL在高校英语口语教学中应用的具体环节

高校英语教师应对当前PBL进行分析，并结合英语口语制定合适的教学目标。在进行课堂教学之前，教师必须要对课程的内容进行深入了解，并据此制订合适的教学方案，同时，应提前列出相关的问题以供学生思考与解决。PBL教学过程主要分为三个环节，即创设问题情境、分析情境、模拟与分析。

1. 创设问题情境

英语教师将班级学生平均分为若干组，将英语基础较好的学生与英语基础较差的学生分为一组，每组5~7人即可。随后，在进行课堂教学之前，教师将事先设计好的问题发给学生，让学生在课后查阅相关的资料，并做好笔记，为英语口语课堂教学做准备。教师设计的问题不宜晦涩难懂，必须要与课文内容相关，且贴近现实生活，从而提高学生的参与热情。

2. 分析情境

待学习方案确定后，教师应要求学生独立思考，小组内部进行讨论，编写英语对话。学生因生活背景、家庭经历的不同对待问题的看法会有差异，所以在这一过程中，学生的英语口语表达能力及英语语言组织能力容易受到限制。对此，英语教师应及时地进行引导，避免学生的思考偏离问题，在适当的时候给予学生帮助，调和小组内部之间的分歧与矛盾，但要把握适度原则，并鼓励学生利用图书馆、互联网资源查阅相关资料。

3. 模拟与分析

查阅相关资料后，各小组可通过情景模拟汇报学习的成果，教师应认真观摩学生模拟的情景，并做好相应的记录。学生表演结束之后，再由一位学生采用PPT的方式列出角色之间的对话，并详细阐述本组学生对问题的认识与看法。随后，教师再对每个小组的模拟进行客观的评价。首先，肯定学生的表演与努力，并指出其中的不足，尤其是学生的英语发音、英语句式中存在的问题，帮助学生纠正语法、句式及英语发音的错误，让学生能在不断的练习与反思中取得进步。其次，教师应结合现实生活对学生阐述做出点评。PBL教学不仅能提高学生的英语口语水平，还能深化学生对某些现实问题的看法与认识，从而实现教育的教化育人作用。

二、产出导向法在高校英语口语教学中的应用

（一）产出导向法的教学理念与教学流程

产出导向法（Production-oriented Approach，POA）是文秋芳教授提出的应用语言学理论，在汲取中国传统教育思想的基础上进一步融合了课程论和二语习得理论的有关内容，经过多年的教学研究和实践，其理论体系不断趋于成熟和完善。产出导向法以学习者的学习需求为导向设计口语任务，激发学习者对输入的教学内容的学习热情，经过教师的及时指导和学习者的互动讨论，促进教学任务的产出，教师根据教学任务的完成情况做出综合评价，使输入知识得以巩固和内化。该教学理论认为课堂教学既不是完全以教师为中心也不是完全以学习者为中心，而是以学习者学习过程为中心，通过以产出性运用带动输入性

学习的方式，提高学习过程的有效性，形成一个良性循环。①

1. 产出导向法的教学理念

（1）学习中心

学校教育是一种有计划、有组织的教育形式，在教学内容的安排和评价方式的确定等方面不可能由个别学习者的个人需求所主导，所有教学活动的设计都要立足于满足学习者群体有效学习的共同需要。教师在教学过程中的作用不但不应当被弱化，还要起到主导作用；教师不但是学习者学习过程的促学者、咨询者、帮助者，还是教学过程的设计者、组织者、引领者。教师在组织课堂教学活动时应当根据不同的教学任务、教学目标和学习需要采取多种有效的教学形式，并在其中扮演不同的角色。

（2）学用一体

其中"学"指的是输入，"用"指的是产出。传统教学过程通常是从对课文内容的讲解入手，引导学习者逐步完成剖析篇章结构、凝练主题思想、分析知识难点、学习写作技能、完成课后练习等教学环节和步骤，一定程度上忽视了对学习者语言综合运用能力的培养。部分教师在教学实践中积极借鉴其他教学思想理念和具体方法，但总体而言仍然局限在提高输入效能方面，而产出导向法强调听、读等输入性学习和说、写、译等产出性活动紧密结合，边学边用，相互促进。

（3）全人教育

语言教育的核心是人的教育，要注重人的全面可持续发展，把学习者培养成有理想、有道德、有知识、有能力的人。全人教育强调学习者人文精神的培养，强调跨学科知识的整合，强调挖掘学习者的内在潜能，强调发展学习者的个性品质。英语教学不但要实现提高学习者英语综合运用能力的工具性教学目标，而且要实现提高学习者的思辨能力、自主学习能力和综合文化素养等人文性教学目标。

2. 产出导向法的教学流程

（1）驱动阶段

驱动阶段主要是检验输出驱动假设，包括三个环节：一是在开始新的教学任务前，要使学习者充分了解学习过程中可能遇到的交际情境和所要讨论的话题，激发学习者的学习兴趣；二是让学习者尝试完成产出任务，从而使学习者发现自己存在的差距和不足，激发学习者的学习动机，使学习过程更有目的性和针对性；三是选择的输入材料要符合单元教学目标的设定需要，要围绕产出任务的完成来学习单词、短语、语法等语言知识。

（2）促成阶段

促成阶段主要是检验输入促成假设，包含三个环节：一是教师将产出任务分解为若干项子任务，根据各项子任务的需求提供有针对性的输入材料，以降低产出任务的难度；二是学习者根据自己的认知能力基础和学习进度安排，对输入材料进行选择性处理；三是在

---

① 文秋芳. 产出导向法：中国外语教育理论创新探索 [M]. 北京：外语教学与研究出版社，2020.

教学过程中教师指导学习者按照产出任务的要求循序渐进地进行练习，教师对学习者是否具备完成产出任务的能力给予及时的评估。

(3) 评价阶段

评价阶段主要是检验以评促学假设，课前教师要针对产出任务的具体要求制定学习评价标准，学习者按要求完成产出任务后，教师要挑选出适合在课堂上进行分析讲评的典型样本，在课堂评价分析时可以在提供的典型样本上列出需要学习者回答的重点和难点问题，组织学习者进行个人评价、小组交流和集体讨论，最后由教师进行综合分析。学习者在课后要完成教师设计的练习以解决学习者存在的共性问题，巩固讨论的相关内容，继续进行自评或互评，形成最终评价意见。

(二) 产出导向法在高校英语口语教学中应用的教师角色转化

在驱动阶段，教师首先要呈现交际场景，如何设计交际场景至关重要。这些场景首先是学生生活中或未来工作中遇到的具有实际意义的场景。另外，该场景运用的语言知识、沟通技巧要符合教材和教学大纲安排，使学生既能科学、系统地学习语言知识、文化传统，又能掌握沟通技巧应对实景交流。这要求教师在学期授课前深入了解教材，对每单元涉及的内容进行场景设计，使交际技巧和场景在整个学期的教学中合理分配。教师可以在开课前与同事组成团队，大胆对教材内容的前后顺序进行调整，重组知识模块，设计最合理的交际场景。

基于产出导向法的高校英语口语教学注定要打破基于课文的教学模式。传统的高校英语口语教学有固定的教学内容、教学步骤、教学重点难点和课后练习题，产出导向法中的课堂以学生能够通过自主学习和教师引导达到正确产出为目的，教师设计的交际任务既要生动有趣，又要难易适中，这关系到学生是否能顺利完成产出任务。

一方面，学生在课前对所学内容进行预习，大致了解本课要接触的话题。教师设计的场景既要紧贴话题内容，又要比学生预习的内容新鲜有趣且贴合实际，这样才能在最大限度上激发学生的学习兴趣和表达欲望。举例说明，教材内容是听力练习，中国学生和留学生一同用餐，留学生为中国学生介绍西餐菜肴，教师可以设计口语产出活动：由学生模拟烹制西餐。学生在教室前一边模拟烹饪动作，一边给出做菜的指令，由全班猜是什么菜。该活动既让学生练习了关于原料、味道、烹饪方式的词汇，又生动好玩，激发学生兴趣。

另一方面，设计的口语产出任务要难易适中，这是产出导向法顺利进行的关键。教师需要有意为学生制造"饥饿感"，口语活动看似熟悉，但实际操作会遇到很多问题，学生带着各种问题进行选择性学习，能最终促成产出。但教师制造的"饥饿感"又不能太强，难度太大反而容易使学生失去兴趣，不愿意再继续进行，以留学生和中国学生共同用餐为例，教材上是留学生为中国学生介绍西餐，课堂设计的任务是中国学生为留学生介绍中餐。由于东西方饮食文化不同，中餐相对西餐更复杂，尤其是烹饪方法更复杂，学生介绍中餐时发现"煎炒油炸"等一系列动词是难点，不知如何表达，造成"饥饿感"，迫切想学习此类动词，这样的设计便达到了效果。另外，该活动有利于培养学生中外文明沟通互鉴和传播中国文化的能力。

（三）基于产出导向法的高校英语口语教学过程设计

1. 导——任务输出

导，即任务的输出。输出是产出导向法理论框架下学习的起点也是终点。传统口语课堂上，教师往往通过视频、音频、图片及一些多媒体对单元的内容进行导入，通过提问或者头脑风暴的形式启发学生，帮助其快速进入主题，这种输入式导入在一定程度上并不能激发学生的学习动力，学生仍在被动地接受知识，而没有主动思考。基于产出导向法理论，把高校英语口语教学的热身导入环节，由启发式输入改为输出，由输出驱动学生，不仅可以提高学生学习的自主性，帮助其填补知识的空白，还能激发学生的学习动力。教师在设置输出任务前，一定要确定单元教学的目标，如知识目标、交际目标、能力目标及情感目标等，一切以目标为导向，结合单元的重点和难点，任务难度系数应略大于学生的学习水平，让学生的"最近发展区"得到充分的开发。

输出环节的主要步骤如下所示：

①教师根据单元学习目标向学生提供包含交际价值的背景知识，并设置与目标能力相关的口语交际的任务，以小组或个人的形式呈现。

②学生在已有的知识和语言能力基础上，输出任务的驱使下尝试完成口语交际活动。

③教师向学生阐述单元的语言目标和口语交际目标，以及预设的产出任务。

④帮助学生对比输出任务与预期产出任务的差距，明白自己的不足。

2. 学——知识输入

学，即知识的输入。输出任务完成后，学生对知识目标和产出任务有了清楚认识，教师对学生已有的知识结构和目标相关的能力也有了全面了解，这为接下来的教学输入做好了铺垫。此环节教师需根据教材给学生输入重点知识，包括词汇、语言结构、文化常识、交际技巧及与情境相关的交际知识，输入的教学内容应该围绕单元目标与产出任务展开，结合教材内容和实际，以输入促成材料为依托，把产出任务分成若干子任务，分步骤完成。

整个输入过程虽然是教师主导，但学生仍是一切学习活动的中心。教师从传统的课堂控制者转变成引导者，发挥"脚手架"的作用，选取适合的输入材料，帮助学生填补输出任务空白，通过情景模拟促使学习的发生。这种有选择性的输入不仅有利于口语交际的促成，而且极大地提高了课堂效率。

3. 练——语言产出

练，即在教师的指导下学生应该在课堂中完成一定口语交际的产出。高校英语口语教学的最大问题就是学生无法在现实交际场景中学以致用，因为传统高校英语口语教学中学生的输入远大于输出，教师更关注的是掌握的知识，而非交际的本身。产出导向法理论指导下，经过前期知识输出和输入及一系列选择性学习，学生已经积累了相关的语言表达和交际内容，为任务的产出做了充分的准备。

为帮助学生实现任务的产出，教师可在课堂上如此把控：

①教师应该根据单元语言输入的需求和学生实际情况，设置合理的课堂活动和任务，提供相关的学习材料，以支持学生学习的产出。

②组织学生开展系列课堂活动，根据学生的现场表现调节任务的难度，不断挑战学生，促使学生向更高的水平发展。

③教师应该实时引导学生对输入材料的加工、吸收和内化，确保学生高效选择性地获取了产出要求的知识和能力。

④教师应该及时发现学生在产出任务时出现的问题，随时调整教学手段和任务要求，最大限度地激发学生的学习热情，实现输出驱动输入促成的目标。

4. 析——多元评价

析，指教学的多元评价。传统教学评价主要是作业检查，检验学生的学习情况，而产出导向法理论更加主张评价即学习。首先，教师在整个课堂教学的过程中，尤其是学生在语言产出时仔细观察给予即时评价，有利于学生及时调整学习方向。其次，教师布置英语口语交际任务，学生按要求完成成果展示，在初步检阅以后总结问题，设定可量化的评价标准，给予评价。再次，教师组织学生根据设定的评价标准在小组中进行自评和互评，并在教师的指导下进行讨论。最后，教师点评学生成果，发现学生问题并给出具体的改进意见，并引导学生自我反思，努力做到"以评促学"和"以评促教"。这种多维度的评价模式不仅可以锻炼学生发现问题、解决问题的能力，而且整个评价的过程，学生在教师的指导下对目的语"输出—输入—产出—评价"进行了无限循环，实现了评价即学习。

三、基于移动学习平台的高校英语口语教学分析

（一）基于微信平台的高校英语口语教学

微信作为免费提供即时通信服务的智能终端应用程序，深受广大用户特别是大学生等青年一代的青睐。高校英语教师要充分认清这点，将微信和口语教学进行有机结合。

1. 基于微信平台的高校英语口语教学的优势和特点

（1）增加课堂教学趣味性，提高学生主观能动性

在传统的高校英语口语课堂中，教学手段极其单一，往往就是教师在台上滔滔不绝地讲，学生在台下被动地聆听，有的甚至昏昏欲睡，更别说主动参与讨论了。另外，受客观因素的制约，高校英语口语教学往往采用传统的黑板教学，这远远不能适应现代英语口语教学的要求。微信作为现代化的免费应用程序，图片和小视频的传输，再加上语音功能，大大提高了学生对英语口语学习的兴趣，从而使他们积极主动地参与到课堂口语练习中。

（2）拓展课堂教学，提高教学效果

高校课堂是教师教学与学生学习的重要场所，但这不利于重点知识的巩固，特别是对

于英语口语这样需要加强说练的课程来说更为不利。微信不仅能安装在智能手机上,还能安装在电脑上,实现了学生随时随地进行英语口语练习的目的,同时微信的群聊功能为学生课后进行口语练习提供了一个很好的学习平台。学生可以通过这一平台互相交流学习心得,相互讨论口语练习过程中遇到的问题,教师则可以通过这一平台对学生的学习进行监督和拓展课外知识,从而提高其教学效果。

(3) 创新课堂教学,增强学生自信心

传统的中小学英语教学只注重知识点和语法的掌握,绝大多数都忽视了口语练习,从而导致学生进入大学后,在大学英语口语课堂上不敢说话,生怕发音不准被同学们笑话,表现得极不自信,甚至有的学生还存在焦虑感,课堂参与度极低,只有一部分热爱英语或者英语基础比较好的学生能够与教师进行交流互动。这样虽然有利于一部分学生口语水平的提高,但是长久来看,不利于学生自信心的培养。微信中的即时语音功能不仅赋予了学生平等说话的权利,还由于网络的虚拟性拉开了讲述者和倾听者的距离,让学生在愉快、亲切的环境中进行练习,并通过"一对多""多对多"的教学方式,使学生不再"失声",缓解了学生的恐惧感,对自信心的培养产生了良好的促进作用。

(4) 丰富课堂形式,融入专业要素

高校英语的学习应该基于英语充盈的多模态体验和丰富的模态转化,要塑造多种教学环境。传统的高校英语口语教学过程中过多地注重语法的使用,而忽视了相关知识的拓展。微信的出现,不仅解决了英语口语教学中对硬件要求高的问题,还因微信具有上传图片、视频播放等功能,部分学生可以根据自身的喜好,寻找与兴趣相关的知识,丰富自己的知识面,避免信息源的单一化,形成了广泛的信息源,同时因为微信话题具有很强的时效性,弥补了部分教材内容不能紧跟时代步伐的缺陷。另外,微信可以调动多个感官,通过相互协调和刺激可以提高学生学习效果。丰富的教学手段可以有效促进学生巩固已有知识,并在此基础上学习新知识,为走出校园进入社会奠定一定的基础。

2. 基于微信平台的高校英语口语教学新模式

(1) 构建口语训练群,增强师生间互动

要充分发挥微信群的优势,使微信教学活动与课堂教学紧密结合,构建口语训练群,构建集课上课下于一体的教学模式。教师可以将新课程预告、教学难点及背景资料等推送到群中,让学生做到心中有数。学生可以利用这一平台进行课下交流,并对上课内容做及时反馈。教师还可以上传比较好的口语练习的语音或视频,供大家学习或讨论,通过这一平台拉近了学生和教师间的距离,师生间的互动有所增强。

(2) 构建以学生为中心的互动式教学模式

高校英语口语是实用性很强的一门学科,它不仅对学生的知识储备有所要求,还要求学生具备较高的听说能力。针对这一具体要求,课前教师可以提前在微信群发布预习通知,让学生有所准备,课堂上教师发布即时语音,让学生展开讨论。课后,为了更好地了解学生的真实水平,教师可以通过微信群布置口语作业,让学生通过视频或语音的形式上传至群中,这样不仅避免了学生抄袭书面作业事件的发生,还有利于学生的相互学习,使学生更加清楚自己才是学习的主人，增强其主人翁的意识。

（3）构建竞争式教学模式

传统的高校英语口语课堂上，教师在上面讲得热火朝天，学生在下面干什么的都有，再加上教室的硬件条件不足以满足英语口语教学的需要，致使参与人数不多。针对这一问题，可以构建竞争式教学模式，如教师可以在群里上传一张图片或者一段视频，让学生以即时语音的形式用英语表达自己的所思所想，教师对在群里第一位发言的学生予以口头表扬或是平时计分奖励，久而久之，便会带动平常不太积极的学生参与其中，提高教学效果。

（4）构建情感补给式教学模式

我国绝大部分高校教师往往是上课时间到教室，下课时间离开教室，教师和学生之间的了解只局限于课堂，甚至有的学生都认不准自己的教师，教师对学生更是名和人不能对号，教师和学生之间缺少必要的情感交流，大大地增加了大学生尤其是新生的失落感。微信作为目前运用最为广泛的社交软件，教师和大学生几乎人人都会使用，这便给了教师了解和关心学生的机会，弥补了教师与学生情感交流的空白，教师可以采取在群里与学生交流的方式来增进师生间的感情。在特殊的日子，如教师节，学生可以通过群发送祝福语或表情来表达对教师的爱戴。另外，学生也可以通过微信群来寻求帮助，教师通过声情并茂的解答方式来解答学生在口语练习中遇到的困难，这样既能使学生加深对知识点的理解，又可以随时随地地掌握学生的学习动态，为引导学生的学习提供帮助。

（5）创新教学手段，营造良好的学习氛围

基于微信的高校英语口语教学模式再好，也需要配套的教学手段予以支持，这主要包括相应的组织管理手段、激励措施和评价机制。高校要充分利用好微信这一平台开展英语的口语教学，寻找班级里计算机水平较高的学生组建微信管理团队，并通过制定相关制度的方式来增强组织管理。通过微信朋友圈点赞、口头奖励等方式来鼓励学生积极地参与到高校英语口语的练习中，必要时还可以给予学生相应的物质奖励。通过微信这一平台，学生可以对教师的教学活动进行及时反馈，弥补评价机制单一的不足，学生通过群可以对其他同学进行评价，实现自评和他评。

（二）基于视频微博的高校英语口语课外训练

微博是当前我国互联网社交中非常热门的工具之一，在大学生群体中表现得更加突出。视频微博则是指微博用户使用客户端，将自己拍摄的视频文件上传到微博空间中跟关注其微博的人进行分享。其他关注该微博的用户则可以对视频微博的内容进行评论或转发，同时发表自己的意见与看法。这种模式也可以用于大学英语的口语教学中，并且在教学过程中构建一套相对完善的教育模式，强化高校英语口语的课外训练。

1. 视频微博在高校英语口语课外训练中的应用模式构建

（1）基于视频微博的高校英语口语课外训练模式构建的原则

在使用视频微博方式进行英语口语训练的时候，相关教师应该遵循相应的原则，主要体现在英语教学方法和相关理论知识内容方面。总体来讲，教师最终构建的视频微博教学模式，应该形成一个全英文式、自动式和多元化的教学体系，并且能够给教师和学生提供一个相对放松与活跃的沟通交流氛围，引导学生使用微博平台来进行多样化的交流与互动。除此之外，在构建视频微博平台教学模式的过程中，教师还应该充分融入个性化、互动性等多方面的教学理念，最终形成一个多层次的语言教学环境，引导学生在这种环境中主动开口说英语，从而使整个教学模式能够构建出英语口语训练的良好环境，保证后续英语口语教学能够正常高效地开展。

（2）基于视频微博的高校英语口语课外训练模式的整体内容

基于视频微博的课外训练教学模式整体内容可以分为四大块，即教学理论、微博平台构建、口语训练活动、教学手段与方法融入。大部分教育教学模式在贯彻的过程中都应该得到相关教学理论的融入，如果缺乏理论的支撑，最终的教学模式就很难长久持续发展。整个教学模式的核心内容就是微博平台构建和口语训练活动，这也需要教师在结合相关教学理论的基础上，从各个学生进行英语口语训练的主观能动性入手，给学生提供一个主动学习和交流的机会。从整个教学模式上来看，视频微博教学模式可以形成一个学生有效地参与口语训练的多维度互动渠道，并能够融入课前预习、课后巩固、教学反馈、课外训练等各个环节的内容。在使用教学手段与方法的时候，教师也应该根据具体训练效果来选择差异化的教学方法，保证最终视频微博教学模式能够正常展开。

（3）基于视频微博的高校英语口语课外训练模式的教学设计

在视频微博教学模式中，英语口语课外训练也应该做好教学设计，将提前制作的教学内容融入微博平台中。在建立微博班级群，学生和教师完成互相关注以后，教师就可以将自己制作好的视频放在微博平台中，并开启课程答疑、精华视频转发、口语任务发布等简单的任务。等到班级内大部分学生熟悉微博班级群使用方法以后，教师需要通过微博平台来跟学生进行深度的互动，如针对某些话题进行深度配合与沟通，开放互评讨论区，扩大学生在微博平台中的沟通交流规模。

2. 高校英语口语课外训练中应用视频微博的注意事项

（1）利用微博平台来加强师生之间的交流与沟通

就实际现状来看，微博平台属于一个互联网社交平台，并且平台内部也存放着大量信息。目前我国大部分大学生在平时生活和学习中，都习惯使用微博平台来分享自己的经验，并跟其他人进行交流与沟通。这种新时代的沟通方式非常便捷，并且也有效避免了当面交流的拘束感。因此英语教师也应该积极使用微博平台来加强师生之间的交流与沟通，强化师生之间的关系。对于英语教师来说，最好能够申请一个新的账号来建立班级微博群，并且将教师和班级内学生的微博账号设置为互相关注状态，给师生提供一个相对完善与全面的沟通交流方式。在这个过程中，教师也应该厘清班级模式下的微博运作方式，并且避免学生在使用微博过程中被网络垃圾信息和其他广告信息干扰。在信息交流与沟通方面，教师应该主动使用微博平台来跟学生进行沟通，并且注意收集学生在英语口语学习中的通病，给后续的教学提供相应的资料与数据支持。

（2）制定相对完善全面的操作规范与交流模式

在使用微博平台进行交流沟通的时候，交流双方的自由度都非常高，因此应该设置一个相对完善全面的操作规范和交流模式。这主要是因为如果教师不在视频微博口语课外训练模式中对学生的微博使用行为进行相应管理与约束，学生就只会使用班级微博账号进行聊天等与口语训练不相关的内容。这样视频微博不仅无法达到口语训练的目的，同时还会影响学生的其他学习活动，因此在使用视频微博教学模式的时候，英语教师一定要构建一套相对完善的管理模式，对学生进行规范的管理，保证视频微博充分发挥相应的作用。在平时使用微博班级群的时候，教师也应该维持好微博群的秩序与动态，保证微博群能够发挥相应的作用与效果。

（3）加强口语课外训练与口语课堂教学的相互结合

视频微博虽然是高校英语口语课外训练的有效方式，但也并不是让教师使用视频微博来进行独立训练，具体训练内容还应该跟英语课程教学内容相互结合。只有将两者结合在一起，才能保证口语训练内容跟英语教学有效联动，强化学生在英语课程中学习的各类知识点。这也要求教师能够将视频微博教学活动当成英语课堂教学的一种延伸，实现两者在教学内容方面的高度融合。在用视频微博进行课外训练的时候，教师可以有针对性地选择课堂教学中出现的各类内容，跟学生进行交流与沟通。在这个过程中，教师应该灵活控制交流的内容量及实际交流的时间，不能对学生的课外生活造成过多影响，同时也避免学生对英语口语学习产生心理疲劳。

（4）通过多种有效的方式与途径来提高学生参与训练的积极性

大部分学生在学习的过程中会存在一个惯性规律，即在刚刚开始学习的时候都会表现得非常兴奋，同时学习的积极性也比较高，但是经过一段时间，就会出现严重的疲劳情况，并且会对学习内容失去兴趣，心理上也会产生一些抵触，而在高校英语口语课外训练过程中使用视频微博的时候，也会存在这种规律。当学生使用视频微博一段时间后，亦会对这种方式产生疲劳，这样就需要英语教师对口语训练内容进行相应的调整，不能直接在微博平台中生硬播放教学内容，而应该结合当前的潮流元素来对教学内容进行二次创作与包装。简单来说，教师应该立足于大学生群体感兴趣的元素，逐步引入口语教学内容。这样，学生参与口语训练的积极性与主动性就能得到较好的强化，并且能显著提高学生学习英语口语的质量。

第七章　高校英语阅读教学方法

第一节　高校英语阅读教学概述

一、英语阅读教学的目标

（一）现代英语阅读教学目标的内容

1. 阅读教学的技能目标

从学习阅读的角度出发，阅读教学的首要目标应该是培养阅读技能。要帮助学生获取自动解码的能力，理解大意的技能，提取具体细节信息的技能，推理判断的技能，理解作者意图、观点的技能，猜测词义的技能，理解不同文体文本的技能，欣赏文学作品的技能等。

2. 阅读教学的知识学习目标

从阅读学习的角度出发，阅读同样是学习的途径，是学生获取知识的渠道。阅读教学在关注学生阅读技能发展的同时，还必须关注知识的掌握，包括专业知识、学科知识、世界知识、文化知识、策略知识等。

3. 阅读教学的图式建构目标

阅读过程本身是一个持续的图式建构过程，学生通过阅读不同的文本、不同的文体逐步完善自己的阅读图式结构。例如，小学阶段可以是阅读简单的指令、交通标识、简单的贺卡信息或配图小故事，因为学生头脑中还没有应用文的图式。随着应用文阅读的开展，学生逐渐形成了应用文的结构图式，可以轻松应对相关的阅读任务。但是，学生也许还不具备说明文、议论文的图式，阅读包含新的结构图式的文本也就意味着新的图式的建构。阅读教学也因此必须明确图式建构的目标。

4. 阅读教学的自主学习目标

自主学习能力的培养是教育的终极目标之一，也是阅读教学的目标之一。完成学业的学生应该能够运用学校里学到的阅读技能完成工作中的各种任务，与人交流，给人以帮助，自娱自乐，获取各种生活信息。自主能力的培养需要将策略纳入阅读教学的目标之中。

5. 阅读教学的综合素养目标

语言是文化的载体，文本所传达的不只是信息、观点、态度、情感，还传达文化，是人类文化繁衍不可或缺的途径。阅读可以提高人的综合素养，形成社会价值导向，建构民族核心价值。在学校教育中，阅读教学也必须承担起培养学生综合素养的重任。阅读教学不能只是侧重语言、结构，不能只是信息的获取、观点的理解，更要关注其中所包含的情感、文化、价值观等。

（二）现代英语阅读教学目标的认知层次

1. 知识层次目标

阅读教学知识目标中的"知识"包含两种含义：一是"知识"的内容层面，二是"知识"的认知要求层面。从内容层面来讲，阅读的知识指信息知识、语法知识、词汇知识、策略知识等。信息知识主要指阅读文本所包含的事实信息，即故事中的人物、事件、时间、地点、方式；描写中的人物、地点特征；说明中的具体案例、证据；操作说明中的具体步骤；通知中的具体时间、地点、注意事项；等等。语法知识指阅读文本中所包含的句法结构、时态、语态、从句、非谓语动词等。词汇知识指阅读文本所涉及的词汇和习语表达。策略知识主要是阅读策略，如大意阅读策略、词义猜测策略、推理策略等。内容层面的知识同样包含情感态度和文化知识，即文本中所介绍的情感态度和文化知识。[①]

从认知要求的角度出发，阅读中的知识层次目标指学习者能够辨认、识别和转述文章中的事件、时间、地点、数据等事实信息，能够辨认、识别和转述文章中包含的情感态度和文化知识。了解相关知识未必意味着理解，转述也可能只是鹦鹉学舌。

2. 领会层次目标

阅读教学的最基本目标就是领会。提到"领会"，人们也许会认为，它就是"理解"。但是，领会层次的"理解"与知识层次的"理解"并不相同。

知识层次的"理解"可以是鹦鹉学舌式的再认和转述。但是，领会层次的"理解"则不同。"领会"要求读者能够对阅读信息进行"转化""解释"，能够根据文本信息做出"推理判断"。

3. 运用层次目标

语言学习的目的在于运用，即运用知识、技能和策略表达思想，解决问题，完成任务。也就是说，阅读理解中的运用能力包含四个方面：一是阅读材料本身的运用，二是阅读技能的运用，三是阅读策略的运用，四是文化知识在跨文化交际中的具体应用，转化为交际能力。

"运用"指把所学知识和策略用于新的语境，解释新语境中的现象，表达思想，解决

[①] 王笃勤，程晓堂，韩刚，等. 英语阅读教学［M］. 北京：外语教学与研究出版社，2012.

新的问题，完成新的任务等。阅读完关于吸烟的害处和一个吸烟者经历的文章，如果学习者能够运用文章中的故事和所介绍吸烟的害处说服一名吸烟者戒烟，就说明学习者具备了信息运用能力。如果学习者在课文阅读中学习了根据上下文判断作者意图和文章主题的方法，在阅读新的类似文章时，能够运用所学方法判断出作者的写作意图和文章主题，就说明学习者具有了策略运用能力。①

4. 分析层次目标

"领会"注重掌握阅读材料的意义和含义，"运用"注重把知识、信息和策略运用于特定的语境或材料，而"分析"注重把材料分解成各个组成部分，弄清各部分之间的相互关系及其构成方式。"分析"具体可以表现为识别未加说明的假说的能力，区分事实陈述与观点陈述的能力，区分结论与证据的能力，领会一个段落中各种观点之间关系的能力，识别句子之间关系的能力，识别论断支撑细节的能力，从众多关系中识别因果关系的能力，识别论证中逻辑错误的能力等。能够分析文本的结构、段落逻辑等是分析能力的典型表现。②

有些教材中设计了分析文章结构、划分段落等方面的活动，所体现的就是阅读教学中的分析目标。当然，分析的内容远不止这些，这就给教学设计提出了更高的要求。

5. 综合层次目标

"综合"指将各要素和组成部分组合起来以形成一个整体。把各种观点和论述严谨地组织起来，把调查结果组合到解决问题的某个有效的计划或方案中，根据具体说明设计行动方案，根据对所包含各种因素的分析阐述适当的假设，以及根据各种新的因素和考虑修改假设等，这些都是综合能力的表现。

6. 评价层次目标

"评价"指为了某种目的，对观念、作品、答案、方法和资料等的价值做出判断，包括用准则和标准来评估这些项目在准确度、有效性、经济性、满意度等方面的程度。"评价"涉及知识、理解、运用、分析和综合等所有其他层面的某种组合，除此以外还涉及包含价值在内的准则。③

7. 元认知层次目标

阅读的"元认知"指学生能够计划自己的阅读，能够根据具体的阅读任务选择适当的阅读方式或阅读策略，能够监控自己的阅读，能够调整策略的使用，能够主动获取、利用各种资源，能够评价自己的阅读，并根据自己的不足进行补救。这就要求学生必须了解自己在阅读方面的优势与不足，必须掌握各种策略和技能，必须了解阅读任务的要求，我们

---

① 高红艳，黄娟. 大学英语阅读教学目标的制定与实施及其重要性 [J]. 当代教育实践与教学研究，2015 (8)：205-206.

② 陈兴妹. 理清英语阅读教学目标，准确定位英语阅读课堂 [J]. 考试周刊，2016 (39)：105-106.

③ 陈琦. 谈教师认知对英语阅读教学目标的影响 [J]. 才智，2018 (15)：6-8.

把这些称为元认知知识，而学生计划、监控、调节、评价自己的阅读行为，以及资源利用等属于元认知操作。元认知的发展是一个漫长的过程，需贯穿学生求学阶段的始终，而不是一两次课、一两个学期，或者初高中就可以达到的目标。

二、英语阅读教学的意义

（一）强化语感，提高学生英语口语和写作技能

众所周知，语感在心理学上应属于理智感的情感范畴。人除了有属性的感觉外还有特殊的关系感觉和情感，借助这些理智感人们能够直觉地认识各种各样的联系和关系。当人所感觉到的联系和关系还未被意识到的时候，直觉的认识只能是感性的。语感应理解为对语言的感性反映。语言是作为交际手段的复杂体系，使用语言的语感无疑也是一个复杂的结构，可在三大范畴中反映出来：一是反映词所标志客体之间的联系与关系；二是反映语言特征（指语音、词汇、语法、修辞等语言特点）之间的联系与关系；三是反映两种不同语言体系之间的联系与关系。人在实际掌握语言时，所有这些语言联系和关系已直接体验到，但并未意识到，所有语言联系和关系的这些感性反映形式构成巨大而复杂的感性复合体，这便是语感。这种语感使人能够不必意识到语言的这些或那些特点而实际掌握语言。为了使学生高频率接触除课本以外的英语材料，教师通常会引进各种英语报纸、杂志或书籍，为学生提供拓展阅读，并在英语阅读教学的过程中，不断强化阅读输入。随着时间的推移，学生在教师的引导下会逐步养成坚持阅读的习惯。阅读的输入不仅有利于培养学生的语感，也在潜移默化中提高了他们的其他技能，如口语表达能力、写作能力等。另外，通过阅读英语短文，学生有机会接触地道的英语表达方式，这既巩固了其原有语言知识，又帮助其积累了新的语言知识，对其阅读能力、写作能力的提高都有很大帮助。

（二）接触外来新鲜文化，开阔学生视野

语言是文化的载体，要想学好一门语言，必须多接触本土风情与民俗文化，英语课堂便给学生提供了一个了解英国、美国等国家风俗习惯和异域乡情的绝佳平台，有了这些大量多姿多彩的生活场景与日常故事的熏陶，学生的阅读水平便有了很大的保障。在阅读的过程中还可以拓展对外国文化的了解，何乐而不为呢？与此同时，教师要增加背景知识的讲解，让学生不断接触外来新鲜文化，只有这样，才能切实地帮助学生在阅读过程中增加自信，降低失分的概率。换而言之，英语阅读材料涉及大量说英语的国家的风俗、习惯，以及大量的生活场景、日常故事，这对丰富学生语言文化知识有着很大的帮助。因此，对英语的学习，掌握语法、句式和基本语言技能不是最终目的，了解和吸收一种文化的精髓才是英语学习的最高境界。英语阅读教学在帮助学生巩固和积累语言知识的基础上使学生对说英语国家的历史、文化、政治等有了更深入的了解，从而提升学生的语言素养。

（三）培养积极向上的生活态度

一些英语学习者在学习过程中可能表现出焦虑的情绪。焦虑是对当前或预计到对自尊心有潜在威胁的情境而产生的一种担忧的反应倾向。它是个体受到不能达到目标或不能克服障碍的威胁，自尊心与自信心受挫，或者失败感或内疚感增加，形成的一种紧张情绪状态。高校大学生在多年的英语学习中遭遇的挫折是比较多的。费时费力费神，听说读写技能不仅没有实质性的提高，而且还在心理上留下了许多阴影。"听说不通，翻译不像，写作不爽"成了很多学子的真实写照。由于听说相对更薄弱，信心表现得更加不足，成就感低，学习动机淡漠。受传统英语教学影响，学生对书面文字接触更多，基础相对要强些，对于语言内容更易于接受。虽然阅读不能大量在课堂上实践，但如果能在课外培养学生自主阅读的能力和习惯，指导学生掌握阅读的策略和技巧，持之以恒阅读各种难易程度相当的材料，假以时日，学生就有可能产生学习英语的兴趣，逐渐找到自信，从而医治由英语学习的挫折感而引起的焦虑感，这将大大改善英语学习者的心理环境。

此外，教师通过挑选非常具有时效性和积极向上精神的英语阅读材料，将有助于学生逐步树立正确的人生观、价值观和世界观，从而使学生形成积极乐观的生活和学习态度。同时，具有趣味性、创新性和时代性的阅读材料还可以缓解学生沉重的学习压力，将压力转化为前进的动力。总而言之，通过阅读具有教育意义的英语阅读材料，学生将逐渐养成良好的情感态度，形成乐观积极的人生观和价值观，并有效激发英语学习的兴趣。

三、英语阅读教学的有效生成

（一）预设性教学与生成性教学的含义

英语课堂上我们有时会看到这样的现象：教师的教学设计十分精细，一环扣一环，如果课堂进程按照这种设计发展下去，教学目标就会圆满实现。然而，事情却不能尽如人意，教师期盼的答案学生不能给出，教师精心设计的任务学生不能完成，教师所期待的积极参与场面没能出现。于是，课前满腔热忱的教师现在就会感到沮丧，结果一堂课按教案走了下来，没有精彩之处，气氛即使不算沉闷，也可谓沉静。至于学生从这堂课中学到了多少、体验到了什么则不得而知，教师给了学生多大帮助也不得而知。这一现象就是缺乏生成的单一预设性教学导致的。教学需要预设，但仅有预设是不够的。假如教师在出现意外情境的时候抓住时机，及时让课堂生成新的、真实的内容，解决学生的疑难，沮丧就可能变成惊喜，沉静就可能变成活力，精彩的课堂就会出现。

1. 预设性教学的含义

预设性教学是遵循一定的教学规律，有目的、有计划地设计教学活动的目标、内容、方法与手段、组织形式等，进而提高教学效率的一种教学活动。预设是有效教学的前提。其一，因为教学活动是有目的的活动，凡是有目的的活动都必须事先做好周密的筹划，课堂教学作为一项重要的教育活动不能信马由缰，随心所欲，必须进行精密的筹划。教学预设是整个教学活动的起点和指南，它为相关成员确定了活动目标、主题及实现目标的途径和方法，可以使教学主体有条不紊地活动。其二，教学活动是有一定规律的活动。规律是事物发展中本质的、必然的联系，具有必然性、普遍性和稳定性。人们可以认识规律，但不能消灭它。按教学规律预先规划和设计教学可以使教师对多种教学因素进行预见和控制，有利于教学的顺利进行。教学预设是由教学活动的目的性和规律性决定的。

2. 生成性教学的含义

"生成"就是创生、建构或生长，是某物从不存在到存在、从存在到演化的过程。生成性教学就是在动态的教学过程中产生新的目标、内容、方法和过程的教学活动，所生成的元素是对预设的相应元素的扩展、超越或否定。生成性教学的产生基于以下两方面。

一方面，教学活动的主体是学生，他们是一个个鲜活的生命体，他们之间存在着各种各样的差异。就英语学习而言，其差异主要表现在认知方式、学习方式、英语水平、性格特点、情感态度、对教师的态度、学习环境等方面。这就决定了学生的英语程度及学习能力不同，每个学生都有各自的学习需要，其课堂学习目标、学习重点、学习方式都会在不同程度上有别于他人。因此，教师很难预设出满足每个学生需要的教学目标、内容、方法和过程。教师只能按照一般教学规律，在备教材的基础上通过对学情的分析和假设规划出教学方案，以此确定课堂教学的大方向、基本内容和预期的方法及过程。

另一方面，教学过程是一个动态的过程，课堂上总会有预料不到的事情发生，课堂进程不可能完全按照教师的规划一步步发展。这些意外的情境会在不同程度上阻碍教学目标的实现。如果我们的教学理念是以学生为本而非以教材为本，那么，我们决不能忽视这些突发情境，而应把它们作为教学的契机来解决最真实的教学问题。这些问题的解决是课堂教学目标得以实现的保证。为了满足每一位学生的需要，为了实现教学目标，教学必须在充分预设的基础上进行生成。

预设性教学更着眼于教材和结果，生成性教学更着眼于学生和过程。只有充分预设基础上的及时生成才能还课堂以真实，才能激发学生的学习欲望，才能给课堂带来活力，才能让学生体会到收获的快乐，让教师感受到给予的满足。

（二）英语阅读与生成性教学

自20世纪70年代以来，大量的阅读教学研究将关注点放在阅读过程上，并指导着英语阅读教学实践。心理语言学对阅读过程的分析给英语阅读教学带来了启示。

1. 阅读过程的特点及对教学的启示

阅读是一个积极的过程。阅读之前，读者对阅读材料怀有某种预料，在阅读过程中不是逐字逐句地从每一个文字获得意义，而是选择最少的、最有效的提示以证实或否定其预料。对于同一篇文章，学生会有或多或少不同的预料。阅读时，阅读的过程与正确回答理解性问题同样重要。因此，教师的责任不只是给学生提供阅读篇章然后提出理解性问题，而是必须设计阅读任务。阅读任务应既能使学生因正确回答理解性问题而有所收获，又因在阅读过程中付出了努力而有所收获。

2. 生成性英语阅读教学的必要性

英语阅读教学长期以来对教学预设给予了充分的重视，而我们应对阅读过程的认识激发、对生成性英语阅读教学的必要性进行思考。教师的任务是帮助学生理解篇章、培养阅读技能并学习语言知识。在备课时，教师一般按照教学大纲和教学进度从这三方面设定教学目标。但由于每个学生对阅读内容的预料不同，又由于他们在语言知识和一般常识方面的差异，教师的教学预设只能在某些方面适合一部分学生，而对那些差一些的学生就会有各种各样的难度，使他们不能顺利完成阅读任务。所以，在教学过程中教师需要敏锐地发现学生的问题所在，及时对课前预设的某些细节进行扩展、超越或否定，从而生成新的目标、内容或步骤，给学生填补知识的空白，使他们跨越阅读障碍，以实现甚至超越原定教学目标。

（三）英语阅读教学中有效生成的原则

驾驭英语阅读课堂需要预设基础上的生成，但是也不能不分轻重、不加分析地见问题就生成。为了避免随意性，教师的每一个教学行为都应具有意义，并遵循以下原则。

1. 精心预设，最终实现教学目标

精心预设是为了使课堂教学朝着一定目标行进。行进途中会有预料不到的事情发生，教师必须解决这些问题，但不能使教学偏离航向。研究表明，紧紧抓住某个小插曲而大加生成，虽然学生踊跃参与，但由于偏离了主题，结果会难以达到教学目标。教学预设的第一步是分析教材，针对一篇英语阅读材料，分析的方面涉及文章题材、主题、主要内容、词汇、语法结构、体裁、文章结构、写作意图、写作特点等；第二步是分析学生，分析他们是否具备相关背景知识，已掌握哪些词汇和语法知识，有哪些语言困难，是否熟悉相关文体；第三步是确定教学目标，包括对文章的理解、阅读技能、获取信息的能力、社会文化知识、语言知识、文体知识、情感态度等方面的目标。教学方法和教学过程也是教学预设的重要组成部分，所涉及的是通过什么样的活动或任务来实现预期目标。

2. 充分预测，为生成留有余地

在预设的过程中还要对课堂上可能出现的情况进行充分的预测，为课堂生成留有余地。每设计一个步骤都应对学生可能做出的反应进行预测，并设想应对措施。当设计一个问题时教师应预测学生可能会给出哪些答案，对于每一个答案教师应做出怎样的反馈；当设计一个阅读任务时要预测哪方面语言知识或能力的欠缺会影响学生完成任务，针对学生的弱点应采取什么措施；当准备知识点讲解的时候应考虑是否所有学生都能理解，假如某些学生有理解困难，该怎样降低知识难度使他们能够接受的同时又能实现原定语言知识目标；当设计课堂讨论时要预想是否有些学生会滔滔不绝而有些学生会沉默不语，应采用什么技巧激发每一个学生发表自己的观点。如果把这些可能性都预先考虑到，当课堂上出现类似情境时教师就能及时地把握时机生成新的教学内容和过程。

3. 倾听学生，了解问题所在

以学生为本的教学应表现为肯定学生的主体地位，给他们充分的话语权，为他们解除疑惑。围绕问题进行教学的思路正体现了以学生为本的思想。现在的阅读教学一般采用三阶段式的教学步骤，即读前活动、读时活动和读后活动。这种以知识结构理论（也叫图式理论）为基础的阅读教学模式，通过促进学生的背景知识、语言知识及体裁知识之间的相互作用，达到从文章获得意义的最佳效果。但是，我们不能忽视一个事实，即学生在阅读课之前都进行了预习，对课文的内容及语言已有一定程度的了解，他们是带着一些疑问来到课堂的。如果教师忽视了这一点而是以旨在激活背景知识的读前问题，尤其是印在课文前的问题开始阅读课，就不能充分激发学生的求知欲，因为这里已毫无悬念可言，学生的期待会得不到满足。真实的教学不应受到某种模式的制约，而应以学生的疑问为出发点。某些读前活动应在学生预习课文之前进行，而不是在预习之后。在阅读课上，教师可以先倾听学生的观点：他们对课文内容的看法、有哪些语言困难、有哪些理解难点、期望通过学习本课达到什么目的等。了解学生的问题所在，有利于教师有的放矢地进行教学生成，有利于教师根据学生的强项和弱项培养其阅读能力。

4. 判断情境，确保生成价值

每堂课都有特定的教学目标，都受一定的时间限制，这就要求教师对突发情境做出判断，使生成性教学围绕教学目标进行以确保生成的价值。英语阅读教学目标分为英语阅读教学总目标和针对一篇阅读课文的教学目标。简单地讲，英语阅读教学的总目标是培养学生理解英文书面材料的能力。由于阅读是一项复杂的活动，阅读能力的发展是一个渐进的过程，因此，从初学阅读到能够流畅地阅读，整个过程中不同阶段就有不同的目标。当学生从认识字母开始发展到能够默读英文时，阅读教学就有了更高目标，具体为：使学生能够阅读多领域的英文文本；根据各种不同目的调整阅读方式并采用适当的策略；建构语言知识（如词汇、结构）以进一步发展阅读能力；建构图式知识从而能够理解文本的意义；培养英文书面文本的结构意识，并能够运用修辞结构、语篇特点和衔接手段理解文本；能够以批评的态度对待文本内容。

四、跨文化交际与英语阅读教学

（一）跨文化交际与英语阅读教学的关系

英语阅读能力是跨文化交际能力的一种。阅读过程的实质是写作者编码，阅读者解码。阅读本身是一种单向的语言输入，即阅读者只需理解写作者通过文章表达的意思，无须将自身的观点、感受、疑问等反馈给写作者。① 但阅读也是翻译、写作甚至口语等语言输出活动的基础，因此英语阅读教学应当注意语言输入与输出并重，提高学生的双向跨文

---

① 甘惠侨. 跨文化交际能力与大学英语阅读教学 [J]. 海外英语, 2018 (22): 170-171.

化交际能力。

（二）跨文化交际在英语阅读教学中的意义

1. 有利于提升学生与他人的合作交流能力

对于学生而言，在进行英语学习时，不仅需要学好专业知识，还需要掌握一定的人际交往能力，才能进一步促进自身的进步和发展。为了帮助学生适应社会的发展，教师在进行英语方面的教学时，需要做好学生与外族文化进行沟通交流能力的培养工作。在英语教学中培养学生的跨文化交际能力，有利于学生在以后的工作和学习中进一步拓宽自身眼界，有利于帮助学生在更加多元化的时代背景下提升与他人进行英语沟通的能力，从而学会相互尊重和理解，有利于与他人进行交流时合作能力的提升。同时通过对学生进行英语阅读教学，帮助学生在进行跨文化交际时，促使自身形成良好的团队合作精神，有利于学生在今后道路上的发展。

2. 有利于促进学生文化敏感性的提升

文化敏感性就是人们在发展过程中充分理解自身文化的基础上对外来文化进行客观理解和解读的思辨能力，对自身的进步和发展有着极大的促进作用。这种文化敏感性，对当今社会人才的发展也有着十分重要的作用。[①] 中华文化在发展过程中不断形成，但是由于诸多因素的影响，我国在发展的过程中并没有受到太多外来文化的冲击，导致我国文化与西方文化间存在着较大的差异。其中的差异，不仅包括语言表达、生活方式方面的差异，还包括政治历史、思维方式等方面的巨大差异。

学生在进行英语阅读方面学习时要想进一步缩短东西方之间的差异，就需要学会通过跨文化交际的方式进行英语的沟通和交流。只有这样，才能使学生在成长的过程中促进自身文化敏感性的提升，才能在英语知识学习时更加积极地进行英美文化的了解，并能通过多角度、深层次的表现方式及文化属性，推动自身的进步和发展。学生为了做好英语阅读方面的学习，促进自身的进步和发展，就需要通过跨文化交际的方式进行英语知识的学习。

（三）英语阅读教学中的跨文化交际障碍及其排除措施

1. 跨文化交际障碍

（1）词汇方面

就语言要素与文化的关系来说，词汇是关系最密切且反映最直接的要素，语法次之，语音与文化的关系最不密切。有些词汇不仅具有通常的指示意义，还具有隐含意义，即承载着深层的民族文化内涵。例如，孔雀在中国文化中是吉祥的象征，孔雀开屏被认为是大吉大利的事情，但在英语中，peacock（雌孔雀）则带有贬义色彩，寓意骄傲、自负、炫

---

① 王晶虹. 大学英语阅读教学研究［M］. 长春：吉林大学出版社，2015.

耀，这就不难理解电影《功夫熊猫》中为何孔雀是反面角色。如果不理解这种词汇上的文化差异，学习者在阅读英语文章时便会产生困扰，学生便很难理解 as proud as a peacock（像孔雀那样骄傲）之类的短语。

除了一般词汇所蕴含的文化差异外，英语阅读者遇到专有名词时也会产生困惑。由于受西方文学作品或历史政治事件的影响，英语中有不少的人名或地名都已经被赋予了深层的文化内涵及意义。例如，Uncle Sam 是指"美国政府"，如果学生不了解相应的文化背景，在阅读时就会简单地认为 Uncle Sam 仅仅是"山姆大叔"。如果英语阅读者不了解说英语国家的文化背景，在阅读时就无法准确地理解相关词汇的含义，从而影响英语阅读的效果。

（2）俗语方面

俗语是民间流传的通俗语句，它是人民大众根据本民族特有的地域文化或历史文化所创造出来的语句，包括俚语、谚语及口头常用的成语。在地道的英语文章中，俗语经常出现，如果不了解这些语句背后的文化，就会产生误解。

汉语中有"说曹操，曹操到"的说法，这种含义的表达方式在英语中则为"Speak of devil and devil doth appear"。曹操在中国历史上是一代"奸雄"，而 devil 在西方是"恶魔"之意，因而二者在表达方式上有共通之处。不同之处在于前者的表达方式是受中国历史文化所影响，而后者则是受西方宗教文化的熏染。如若中国学习者缺乏英语国家的文化知识，在阅读英语文章时则无法准确理解这类俗语的含义，影响英语阅读学习的效果。

（3）语篇方面

学习者在阅读英语文章时不仅需要了解词汇俗语等要素的文化知识，还需要了解整个篇章结构和语篇所涉及的文化背景。中西方思维模式的不同会引起交际风格的不同，中国人是螺旋式思维，写文章时通常会采用归纳法，即先陈述事实材料，一步步靠近主题，在文章结尾明确提出自己的观点；而西方人是直线式思维，写作时会采用演绎法，即在文章一开头便明确摆出自己的观点，接下来则是对论点的一一论证。这种不同的思维模式引起的篇章结构不同，会让中国学习者阅读文章时感到困惑，找不到作者的主要思想所在。

此外，缺乏对语篇所涉及的文化背景知识的了解，也会使阅读者感到迷茫。例如，在讲述西方人的婚礼时，会有"something old, something new, something borrowed, something blue"的习俗，意为新娘在结婚时需要准备四种服饰，旧的服饰象征着新娘与娘家的感情及与过去的生活之间的联系，新的服饰象征对新生活的美好展望，借来的服饰是指从一位婚姻幸福的亲友那里借来的，象征着他们的幸福会惠及新娘，而蓝色则代表着纯洁忠诚的爱情。如果学生不了解相关文化背景，在阅读这方面的英语文章时就会产生障碍。

2. 跨文化交际障碍的排除措施

英语阅读教学中跨文化交际障碍的有效排除需要教师和学生的共同努力，下面具体分析。

（1）教师方面——文化导入

教师在阅读教学中进行相关的文化知识导入时应遵循几个原则，即系统性、紧密性、实用性及实践性。由于跨文化知识涵盖面广，内容繁多，而教师的课时又有限，因此，在阅读教学中导入文化知识时应制订一个系统的、全面的、循序渐进的教学计划，并结合学生的实际水平有选择、分阶段地进行教学。

①阅读教学前应介绍相关文化背景。阅读文章的相关背景一般包括社会制度、年代背景、历史地理及宗教信仰等，因此要求英语阅读教师自身拥有丰富的文化底蕴，具有跨文化的敏感性。在介绍相关文化背景时教师可以应用对比法将中西文化差异进行对比，并且以不同形式将文化素材向学生直观地展现出来，以提高学生的阅读效果。

②阅读教学时词汇、俗语及语篇的文化导入。词汇方面的文化导入主要采用比较法，通过比较中西方词汇背后的文化内涵，帮助学生理解并记忆词汇。俗语方面的文化导入可以采用观看相关视频或讲故事的形式，使学生更加直观深刻地了解中西方俗语的文化差异。对于语篇上的文化导入，教师可以引导学生进行分组讨论，进而加深学生对于中西方思维模式及交际风格差异的理解。

③阅读教学后的跨文化知识巩固。知识巩固是加深理解和记忆的必要步骤，因此教师可在阅读后指导学生进行一些实践性较强的训练对知识进行巩固。具体的实践性训练包括口头训练和书面训练两种形式。口头训练有角色扮演、口头复述等形式，让学生在理解文章的基础上增加其非语言行为，从而有效提升其跨文化交际能力；书面训练内容包括应用所学文化知识进行造句、翻译或写作等，这种锻炼形式不仅可以提升学生的书面表达能力，还能提高学生的创新能力。

（2）学生方面——积累知识、树立跨文化意识及提高自主学习能力

作为英语阅读者，学生首先应当正确认识阅读过程中存在的跨文化因素，树立自身的跨文化意识，用平和包容的态度去了解学习跨文化知识，提高自身的阅读能力。这要求学生做到以下几点：

①具备扎实的语言知识。扎实的语言知识是进行有效阅读的必要条件，能够直接影响阅读的效果。因此，英语阅读者在阅读课前应主动地查阅文章中的相关词汇、语法、段落篇章结构等语言基础知识，此外，阅读者还应掌握有效的阅读技巧和阅读策略，从而可以在阅读时迅速抓住文章主旨并获取主要信息。

②树立跨文化意识。除了相关的词汇、语法、段落篇章结构等语言基础知识，阅读者还应具备较强的跨文化意识和较高的跨文化敏感性，在阅读文章时能够意识到跨文化现象的存在，并能够用客观、理性、平和的态度去接触、了解，进而学习跨文化知识。在阅读过程中，学习者应尽量避免用汉语的思维模式去理解英语文章，尽可能深刻地理解不同的文化知识，弥补自身跨文化知识的匮乏。

③增强自主学习能力。自主学习能力是学生提升英语阅读跨文化交际能力的持续性动力。若要扩展英语文化知识的广度，提升自己的英语阅读能力，只简单地依靠教师课堂讲解是远远不够的，因此学生应该在课后不断阅读相关文化知识，做好知识的巩固与拓展，从而为提升英语阅读能力和跨文化交际能力打下坚实的基础。[①]

---

① 蒋志娟. 基于跨文化交际视角的英语阅读教学分析［J］. 海外英语，2016（16）：57-58.

第二节 高校英语阅读课前教学

一、选择合适的阅读材料

在当今的社会，英语阅读材料种类非常丰富，既有传统的纸质书籍、杂志，也有电子出版物，真是浩如烟海，令人眼花缭乱。从中选择材料时，大部分人会不知所措。在开始阅读之前，大学生必须进行选择，找到适合自己的阅读材料。

（一）选择阅读材料的原则

1. 真实性原则

所选的英语阅读材料，语言要真实地道，要能形象地反映出英语国家的生活和文化状况，能给英语学习者创造一种学习英语的真实语境。

2. 循序渐进原则

语言材料的选择和练习的编排要遵循从易到难、从旧到新、从简单到复杂的原则。英语知识有一个由浅入深、由简单到复杂的过程，英语学习者的学习过程也有一个逐渐进步的过程，所以英语阅读教材的编写也应该遵循循序渐进的原则，这样才能更好地为学习者的学习服务。

3. 思想性原则

教师在选择阅读材料时，要注意材料的趣味性、可读性、时代感、知识性、思想性和可思性，特别是要注意其中的思想导向。如果阅读一本不适合自己的书，那么比不读这本书还要糟糕。教师在推荐阅读材料时要发挥主导作用，提高学习者的阅读品位，培养其高雅的阅读兴趣。阅读材料要达到预想的效果，就必须具有可理解性，有意义。[1] 如果阅读材料的主题非常有趣，学生就很容易将其与自己的生活相联系，从而乐于同其他人交流思想和经历，有利于阅读后各种活动的开展。

4. 趣味性原则

趣味性包括两个方面，一是语言的趣味性，二是选材的趣味性。长期的枯燥的学习容易让学生产生厌倦心理，有趣的阅读材料可以减少学习者的厌倦心理，激发学生的学习积极性和主动性。

5. 多样性原则

多样性主要包括三个方面的内容，即不同的题材、体裁和语域。好的阅读材料应包括

---

[1] 倪小瑜. 利用英语阅读材料提升学生英语综合能力略论[J]. 新课程研究（下旬），2018（6）：82-83.

文化、政治、体育、地理、风土人情等，体裁也应包括记叙文、说明文、议论文、杂文等，语域是语言使用的场合和领域的总称。语言使用的领域种类很多，如新闻广播、演说语言、广告语言、课堂用语、办公用语、家常谈话、与幼童谈话、与外国人谈话、口头自述等。在不同的领域使用的语言会有不同的语体。

6. 现代性原则

阅读材料要尽量贴近现实生活，反映真实存在的现实生活，这样学生通过阅读就能对现实生活中自己熟悉的领域有一定的了解。同时，教材中使用的语言也应该来自现代生活，让学生学习现代语言。

7. 难度适宜原则

太简单的英语材料不能引起学生的兴趣，而内容太专业、生僻字或生词太多的语篇也不适合作为阅读材料。我们经常可以见到图书馆里有一些英语书籍，书的前几页被标注得密密麻麻，写满了查出来的生词（这样做是否合适还是一个有争议的问题），再往后翻看，标注越来越少，直到没有查单词的痕迹，书页也显得越来越新。看来读者开始还信心满满、激情满怀，希望通过查词典来理解文章内容，到后来生词实在太多，以至于查不过来了。读着味同嚼蜡，步履艰难，也就坚持不下去了，干脆放弃此事。这说明读者没有选对读物，阅读行为也就没有起到应有的作用。学习者一定要弄明白，并不是阅读越难的书，他的收获越大。

（二）新时期英语阅读教材的评估标准和特点

1. 阅读教材评估标准

阅读教材的评估要与具体的教学目标相结合，要看它是否与教学大纲中所提出的教学目标和要求相吻合。辛顿列出的阅读教材评估的清单中包括以下内容[①]：

①页数；
②插图数；
③字号（这影响到阅读的速度）；
④编排方式；
⑤内容的页数；
⑥结构清单；
⑦词表；
⑧有关其他书籍、材料和磁带的出版情况——经常可在内封面上找到；
⑨编写者是如何编排教学项目的主题（如动词或时态）的？他是否对该项目的出现进行控制，突出它并恰当安排它的顺序？

---

① 蒋洪新，刘宓，刘学明，等. 英语专业阅读教程——综合阅读[M]. 上海：复旦大学出版社，2015.

⑩在处理某一项目时，是如何将其与容易混淆的项目加以区别的？

⑪语境是情境化的、自然的吗？

⑫将对话与散文课文进行对比：介绍了多少生词？与所用词总量的比例是多少？在某一语段中新词的复现率是多少？练习中新词有反映吗？

⑬查看第一、二两课的语音特点，是否有语段含有如"He had his hat in his hand."之类的困难的语音组合？如何安排语音练习的？有标音方法吗？

⑭课文和对话的语言地道吗？四种语言技能（听、说、读、写）是如何安排的？

⑮练习是否作了控制？编写者是否用了填空练习、多项选择题和简答题？它们是如何分布的？答案是在书后，下一页上，还是在另一本书上（如果是在另一本书上，那就意味着额外的负担）？

⑯学生是用概括式学习法还是仅用演绎式学习法？

⑰话题和故事是否有趣而且合适？书中的主题能否加以扩展，能否加以引申？

⑱插图情况如何？是太多还是太少？是太大还是太小？与课文或对话结合得是否紧密？它们是清晰易懂还是过于复杂？画技如何？你喜欢画家的风格吗？（以上问题同样适用于挂图、卡片和其他的说明性材料）

⑲是否配有录音磁带？如果有，你认为留给学生对某一项目反应的时间太多还是太少？练习是否作了控制？声音是否容易区别？男声、女声、美音、英音、澳大利亚音还是方言音？录音质量如何？

⑳整个课程需要多少本书？太多还是太少？使用是否方便？纸张质量如何？封面设计漂亮吗？学生用书、教师用书和辅导书的价钱如何？

2. 新课程标准下阅读教材的特点

（1）采取"结构+功能"的模式

打破以语法结构为主要脉络的模式，采取"结构+功能"的模式：既考虑语言的功能，又考虑语音、语法结构和词汇等因素，并使它们有机地结合起来。例如，在起始阶段就让学生开口说话，彼此用英语介绍，展现书中的主要字母教学和语音教学。

过去，教材以语法句型结构为主线，而今，结构、话题、功能交织在一起，语法项目用循环方式编排（即同一语法项目被安排在不同的单元，逐步加深），以使其由浅入深、由易到难地呈现。而且，每册课本还在附录部分将学过的语法项目系统地进行了归纳，并尽量用表格形式呈现，使语法规则更为简明扼要。

（2）以学生的全面发展为目标

英语新课程标准指出，学生的发展是英语课程的出发点和归宿。这些实验教材的编写，都力求符合学生的生理和心理特点。教材内容贴近学生的生活，如友谊、旅游、音乐、体育、卫生、戏剧、幽默、娱乐、节日，以及对未来的憧憬等，都易于引起学生的共鸣，使他们产生浓厚的兴趣。教科书中的语言材料话题范围广，富有时代气息，信息量大，有助于提高学生的人文素养，使其树立科学的世界观、人生观和价值观，有利于培养创新精神，提高实践能力，增进跨文化理解和跨文化交际能力。

（3）重视情感态度和文化素养

人文性或人文精神的内涵包括理性判断力和情感判断力。思想与情感模式是理性判断力和情感判断力的支柱，是人类能够战胜其他物种蓬勃发展的杀手锏。人类的生活过程就是每时每刻都在做出各种判断的过程。理性判断依照逻辑的思路从概念出发、利用公式和规律等共相原则做出抉择，情感判断则更多地依靠具体、特殊的个案做出抉择。我们的理性判断模式和情感判断模式均来自或形成于语言留存，这些留存为我们提供了丰富的道德资源和情感资源。要使大学英语口语教学具有人文性，要培养学生的人文主义精神，应该在大学普遍开设通识教育课程，在教材建设上应该从教材的内容方面增加西方文学经典和思想经典的介绍。

（4）促使学生学习方式的变革

新时代教材努力体现课程标准提出的"优化学习方式"的理念，在引导学生自主学习、探究学习和合作学习方面迈出了可喜的一步。教材非常注意引导学生进行自主学习。例如，教科书的目录就向学生展示了教学内容、教学目标，以帮助学生确定学习目标、制订计划、设定评价指标、发展适合自己的学习策略和实施自我导向等。教材每个单元的最后总是要求学生自己小结学习的内容，并向他们提出启发性的问题或要求他们进行自我评价，以引导他们主动学习，自我激励，自我监控。①

（5）增加了一系列配套教材

系列配套增强了教材的选择性、拓展性、灵活性和开放性。作为英语课程资源最重要的组成部分的教材再也不是一本教科书了。它一般包括学生用书、教师用书、练习册、活动手册、配套读物、录音带、录像带、挂图、卡片、多媒体光盘等。这些材料大大增强了教材的弹性，为教师灵活地、创造性地使用教材拓展教学内容提供了方便。

（6）增加了评价机制

实验教材开始扭转以往教学和评价脱节的现象。与教科书配套的评价手册提供了质性评价的样本和行为评价的方法。教材中的评价可以帮助学生学会自我评价的方法，学会分析自己的不足，从而激励自己，有效地调控自己的学习过程；同时，也能帮助教师获取反馈信息，以改进教学。

（三）课外阅读材料的选择途径

1. 英语教辅材料

英语教辅材料作为课程资源的一部分，如今在英语教学中起着举足轻重的作用。在教学中，教师充分利用下发的各种教辅资料进行有效教学。从课程资源的视角来看，有效教学意味着"为学生提供丰富而有价值的课程资源"。也可以认为，"有效教师"，是那些能够为学生提供丰富而有价值的课程资源的教师。君子"讷于言而敏于行"。一名好教师应

---

① 任翌平．高校英语阅读教学方法改革探究［J］．校园英语，2018（32）：26.

该少讲话，而多提供资源。适度的、合理的教辅材料能够在一定程度上促进学生的学习。

2. 配套阅读教材

教师要开展大规模的阅读活动，可以先利用好精读课本的配套阅读教材，从中选取适合的材料。这样做的首要好处是能保证每个学生都有相同的阅读材料可读，免去了专门申请购书经费的烦恼。另外，配套教材都经过了审查，词汇量和内容方面不会出现大的偏差，也比较适合学生目前的水平。另一种方法，教师可以利用项目申请的机会，申请专项经费购置阅读材料。这样做费时较多，不能保证一定能够申请下来。教师也可以让学生一人买一本喜欢的书籍，互换阅读，建一个班级流动图书馆；但是这样做就不能保证阅读材料统一，而如果开展课堂讨论，就不好调整阅读进度。

3. 英文小说

英文小说是西方文化的重要组成部分之一。我们学习英语就不可避免地要接触英文小说，因为只有这样学生才能更多地了解西方的风土人情、礼仪习惯、历史典故等。众所周知，对学生来说教科书上的内容过于单一、乏味，学生很快就会失去学习兴趣。那么教师可以利用课外时间向学生推荐适合他们阅读的英文原著，如《哈利波特》《暮光之城》等，教师也可对名著进行二次开发和利用，改编和筛选后作为阅读材料供学生阅读。

但是，原版书籍一般不适合非英语专业学生，最主要的原因是生词太多，查不过来。如果总是查字典阅读就毫无乐趣可言，读不下去。即使硬着头皮读，也坚持不下去，最后只能放弃。因此，阅读一定要循序渐进。分级读物更适合词汇量偏少和缺乏背景知识的学习者。要想读懂小说的95%~98%，读者至少要有约5 000个词族。① 我国高校大一新生的入学词汇量普遍为1 800~2 000个词，远远不能满足阅读原版小说的最低要求。"对于初、中级英语学习者我特别推荐英语简易读物。读的材料要浅易，故事性要强，读的速度尽可能快一些，读得越多越好，这是学好英语屡试不爽的一个好办法"②。

针对这种情况，为了帮助水平不高的人学好英语，很多出版社，如外语教学与研究出版社、上海外语教育出版社、上海译文出版社等，针对不同的词汇量的读者出版了多种分级读物。这些分级读物多是文学名著的简写本，不像学术文章那样要求很多背景知识，最重要的是简写本对词汇量进行了限制，减少词汇障碍，故事性很强，引人入胜，能够有效促进阅读。有些简写本还配有适当的不同形式的练习，读者可以一边读，一边检验自己的阅读水平，非常实用。英语学习者先找一本适合自己程度的书来读，养成读书习惯，进而在同一个程度上读若干本，读熟后再上一个台阶。如此往复，一本本读下去，阅读就成了学生生活和学习的一部分，不知不觉中就提高了阅读能力，最终达到阅读原版书籍的目标。就像书虫系列书的封底的话：书虫还会用它细细的鸣叫声不停地提醒你：要坚持不懈地读下去，要广泛而丰富地读下去。待到读完丛书系列的最后一本，也许会突然发现：自

---

① 赵京坦，李莹，谢连峰，等. 英语阅读［M］. 哈尔滨：哈尔滨地图出版社，2006.
② 胡文仲. 胡文仲学术研究文集［M］. 上海：上海外语教育出版社，2017.

己已经如蛹变蝶一样，振翅欲翔了。

4. 报纸杂志

《牛津英语》和《新世纪英语》内容丰富，语言纯正，的确是很好的教材，但书的篇幅有限，对于丰富多彩的社会生活来说是沧海一粟，同时学生手中的课外阅读材料是一些陈旧的阅读篇章，也根本无法满足学生广泛涉猎的心态。因此，一些报纸杂志成为学生进行英语阅读的不错的选择。尤其是世界英文报，集娱乐、文化、体育、社会于一体，内容丰富多彩，贴近学生生活，贴近时代，语言难度适中，比一般的阅读更有优势，教师应积极引入该报刊，以增加学生接触地道、纯正的英语文章的机会，体会和领悟作者传递信息和表达思想感情的方式，最终促进学生阅读能力的提高。

二、学生阅读策略准备活动的方法

（一）激活背景知识

激活和提供必要的背景知识是读前活动的重要组成部分。阅读的过程实际上就是学生把印刷在书本上的文字所代表的知识与自己已有的知识联系起来的过程。如果学生对阅读文本的话题内容及其文化、历史背景根本不熟悉或不了解，就很难读懂文本。因此，背景知识在阅读理解中起着非常重要的作用。

弗雷尔认为读者的读前背景知识有三种情况：第一种是与所要读的文本内容类似；第二种是与所要读的文本内容相冲突；第三种是读者不具备所要读的文本的背景知识。[1] 教师的作用就是要确保学生具有或帮助学生建立相关的背景知识，以便他们成功地理解文本。弗雷尔的观点表明了在读前阶段激活学生的背景知识和提供必要的背景知识的重要性，为教师设计相关活动提供了理论依据。通过激活和提供必要的背景知识，教师能够使学生具有一定的与主题有关的背景知识，为下一步的阅读教学做好铺垫。

1. 背景图式

故事发生的背景、人物的相关信息、相关话题知识会直接或间接地影响学生的阅读，因此也是读前教学常常要涉及的内容。在学习一篇课文之前，教师应该为学生介绍与课文相关的背景知识。如果学生对这些背景知识一无所知，他们对文章的理解就只能停留在字面意思上。更何况阅读不只是掌握语言、培养阅读技能，还应该能够让学生体验文化艺术教育。

当然，这些知识不一定只能由教师讲授，也可以由学生发挥主动性，即让学生利用资源策略检索信息，制作课件在课上介绍，或者利用班级板报或者主页分享这些信息。这样不仅可以培养学生的自主学习能力，还可以给学生提供自我展示、自我实现的机会，从而

---

[1] 王佩雄，袁益民. 弗雷尔的教育思想[J]. 外国教育动态，1990（4）：42-44.

调动学生的学习积极性。

图式的激活存在两种情况：一种是自上而下的（也称为概念驱动），另一种是自下而上的（又称为材料驱动）。其中，概念驱动是一种预期驱动，也就是顶层的图式知识可以用来对读物进行预测。例如，一篇文章的题目，从表面上看只不过是几个字，但从心理上它唤起了一系列关于该文章所述主题的图式知识，从而激活了一系列低层次的图式。这些低层次的材料驱动图式活动又可以引起高层次的图式反应。图式在英语阅读中可以分成两类：一般图式和特殊图式。一般图式即读者过去生活经验及头脑中对事物固有的抽象观念，包括话题内容图式、语篇结构（行文）图式等。特殊图式即目的语本身特有的文化内涵和目的语国家的文化背景知识，如英语本身的语言结构，词汇中的文化内涵，英语国家的历史、风土人情、交际礼仪、宗教信仰、价值观等。

2. 策略知识

策略知识指完成阅读任务所需要的阅读技巧、学习策略等方面的知识。例如，学生是否知道通过阅读首句获取文章的大意主题，是否知道通过阅读 for example 之前的句子理解作者例证要说明的问题。又如，学生是否知道可以检索某些资源帮助完成阅读任务，尤其是在项目阅读教学中。如果完成任务需要这些知识，而学生又不了解这些策略知识，那么其阅读就会受到影响，因此，教师应根据学生的具体情况和阅读任务的具体要求安排阅读策略的教学。

但是，如果策略本身是阅读的教学目标之一，也就是说，阅读教学的目的就是让学生了解和掌握某项阅读策略，而不是运用以前学习过的策略完成新的阅读任务，那就不宜提前处理该项策略。

如果阅读教学的目标不是培养某种阅读策略，而是利用某种阅读材料获取信息，那么在阅读之前就有必要进行策略的准备，诊断一下学生是否了解该策略；如果不了解的话，就要介绍该策略。如果通过需求分析发现学生不了解这一策略，在阅读之前就可以提供另外一个类似的阅读材料讲解这一策略。

3. 语言知识

语言知识包括词汇、句法和篇章结构。一般情况下，影响学生阅读的多是单词和句法结构，而时态、非谓语动词等语法现象对阅读理解的影响不大；但是核心词语以及涉及句法结构的语法项目可能会影响学生的理解。

（二）预测文本内容

阅读技能的培养需要大量的阅读实践活动和训练。首先要培养学生对阅读材料的预测能力，并激活相应的背景知识。预测分为多种方式，如看到标题后猜测可能会出现的内容，浏览文章的小标题、插图后猜测可能会涉及的细节内容，根据文章的第一段预测全文的内容等。还可以根据上一句预测下一句。这些预测活动能够调动读者内在的知识，进行知识的交换，对理解新的文本起到重要的作用。

英语阅读是学生获取知识的主要手段，而预测作为一项认知技能，在英语阅读中起着重要的作用。在读前活动阶段，教师应创造一个有助于学生形成预测的氛围，训练学生自觉运用预测的技能。对即将阅读文本的预测，可以提高学生的学习欲望、增强理解力、帮助学生共享同龄人之间的知识背景，赋予学生理解的责任。教师在备课时，应当以阅读教材为基础，适时、有效地设计预测，使学生能围绕主题积极地思考。一方面，唤起他们头脑中生成的与主题相关的已有知识，另一方面，鼓励学生预测将要阅读的内容，设定自己的阅读目的。这些都能为下一阶段的阅读活动做好积极的准备，使学生清楚将要阅读的主题，更能激发学生在阅读过程中不断进行与文本作者的交流，开展先前预测和阅读语篇后获取信息的对比、校正，构建真实意义，从而使阅读成为一种积极、主动的学习，而不是仅仅以学习语言知识为主的活动。

弗雷尔通过调查研究，为教师设计与预测文本相关的教学活动提供了理论依据。他在书中提出的观点有力地说明了在读前阶段进行有效的预测是一种良好的阅读策略，它能激发学生的已有知识，引导学生从篇章标题、副标题、文章插图、文章首行或者首段对阅读文本进行思考性猜测，从而激发学生深入阅读，以求证或调整作为预测的动机。

常用的预测方法包括三种：全文预测、下一句预测和段落预测。

在读前阶段，合理有效地指导学生对文本进行预测对阅读教学的顺利开展起着至关重要的作用。教师如果能够认真钻研文本，充分考虑学生已有的语言知识及文化、教育、生活背景，恰如其分地设计好预测活动，不但可以活跃课堂气氛，更能激发学生阅读的兴趣，唤起阅读的欲望，使阅读过程变成一个积极主动的交际过程，从而把阅读的难度降低，把阅读的质量提高，达到有效完成阅读任务的目的。

三、常见的阅读前准备活动

（一）头脑风暴

头脑风暴是比较常用的图式激活活动，主要是教师提出问题，学生（个体或小组）在短时间内集思广益，想出与话题相关的尽可能多的知识或词语等。

大部分材料的阅读可以采用头脑风暴的方式，如前面提到的有关健康饮食的课文。但是，头脑风暴比较适合激活学生的已有图式，如果学生对某背景图式一点都不了解，就无法采用头脑风暴的活动形式，因为学生既然缺乏相关的知识，自然无法给出任何信息。有关沙尘暴的课文可以采用头脑风暴的方式，因为学生对沙尘暴的成因还是了解的，也能给出制止沙尘暴的建议；而 The Renaissance 一课和 Foreign Food 一课，学生有可能知之甚少，甚至是一无所知，就不适合采用头脑风暴的形式。

（二）话题相关讨论

教师可以选择与话题相关的表述，让学生讨论其与话题的相关性。例如，《英语（基本版）》第三册中的一篇阅读，文章介绍的是作者如何由健康变为不健康的。根据文章涉

及的内容,我们可以组织如下讨论:

Work in groups and discuss which of the following might cause health problems. Then report your opinion to the class.

①Cycle to work

②Drive to work

③Stress

④A job with a lot of stress

⑤Drinking and smoking

⑥A family to support

这种讨论不仅可以起到激活图式的作用,还可以起到预测的作用。通过讨论学生可以了解哪些因素有利于健康,哪些不利于健康,还可以涉及文章中的信息。如果学生对上面表达中的词语不熟悉,这个活动还可以起到词汇教学的作用。

(三) 加强背景知识的储备

语言是文化的载体和映射,是文化的一个组成部分。大量的语言试验说明,英语阅读的障碍不仅仅存在于词汇和语法方面,语言所承载的背景知识和文化信息也是阅读理解的主要障碍之一,因为不同语言中某些词语的概念虽然基本相同,但其表达意义和社会文化含义却往往独具浓郁的民族特色,深深地被烙上民族历史、文化、习俗、政治的印痕。它不仅包含着民族的历史和文化背景,还蕴藏着该民族的对人生的看法、生活方式和思维方式①。奥苏贝尔认为,文化背景知识同语言知识相辅相成,是阅读理解过程不可分割的两个方面。② 只有当学生将语言文字与其承载的文化背景知识联系起来以后,意义才产生,理解才产生,阅读的交际功能才得以完成。英语阅读理解要做到理解透彻就必须要有足够的说英语国家的文化背景知识。

背景知识不仅指文化背景,还指人们掌握的各种知识,包括语言知识本身及读者已有的各种生活经验、经历等。对有些文章读者不能快速、准确地理解并不都是语言层面的问题,知识面窄、缺乏相应的背景知识,也是影响阅读理解水平的一个重要方面。安德森等认为,读者之所以能够有效地获取信息是因为他们在阅读的过程当中不仅利用必要的词汇、语法、句法、语义、篇章等语言方面的知识对所阅读的信息进行辨认、理解和吸收,还调动了大脑中已经存在的图式背景知识结构,使之同所接收到的信息相互作用,产生共鸣,以达到理解的目的③。文化背景知识有可能成为阅读的无形障碍。经常可以看到由于不了解说英语国家的文化背景,学生在做选择题时不知如何取舍的现象。

---

① 郝晓静.中西文化差异对英语阅读影响要素分析[J].青海师范大学学报(哲学社会科学版),2007(3):124-126.

② 杨波.奥苏贝尔"有意义学习"理论在英语教学中的应用初探[J].课程教育研究,2014(21):256-257.

③ 江强.论影响英语阅读理解的因素及其改进策略[J].校园英语,2018(24):128.

东西方社会是在不同文化的基础上形成和发展的，所以人们的思想、信仰、习俗等都有差异。语言是一种特殊的社会文化现象，它是人们在长期的社会生活实践中约定俗成的。思维方式是沟通文化和语言的桥梁，它既是文化心理特征的体现，又是语言生成和发展的深层机制。英语教学中的文化背景主要指说英语国家的地理、历史、风土人情、传统习俗、社会生活、文学艺术、行为规范和价值观等。每个民族都有自己独特的风俗习惯和文化背景，人们总是根据自己的文化背景及语言习惯用自己固有的思维方式去理解别人说的话，所以如果不熟悉英语国家的文化背景知识，不懂用西方思维方式去理解英语语言，就会产生误会，造成交际障碍。例如，Mary is green with envy（玛丽妒忌得眼睛发红。）本句中 green 的意思相当于汉语的红眼病。red letter day 表示好日子、纪念日。to blow one's own horn 意思是自吹自擂。这些句子中有东西方对颜色的不同理解，还有一些谚语的特定用法造成了理解上的偏差。值得注意的是《圣经》中的各种隐含意思容易造成语言理解上的障碍。由于东西方文化的差异，以及政治体制、风俗习惯、传统、道德水准、思维方式等方方面面的不同，如果对该语篇的相关文化背景知识缺乏全面了解，在阅读文本时就会受到不同程度的影响。这个时候就需要读者根据背景知识理解文章。

（四）构建语义图

语义图（亦作语义网或词汇网）可以用于图式激活，也可以用于词汇呈现。例如，如果阅读与音乐有关，就可以让学生以音乐为核心概念展开思维，构建语义图。不同的语义图在阅读教学中起到的作用不同。通过不同语义图的构建，学生可以了解音乐的分类和各种乐器，从而扩充音乐知识，熟悉一些单词。

语义图的构建可以采用开放的形式，也可以采用控制的形式。控制的形式是指教师给出语义图的核心架构，学生根据提示完成语义图。采用开放形式构建的语义图未必能够包含阅读材料中的所有重要信息。因此，在构建语义图时必须仔细分析阅读所需要的是什么。

也可以只给出中心词让学生将其所想到的信息进行分类，构建语义图。这样可以培养学生的分类能力、认知范畴感知能力。根据具体话题的要求，语义图中所填写的可以是单词、短语，也可以是句子，在激活图式的同时帮助学生在语言表达方面得到发展。

第三节　高校英语阅读课中教学

一、学生猜词技巧的教学

（一）根据词的结构猜测词义

结构法即通过单词本身的构词方法来推敲词义。了解了单词的结构，遇到生词时，就可以由已知的单词成分去分析未知的单词含义。同时，这种方法也方便巩固单词记忆并扩大词汇量，是一种省时高效的记忆单词的方法。

1. 词根构词法

中英文最大的不同点在于：中文属于象形文字，字形固定不变；英文属于符号文字，其字形（拼写法）需配合语意和句意表达的条件并受其约束。这就是为什么同一个词在不同句子中会有不同的拼写形式，还有很多词貌似相同，拼写上却又有着细微差别。若想猜测单词的含义，有必要先了解词根的意义。词根是英文单词形成的"根基"，也称"字根"。例如，当今社会，计算机的应用已遍及各个领域，其结果是，以 cyber-（电脑化的）为前缀，派生出了许多与电脑相关的新词，如 cyberculture（电脑化文明），cybermania（网迷），cyberschool（计算机学校），cybraian（电脑族）等。如果学习者能了解 cyber- 的构词含义，理解这类词汇就会更加容易，会像摘葡萄那样一摘摘一串。可见，词汇的词源知识，可以有效地帮助学习者了解英语词汇的"嫁接艺术"，使他们能更好地理解词义并迅速扩大词汇量，最终达到提高语言运用能力的目的。① 了解并掌握英文词根含义，将直接帮助学习者进行有效推断，把握单词的含义。

英语词根有两类。一类是由单词作词根，如 man、pen、booh 等。另一类词根比较隐蔽，不容易辨认出来，它不能单独成为单词，这些大部分是拉丁语或希腊语词根，如 stand、station、distent 的词根是 st，它不是单词，但它含有"站，立"的意思。

下面是词根构词法的两个例子：

①cent 来自拉丁文 centum，意为 hundred，百。以 cent 作词根的单词含义大都与"百"有关，如：

centenary 百年的，百年纪念。其中 en 为"年"。

centigrade 百分度的，摄氏度的。其中 grade 为"级"。

centimeter 厘米（一米的百分之一）

centipede 蜈蚣（一百只脚），ped 意为"脚"。

century 百年，一世纪

percent 百分数（每一百），per 为"每"。

②stru，struct 都是指建筑，来自拉丁文 struere。以此为词根，产生了很多与建造有关的单词，如：

structure 构造，结构

construct 构成，建筑（con=together）

construe 解释，推断（组合成新意）

destruct 破坏，炸毁（de=down）

destructible 可破坏的，可毁灭的

instruct 教授，指导，通知（构建于心中）（in=into）

---

① 陆杨. 浅谈英语构词法与扩大词汇量[J]. 校园英语，2018（50）：242.

instrument 工具，器具，乐器（建设必需的工具）

misconstrue 误解（错误的解释）(mis=wrongly)

2. 派生构词法

派生法就是把构词词缀（后缀或前缀）附加在各种词类的词干的后部或前部而构成新词的方法。由派生法构成的派生词总是包括两个构词要素——词干和词缀，词干是派生词中的基础部分。派生法与中文汉字的构词法有很多相通之处。例如，中文的部首"足"跟足、脚有关，诸如"跑、跳、踢、蹬、踹"等动词皆由此而来。"手"与手有关，如"扎、扑、扒、打、扔、托、扛、扫、扣、扬、扳"等字均可大致猜出是用手做的动作。"忄"是"心"，与感情相联系，由此产生"情、恒、恨、思、念、想"等字。英文单词的派生构词法与此同理，在含有特定意义的词根基础上加上前缀、后缀，成为单词。因此，理解词根、词缀的含义是猜词、记词的基础。

现代英语中派生词可以分为以下三个主要类型：

第一类：非派生词干+后缀或前缀，如：

modern-ize v. 使现代化

move-ment n. 运动

dis-cover v. 发现

re-new v. 使更新

第二类：派生词干+后缀或前缀，如：

modern-iz（e）+ation n. 现代化

dis-cover+y n. 发现

un+decided a. 未决定的

en+com-pass v. 围绕，包围

第三类："依附"词干+后缀，如：

theor+ist n. 理论家

astronom+y n. 天文学

常见的前缀、后缀各有一百多个。掌握这些常见的前缀和后缀是非常重要的。有些前缀的构词能力非常强，出现频率很高，如前缀 ad 出现在 The Teacher's Word Book 两万个高频词中的 433 个单词中，而前缀 circum 只出现在 8 个单词中。①

（1）前缀

前缀通常会改变一个词的词义。例如，加上否定前缀（negative prefixes）un-、in-、im-、il-、ir-、non-、dis-、mis-、mal-等，派生出来的词就变成了原词的反义词。如 balance→imbalance、pleasure→displeasure、management→mismanagement、nutrition→malnutrition、accurate→inaccurate、patient→impatient、judge→misjudge、treat→maltreat、use→ill

---

① 徐冰若. 英汉派生构词法比较［J］. 佳木斯大学社会科学学报，2006（5）：152-153.

-use、mobilize→immobilize、quote→unquote 等。

除表示否定的前缀外，还有许多表示其他意义的前缀，与词根共同组成新词。例如：anti-government（反政府）、auto-intoxication（自我迷醉）、bi-lateral（双边的）、co-exist-ence（共存）、counter-argument（反建议）、de-emphasize（不强调）、ex-president（前任会长）、inter-national（国际的）、mono-lingual（单语的）、post-war（战后的）、pre-caution（预先防备）、pro-China（支持中国）、re-state（重述）、sub-human（非人类）、super-impose（加在上面）、trans-atlantic（横跨大西洋的）、tri-angle（三角）、ultra-smart（超能的）。

有时，前缀也会改变单词的词性。例如，en-加在形容词前面，会使派生词具有动词的性质，如 enable，enlarge 等。

（2）后缀

后缀不能单独成为单词，它是附加在单词或词根后面的构词成分。每一个后缀可以表示一种或多种意义。英语中除-less 等个别后缀外，绝大多数后缀不改变词根的基本意义，只改变其词类。它的作用恰好和前缀相反。如词根 work（工作），加后缀-er、-ing、-able，分别构成名词 worker（工人）、形容词 working（工作的）、workable（可使用的）。

利用后缀来分析派生词，不仅能更好地理解记忆词形和词的意义，而且能正确判断其词类，是一种很好的预测词义的方法。

3. 合成构词法

合成法就是把两个或两个以上的字组合成一个新词。中文里也有类似的词，其含义由形成词语的各字的含义共同形成，如足球、验血、游泳池、候车室等。由于汉语是象形文字，甚至有些字也是由一些简单字组合而成的，如蚕、富、合、林、男等。

合成词在英语中同样很活跃，猜测其词义时把各部分含义综合在一起或略加引申即可。

合成构词法主要有以下几种类型。

（1）合成名词

合成名词的特点是：词的第二个成分多半是名词，而第一个成分的词类则往往不受限制。合成名词的构成方法主要有：

①名词+名词：work-shop（车间，工场）

②形容词+名词：blue-print（蓝图）

③动名词+名词：reading-room（阅览室）

④动词+名词：break-stone（碎石）

⑤名词+动名词：sun-bathing（日光浴）

⑥动词+副词：feed-back（反馈）

⑦副词+名词：down-fall（垮台）

（2）合成形容词

合成形容词的构成方法主要有：
①形容词+名词+-ed：medium-sized（中型的）
②数词+名词：five-year（五年的）
③名词+形容词：world-wide（世界范围的）
④名词+现在分词：oil-bearing（含石油的）
⑤名词+过去分词：man-made（人造的）
⑥形容词+形容词：light-blue（浅蓝色的）
（3）合成动词
合成动词比较少见，其主要构成方法有三：
①名词+动词：work-harden（加工硬化）
②形容词+动词：white-wash（粉刷）
③副词+动词：half-understand（一知半解）
（4）语句式合成词
语句式合成词指的是组成固定词组或句子形式而当作一个单词一样来使用的词，如：
a day-long teach-in（一整天的宣讲会）
in-the-not-so-distant future（在不远的将来）
never-too-old-to-learn spirit（活到老学到老的精神）

4. 转换构词法

转化法是将一种词性转化为另一词性从而构成新词的方法。通过这种方法构成的新词在形态结构上不发生变化，只是词性发生转变。古汉语中也有类似于转化法的"使动用法""意动用法"以及名词作动词、动词作名词等词性变换。有时候，我们会在文章中见到一些貌似熟悉但用法却很陌生的单词，这类词往往是转化而来的，其词义和原来的词有很大联系。转换常见于下述几种词类中。

（1）从名词转化成动词，如：
table（桌子）→to table（放在桌上，嵌合）
doctor（医生）→to doctor（医治，治疗）
saw（锯子）→to saw（锯）
silver（银）→to silver（镀银）
pain（痛）→to pain（作痛）
（2）从形容词转化成动词，如：
empty（空的）→to empty（倒空）
narrow（狭窄的）→to narrow（变窄，收缩）
thin（细的）→to thin（使细，变稀）
（3）从动词转化成名词，如：
to burn 燃烧→burn 烧伤（处）
to support 支持→support 支持（物）

5. 截短构词法

将单词缩写，词义和词性保持不变的英语构词法称为截短法，主要有掐头、去尾、掐头去尾等形式构成新词。例如：

①掐头：telephone→phone；aeroplane→plane；omnibus→bus

②去尾：advertisement→ad；public house→pub；mathematics→maths；examination→exam

③掐头去尾：prescription→script；influenza→flu；refrigerator→frige

④拼凑整合：nylon-stockings→nylons；popular song singer→pop-singer；three-dimensional film→Three-D

（二）根据语境猜测词义

根据语境猜测词义策略是指学生在英语阅读过程中遇到生词时所采用的猜测词义的手段，如借助词缀变化、上下文和背景知识等。通过上下文猜测词义的能力是学生英语学习潜能的一个重要组成部分。学生猜词能力强对其词汇量的增加和阅读能力的提高也起着重要的作用。国外对学习者的猜词能力进行了大量研究，这些研究的结果表明，无论是在母语中还是第二外语中，学习者所习得的大部分词汇是通过上下文猜测词义学会的，而不是通过课堂上教师的直接词汇教学，或者在词典中查阅生词含义。① 有研究表明，阅读中至少80%的生词都可以通过上下文猜词这一策略推理出词义，不能猜测出词义的生词很少。② 对于英语学习者来说，猜测词义策略是最有效的词汇学习策略之一。鲁宾曾做了大量语言学习策略研究。她发现成绩优秀的学生经常采用的7种学习策略中，重要的一条就是猜词策略。词义推测是最有效的阅读策略之一。词义推测代替查字典可以使阅读过程更加顺畅，不被打断。在阅读中借助语境推测词义不仅能开始学习新词，丰富已知词的知识，而且可以提高学习者的阅读技能和阅读速度，使阅读成为一项有趣的活动。③

1. 根据定义解释猜测词义

根据上下文中生词的定义猜测词义是进行阅读时最常见、最直接的一种猜词方法。定义可以通过信号词、标点符号或语法成分进行提示。

信号词有 is、that is、means、is defined、refers to、in other words、or、as 等。标点符号有冒号、破折号、小括号、逗号、分号等。语法成分有定语从句、同位语从句等。例如：

①Etymology, a branch of language study dealing with word origins, ought to be viewed as one way to help children expand their vocabulary.

直接对 Etymology 进行解释。

---

① 薛军锋. 克拉申输入假说与医学英语词汇教学策略研究［J］. 当代教育实践与教学研究，2020（8）：51-52.

② 董芳菊. 浅议英语猜词策略及策略培养［J］. 广西民族师范学院学报，2013，30（3）：116-118.

③ 吴华兰. 英语阅读中的语境猜词策略［J］. 佳木斯职业学院学报，2015（7）：354-355.

②The word culture has a different meaning for anthropologists (people who study human kind)。

括号中 people who study human kind 直接对 anthropologists 进行解释。

2. 根据对比和比较关系猜测词义

比较是指对两种或两种以上同类的事物辨别异同。对比是把互相矛盾对立的事物放在一起相互比较。通过比较和对比的关系猜测词义就是我们在阅读理解中，通过对照上下文的意思，比较文中所提供的各类信息来猜测词义。通过信号词如 and、like、as if、whereas、but、yet、while、although、despite、in spite of、however、not、even though、instead、rather than、on the contrary、on the other hand、nevertheless、in contrast，或者近义词、反义词等来比较推测单词含义。例如：

①There is no reason to insult and defame the man simply because you do not agree with him.

这里的"insult and defame"是我们常见到的由 and 引出的两个表示同义或者近义关系的词语。

②Unlike her gregarious sister, Jane is a shy, unsociable person who does not like to go to parties or make new friends.

由 unlike 信号词指出这两个人性格截然不同，gregarious 的意思一定与下文中"shy, unsociable, does not like to go to parties or make new friends"的意思相反。

3. 根据背景常识猜测词义

在阅读的过程中，如遇到生词，除运用以上介绍的猜词方法外，高校学生有时需要综合理解文章和背景，有时可以根据自身的直接或间接的经验，或运用自己已有的常识将其推测出来。例如，了解一些英美国家的天文地理、风俗习惯、宗教信仰、政治结构、社会制度等，可以帮助加深对文章的理解，遇到生词时，猜测词义的能力自然就增强。例如：

①The man thought that the children were defenseless, so he walked boldly up to the oldest and demanded money. Imagine his surprise when they began to pelt him with rocks.

这个人以为孩子们是 defenseless，但是当他大胆地去要钱时，却令他大吃一惊。因此可以推断出，结果与毫无防卫能力恰恰相反。同时下文还有用石头 pelt，根据上下文分析可以推测出 pelt 的意思大致是用石头打、扔之类，"defenseless"的意思是"没有防卫能力的"。

②In old days, when girls from rich families were married to their husbands, they expected to bring with themselves a large quantity of dowry.

通过常识，可以推断出 dowry 的意思为嫁妆。

综上所述，利用各种已知信息推断生词含义是一种重要的词汇学习策略，也是最重要的阅读技巧之一。在实践中，可以灵活、综合运用上面提到的几种技巧，排除生词障碍，顺利理解文章的内容。

4. 根据重述关系猜测词义

有时作者在阐述某个概念或某一事情时，为了把它讲述得更清楚，他可能采取另一种方式重述一下前面的内容，这种重述往往用比前面一种表达更为简单易懂的词语，后面这种简单易懂的词语无疑为前面较难的词语提供了猜测的线索。因此，读者在阅读的过程中如果遇到生词，不要停下来，不妨看一下后文对该生词是否有另一种阐述或解释。表达重述，作者也经常使用一些信号词，这些信号词有：in other words、to put it another way、that is to say、or、that is、i. e. 、to be precise。例如：

Before the main business of a conference begins the chairman usually makes a short preliminary (i. e. introductory) speech, or makes a few preliminary remarks. In other words, he says a few things by way of introduction.

在阅读此句时，如果对"preliminary speech"的意思不是十分清楚，只要接着往下读，意思就会逐渐明朗起来，"or"和"in other words"后面的部分都是对"preliminary speech"的重述，由此可以推断出"preliminary speech"的意思是在开会之前主席所做的一些简单的介绍，或者说是"开场白"。

二、学生读文技巧的教学

书有可浅尝者，有可吞食者，少数则须咀嚼消化。读书要讲究方法，不能用一种方法阅读所有的东西。阅读材料本身和读者的阅读目的决定了他们对阅读方式的选择和相应的阅读速度。

如果想从当日的报纸中了解一天的国内外大事，目的是浏览重点信息，就需要使用跳读的方式，忽略细节，关注重点。如果手里拿的是一份列车时刻表，需要查找两地之间的火车车次和走行时间，学生的阅读目的就是寻找特定的信息，就会采用查读的方式。如果阅读的对象是教材，目的是记住所读内容的细节，就要采取细读的方法。阅读速度要放得很慢，将理解的准确性放在阅读任务的首位。

（一）几种主要的阅读方法

1. 略读

略读是指以尽可能快的速度阅读，迅速获取文章的中心思想和段落大意。换句话说，就是要求读者将文章粗略地读一遍，一般只要求有选择地阅读，看懂文章的大意。

阅读时，先把文章粗略地浏览一下，看看文章中是否有自己需要的、自己感兴趣的资料和信息。在略读过程中，如果发现哪里需要慢慢细读，再停下来，用其他方式阅读。

（1）略读的特点

①在短时间内阅读大量的材料，获取主要信息。

②忽略细节和不关注的部分。

③不对阅读材料做全面准确的阅读。

④阅读速度灵活调整，阅读方式随时改变。

（2）略读的技巧

①先整体预测略读。利用文章的标题、副标题、小标题、斜体词、黑体词、标点符号等，大概了解文章的内容。特别是要注意作者的思路、文章结构，以便把握文章的大意和布局，了解细节的位置和主要观点的相互关系。

②开始一两段要慢读。文章的前两段多为重点段落，往往会出现文章的中心思想和主旨。以一般阅读速度阅读文章开头的一两段，力求抓住文章的大意，文章的背景，作者的风格、口吻或语气，作者的观点、态度，以及核心词等。通过这种较慢的阅读速度对文章有一个大概的了解，并记住一些重要细节。

③重点阅读段落的主题句和结论句。抓住主题句就掌握了段落大意，可以略去细节不读。一般主题句会在一个段落的段首、段末或段中间，但是有些段落并没有主题句，要读者自己归纳总结。主题句是一个段落内容的高度浓缩。抓住主题句就等于掌握了段落大意，就能够区分主要部分和次要部分，从而可以略去细节不读，提高略读速度。通过抓住每一自然段的中心论点或中心句来判断一篇文章的大意。如果阅读记叙文，就应该抓住故事发展的线索及故事的起因、经过和结果，就像平时谈到的"5W1H"（who，what，when，where，why，how）。

2. 查读

查读指在较多的阅读资料中迅速准确地查找出某些有用的信息。例如，在一本电话号码本里把某人的电话号码找出来；在机场显示屏上找出所乘航班的信息（哪个窗口办理登机手续，该航班是否正常等）；在地图上找到某个特定地点等。这些是不成文的资料。

还有一类是成文的资料，如通知，告示，招聘广告，通讯报道，含菜谱在内的各类说明文，含散文、小说在内的各类叙述、描述性文章，含评论、论文在内的各类议论文等。查读要求读者迅速从中查找某一项具体事实或某一项特定信息，如人物年龄、事件起因、发生时间、事件地点、相关数字等，而对其他无关部分则略去不读。

（1）查读前的准备活动

①要想提高搜索信息的效率，学生必须在搜索开始之前知道信息是如何排列的。很多参考性材料都是按照字母顺序编排的，如词典、百科全书、索引和电话号码簿等。但并不是所有材料都会按照这种方式编排，如电视节目就是按照日期和时间列出的，历史数据和表格也常常按照年和月排列，报纸的体育版则是按照运动种类编排的，如棒球、足球、网球等。

②所有的材料都会按照一定的逻辑顺序展开。因此，准备查读之前，学生应该花上一两分钟了解这个材料的结构。熟悉了材料是如何展开之后，就可以开始寻找可能包含所需信息的部分了。

③一旦确定了材料中包含所需信息的部分，就不要在无关的单词和句子上花费时间，而是要用最短的时间锁定所需信息。

（2）查读的技巧

①利用文章标题、小标题、黑体词或插图。查读之前要明确自己寻找的内容，要对文章的结构布局有一定的了解。首先看看文章标题或章节标题，由此确定文章的哪部分包含

自己需要的材料，或者每一部分包含何种材料。这样可以直接跳到那个部分进行寻找，以避免浪费时间而盲目搜索全文。有针对性地先确定一个范围，有助于提高阅读的时效。

②关注关键词及一些重要的过渡词。先找到包含所需信息的章节的大致位置，准备查读。下一步，要留心所需信息中的关键词和一些过渡词。关键词是题干所特有的词或词组，如专有名词、数字、时间等。一定要事先记住所需信息中的关键词，在与文章进行比对时要注意关键词出现的位置，在其前后重点进行阅读。对那些常见的过渡词，如 but、however、as well as、as a result、in a word 等要留心。这些词能告诉读者作者的思路变化情况，有利于抓住文章的主题思想。

3. 细读

细读要求对关键词、句要仔细琢磨，以便对其有较深刻、较准确的理解和掌握。不仅要理解其字面意思，而且要通过推理和判断，弄清文章中字里行间所隐含的意思。在细读中，对没有学过的生词，可根据上下文或自己的背景知识等来推测其含义。实在无法推测，就需要请教他人（包括教师）或借助教科书和词典。对难以看懂的长句，可借助语法手段、篇章手段加以分析，以达到透彻的理解。自己无法理解的难句，也要通过其他渠道来掌握。

前面介绍的两种阅读方法是有效提高学生阅读速度的方法。它们的不足之处在于，阅读完成后，学生对材料的理解程度不高，甚至可以说是以牺牲理解准确性来换取速度的阅读方法。要想提高理解的准确性，必须采用细读的方法。有时候，细读不是指逐词逐句地去阅读，而是通过意群分割的方式阅读材料，在必要的时候通过回读材料内容，回忆细节，核实阅读中的猜测或理解。读者在阅读过程中积极思考，既关注主要观点，又关注细节性信息，以期能够充分理解材料内容，鉴别作者的观点、结论，评价作者的逻辑思维和写作技巧。

细读主要包括两种方式。

（1）欣赏阅读

欣赏阅读是细读的一种。一般指在进行文学作品的阅读时，除了要了解作品的基本内容、人物特点、故事情节等客观方面的信息，还要进行文章结构的分析，作者写作的特色分析，作者遣词造句的巧妙之处的分析，文章所揭示的深层含义的判断等。这些较高层次的思维活动被大量地结合进英语阅读的过程当中，从而使读者得到阅读的快乐和享受。

欣赏阅读在英语阅读过程中是一个很重要的环节，而大多数英语学习者却恰恰忽略了这一点。在英语教学中，无论教师还是学生都有这样一个误区：认为英语阅读就是只要把材料的内容掌握了，就达到了英语阅读的目的。这样的阅读往往会流于表面，甚至有时可能连作者的写作意图都体会不到。因此英语教学应该加强对欣赏阅读的了解和实践。

（2）批判阅读

批判阅读的目的不是读文字，不是记忆所读的内容，而是在阅读的过程中提出问题，寻找各种假设，进行分析综合，明确作者要传达的要点。因此，进行批判阅读的主要步骤有：预习文本，获取相关话题的背景知识，确定阅读的目的，确定文本的组织结构，提出问题，审视理解，同义转译并归纳作者的观点，考察作者的背景及其与阅读材料中观点的关系，确定作者的目的和态度，把读到的观点与其他观点联系起来，撰写关于所读内容的文章使思路清晰，评估读者关于该话题的背景知识，与别的读者合作讨论阅读材料中的观点等。

学生因为时间有限不可能对较长的语篇进行整体细读，但是可以有选择性地细读部分语篇，深刻感受作者遣词造句的奇妙之处。

（二）善用阅读技巧

1. 采用意群阅读法

主题阅读的过程同时也是理解的过程，意群阅读会比一次只阅读孤立的一个单词更有利于学生理解篇章。意群是指句子中按照意思和结构划分出来的若干小部分，可以是一个词或一个词组，表达一个完整的意思。意群阅读则是指每次视线停顿时，看到的应该是一个词组甚至一个句子，然后跳到这一行的下个部分。试比较下面对于同一句话的两种阅读方法。

例如：Do you want a cup of tea?

A：Do/you/want/a/cup/of/tea?

B：Do you want/a cup of tea?

如果用方式 A 阅读，即逐词阅读，不但速度会很慢，而且很难抓住这个句子的中心意思，因为不能孤立地理解每一个单词。以 do 为例，它既可以做助动词也可以做实意动词，只有放入 do you want 中才能理解它在上下文中的具体含义。

为了训练意群阅读，学生可以尝试看着一个单词并且扩展自己的视域，同时看到它旁边的单词。

2. 有意提高读速

大学英语阅读的培养目标要求学生既重视理解的准确性，又重视阅读的流畅性，因此，速读技能的训练是提高学生整体阅读能力的重要环节。同时，教师也应使学生充分认识到，理解的准确性与阅读的流畅性是有效阅读中两个不可分割的部分，是辩证统一的关系。理解的准确性反映在理解的深度上，阅读的流畅性则反映在阅读速度上。没有一定的阅读速度，就无法进行真正交际性的有效阅读；反之，只图速度而缺乏准确性，囫囵吞枣，则会严重影响真实交际性的有效阅读和阅读的价值。已有研究证明，阅读速度越快，理解能力越强。其原因在于快速阅读要求注意力高度集中、一目数字，快速阅读能使文章前后内容更快联系、迅速结合起来，这个过程使思维更连贯，更注重眼和脑的协调配合。如果阅读时不管阅读目的、无论文章类型一味地去逐字逐句细读、慢读，甚至轻声朗读，不仅影响阅读速度，而且对理解文章没有多少帮助。鉴于此，教师应帮助学生逐步改正逐字逐句阅读的低效习惯，养成速读的习惯，在理解的基础上提高速度。如果读得快却不理解跟没读没差别，相反，虽能够理解而阅读速度太慢则阅读效率太低，意味着阅读能力不够。因而阅读教学中很重要的任务应是在能够理解的条件下提高阅读速度,学生在具有一定语言水平后应接受速读训练。

3. 缩短每次停顿的时间

很多读者有时会在行首和行尾的停顿上花费大量时间,有时甚至还会串行,重新开始又会花费额外的时间。想要缩短阅读过程中每次停顿的时间,可以尝试一种办法:在阅读材料上画两条竖直的线,一条接近行首,另一条接近行尾。当开始阅读时,从一行的第二个或者第三个单词开始看(也就是两条线之间的第一个单词),不去刻意看第一个单词,而是让目光向右移动,快结束时,离行尾两三个词的地方就停住(也就是两条线间的最后一个单词),然后将目光移向下一行的第二个或者第三个单词并继续这种做法。那些两线之外的单词,只是利用余光扫视。

三、学生句义理解的技巧教学

(一) 英语句子的基本结构

英语句子的基本成分有六种:主语、谓语、宾语、定语、表语和状语。但是这六种成分是分层次的:主语和谓语是主要成分,是绝大多数句子都具有的必要成分;宾语是连带成分,在一些句型中可以不出现;定语、状语是附加成分,一般来说,对句子的基本格局没有影响,定语用来修饰名词性成分,状语用来修饰动词、形容词成分。主语、宾语一般由代词、名词或名词性短语充当,但也可以是从句、动名词和不定式短语。

1. 主语

主语是句子的主体或论述对象。它主要说明是"谁"或"什么"。完整的主语不仅包括主语本身,还包括修饰和限定主语的词、短语或从句。例如:

①The kind of music I enjoy most…

②Everyone at the table…

③Her grandmother…

英语句子中的主语要由名词性成分来充当,这一点无须赘述。中国学生学习的困难主要是长主语。无论名词短语、不定式短语还是从句作主语都比较难掌握。难就难在主语较长时初学者不容易把握句子结构。这时最容易出现将句子片语当成句子的错误。例如:

①The small red and white car with a flat tire.

②The actor who played Shakespeare so well.

为了避免出现类似错误,可以在读句子时先找出主语中心词,然后再考虑主语修饰成分的位置。特别要注意主语从句的用法,不要将从句谓语当成句子谓语。下面两个句子是典型的错句:

①Do the Power Plant which is one of the largest in China.

②The materials used, such as copper, steel, concrete and glass.

显然，第一个句子中只有从句谓语，没有主句谓语。第二个句子中只有过去分词短语，没有谓语动词。

2. 谓语

谓语是用于说明句子主语发出的动作或表现出的特征的。谓语动词往往在句子中心，在句子中起支配作用。无论句子多长，结构多复杂，只要抓住句子主语和谓语就能把握全句。

但是，谓语又是最复杂，最难掌握的。首先，谓语动词种类繁多。有的动词要求带宾语，有的又不能带，有的要求双宾语或宾补，还有系表结构等。另外，谓语动词有人称、数、时态和语态的变化。阅读时这些因素都要考虑。初学阅读时最容易弄错的就是谓语动词。

3. 宾语

宾语表示动作对象，是主语动作的承受者。可以带宾语的动词叫及物动词。可以作宾语的词类有名词、代词或相当于名词的其他词和从句等。除宾语外，有的动词还要求有补足语，才能完整表达句子的意义。

4. 定语

除了主谓宾等主要成分外，句子还需要修饰语。修饰名词和代词的叫定语；修饰动词、形容词和副词的叫状语。定语和状语虽然只起修饰作用，但在阅读中如果使用不当，往往会造成歧义，甚至引起理解错误。

特别是由于中文、英文在句式上差异较大，初学者难以很快掌握两种语言在表达方式上的差异。这种差异比较集中地体现在修饰语上。例如，汉语的典型句式是"句首开放，句尾收缩"。定语或其他修饰成分一般都要放在被修饰语前面。英语则正好相反。英语句子往往是"句首封闭，句尾开放"。

许多初学阅读的中国学生按照汉语思维方式安排英语句子，是不太妥当的。

（二）英语长难句的解析

古人云：万变不离其宗。不管句子多长多复杂，归根到底，它的结构只由两部分组成：主干和修饰部分。主干即由主语、谓语、宾语或表语等成分组成的主谓（宾）结构或主系表结构。修饰部分起补充说明的作用，包括定语、状语、补语等成分。所以问题的关键就是理清句子的结构，分清主干和修饰部分及其间的关系。只要把句子的主干和修饰部分划分开来，长难句就可以被分解，学生理解起来自然会清楚许多。具体可以分为下列四个步骤。

1. 分析句子的主干

找句子的主干主要是找主语和谓语，如果动词是及物动词，还要找出宾语。找到了句子的主干，句子的大概结构就一目了然了。弄清楚句子是简单句还是复合句，是并列复合句还是主从复合句，是主动语态还是被动语态，是强调句型、虚拟语气、倒装结构还是普通句型，确定了句子的主要结构，脑子里就会有一个大致的框架了。

2. 分析句子的层次

主干清理出来了，就应该梳理枝干了。这里说的枝干就是修饰主干或主干某个成分的各种从句和短语，包括定语从句、状语从句、介词短语、分词短语、不定式短语等，可以称之为主要修饰成分。有时候为了结构需要，一些状语或宾语补足语会提前。这时候首先要明确层次，否则很容易误解句意。找到这些枝干，再分析它和主干的各种关系，主次两层就像油和水一样分开了。

3. 分析各成分之间的关系

枝干理清了，就该轮到枝干上的叶子了，或者说次要修饰成分。次要修饰成分指的是修饰枝干的短语、从句等，是更次一级的修饰成分。把这些层层相嵌、环环相扣的修饰和被修饰关系剥茧般剖析分析，句子逻辑和关系就一清二楚了。

4. 归纳整理

在分析完所有的成分之后，脑子里虽然对句子结构有了一条主线，但是可能仍然有些混乱。这时候，一定要趁热打铁，对句子的各个成分及之间的各种关系进行归纳整理，然后打破句子原有顺序，按先主后次的顺序进行重组，最后得出句子的详细结构和句意。

（三）推断句子的言外之意

1. 认真揣摩词句，推断句子隐藏含义

认真揣摩词句是领会句子言外之意的重要方法。作者在表达自己的思想态度时，对所需的每个词（句）都会仔细斟酌。用某个特定的词语表达的潜台词是其他任何词汇都无法表达出来的。所以在理解一个句子时，学生可以先从这个句子的关键词来判断作者有意或无意隐含的意思。就好像用放大镜把每一个单词、短语放大，仔细揣摩其含义。

2. 联系上下文，斟酌潜在含义

揣摩词句意思就如同用放大镜观察词句之外的范围——上下文。理解这些句子时，要结合其所在的语段进行分析，尤其要注意与这个句子相邻的上下句。在分析时，我们要特别注意两点：一方面，要注意此句在段落中的作用，是主旨句、论据、例证还是总结句？另一方面，着重分析句子和句子之间的关系，包括一些衔接方式，如两个句子之间可能是总分关系、并列关系、转折关系、因果关系等。

在分析句间关系的时候，学生尤其要注意一些关键的连接词，这些连接词在理解作者的态度和文章主旨等方面通常发挥着非常重要的作用。例如，表示转折的词或短语可以让学生了解作者要转换话题或否定已述内容；表示举例的，可以帮他们更好地理解例子所支撑的论点；表示总结的，表示作者对自己所述的事情要做一概括并准备结束论述。当然还有表示目的，表示原因和结果，表示解释说明的等。注意到这些连接词会对句子的理解起到事半功倍的作用。

3. 宏观掌控全文，推断言外之意

站在高处你会有一种什么感觉呢？俯视万物，一切都尽在掌握之中。其实阅读文章也

是一样,不能只局限在某一处低洼之地,而一定要上升到一定的高度,提纲挈领,做到"会当凌绝顶,一览众山小"。

因此,解读句子必须要把它放在具体的语言环境中,联系整篇文章的主旨才能更好地予以解读。第一,必须结合中心思想来理解句意,因为中心思想渗透在文章的各个部分,任何一个句子都与这个中心思想有着这样或那样的联系。第二,语篇还会反映作者的写作风格、立场、态度,也会折射出事件的社会文化背景。联系全篇进行阅读才能宏观上把握句子所蕴含的意思和表达的情感。

第四节 高校英语阅读课后教学

一、引导学生巩固已有知识

在学生完成阅读活动之后,教师要采取一定的教学活动对学生习得的知识进行巩固。一般来讲,在英语阅读教学中主要采取以下办法对学生已经习得的知识进行巩固。

(一)复述文章

在阅读完一篇文章或者读完文章的一部分后,学生可以采用复述的方式进行知识内化,同时检测一下自己对该部分的理解程度。复述的形式既可以是找朋友一起复述,也可以自己一个人找一个寂静的地方出声讲述一遍。复述时,如果遇到原来没有读明白的地方,思路就会被卡住。因此,复述可以让学生自己了解哪个地方没读懂,可以促使学生重读相关的章节,加深对文章的理解。复述文章还能够加深对语篇的整体理解。复述的过程,就是学生对阅读内容的内化过程,是学生对整篇文章的重新感知过程,是更高层次的知识理解与巩固过程,能把文字知识变成可以表达的口语内容。如果文章的篇幅较长,则可以采用分阶段复述的方式。

教师也可以使用这个方法检查学生对文章的理解程度。在课堂上教师可以列出一些关键词,提示学生,以帮助他们顺利完成复述。复述的缺点在于复述对环境要求较高。个人复述要找一个相对安静的地方,不受他人的影响,以便思路不被打断。课堂上复述占用时间较多,而且一个时间段内教师只能要求一名同学复述,其他同学只能安静地听着,而时间有限,故只能进行抽查,从而影响了检查的力度。[1]如果课堂时间较为充裕,教师就可以把学生分成若干小组,让小组成员互相复述和监督,共同完成复述的任务。这样可以检查到每个人。

复述时有几点注意事项:

第一,尽量使用阅读材料中的新词、新语。学生在复述时大多数倾向于使用熟悉的词

---

[1] 李伟. 英语课文复述支架设计 [J]. 华夏教师, 2016 (1): 40.

语，而这样做不利于词汇习得。在复述的过程中要提醒学生用新学的词语和新的句子，以有利于巩固新词汇，快速提高语言表达能力。

第二，注意复述过程中的时态、语态等语法现象。有的学生一开始复述就忘了语法，而只顾故事情节。这需要教师在复述前提醒学生保持时态的一致性。在复述的过程中教师不要学生一出错就立即纠正。这样做不利于学生复述思路的连贯性。可以挑主要错误纠正，或者学生复述完成后给予总结纠正。

第三，复述时注意学生口语表达的逻辑性。教师既要注意语法问题，也要提醒学生组织语言时注意逻辑关系。

（二）小组讨论

读完一篇文章后与好朋友讨论一下文章的内容是一种互相促进的方法。电视剧《恰同学少年》中，年轻学生经常一起讨论文章，互相启迪。只有读而后思，才能读出味道，读出道理。

1. 分组的原则

如何分小组是进行阅读分组教学的第一个问题，常见的有按照座位分组，如前后桌四人一组，同桌小组讨论等。这种方法比较便利，无须全班人员大幅挪动，直接就近讨论即可，省去了一些时间上的浪费。但其弊端也同样明显，由于平时班级座位很有可能是教师出于各种原因分组，如果是按照学习成绩分组，尚可以基本保证每组人员学习英语能力较为均衡，但是有许多的班级是按照学生身高安排座位，则会造成小组人员中英语学习水平的分配过于随机，成绩参差不齐，从而可能发生"鸡同鸭讲"、互不吸取意见。即使同组水平一致，组间的差别也不可忽视。有些组可能会在讨论活动里表现得格外活跃，有些组可能因没人积极参与讨论而一直保持沉默。除了小组活跃程度外，英语学习水平的不同也会导致其效率大为不同。在同样时间内，有些小组过快完成任务，可能精力开始分散，而另一些小组因英语能力限制，进度较慢，在规定时间内无法完成讨论任务。这些状况都使教师无法根据预计的统一时间进度对讨论进行中止，最终无法统一讲解。

真正的有效小组划分应当在学生个性、兴趣态度，阅读文章的逻辑能力，英语语言能力水平等基础上进行。每个小组中的成员，应当包含各种成绩水平的学生，注意根据班级人数分组，尽量使每个组员在规定的讨论时间内都有发言的机会。总之分组应当秉持"组内异质，组间同质"原则。这样易于教师设计教学内容，统一教学标准，在学生的反映上，质量及速度不会出现极端差异。

2. 班级整体分组方法

每组人数尽量在4~6人，整个班级的组数有限，课堂时间安排应考虑到每组进行的进程，均匀时间。如果班级人数过少，教师应尽量将每组循环多次，人数过多，就随机抽查，避免按顺序指定小组轮流发言，学生若知道"老师不会提问我"会自动对阅读讨论活动消极怠工，失去积极性。要避免个别学生过度活跃而占据其他同学的时间，也应尽可能地避免发生组内成员性格都内向而无人发言，整个讨论时间都在冷场，使得整个课堂发展成为无效的小组讨论。组内不同层次的组员应针对阅读材料的体裁、写作风格及文章主旨等多个方面进行互助学习。

3. 小组讨论中教师和学生的作用

（1）教师对阅读材料的背景知识做出简介

即使阅读教学展开小组讨论，使用了比较新颖的教学方式，但是阅读的背景介绍仍然是教师应当做的必不可少的活动前准备。教师在开展阅读讨论活动前做适当的背景知识简介有助于学生更好地理解英文文章，并让学生激活文章话题的有关知识，预测文章大致内容，使学生获得一定的阅读兴趣。并且教师还应在阅读过程中，通过适当的提醒，引导学生找出文章主旨，梳理文章结构，引导学生充分地开展阅读，捕捉文章细节，规定问题，把握关键性的细节。小组讨论是教师发起的课堂活动，目的是让学生在进行英语阅读理解的课堂上通过合作来学习英语知识及相关阅读技巧。因此从根本上说，活动本身是为了让学生更好地理解文章，通过互动获得丰富的英语语篇语用知识。如果教师引导阅读前期准备工作做得不够好，学生在开展阅读讨论活动时就会发生根本无内容可说的情况，毫无逻辑地分享心得的情况，这些与开展英语阅读小组讨论活动的初衷相悖，甚至说效果反而还不如传统的独立阅读。

（2）正式讨论时教师的任务

正式进行活动时，教师为了更好地辅助学生进行阅读讨论及监督学生是否专注于活动，并且对整个阅读课堂进行有效的、全方位的评估，应当在不同小组间巡视，在不插入学生讨论、不打扰学生学习的情况下，适当均衡地观察每一组，适当地调节组内学习积极性，对阅读活动中有疑问的同学进行针对性答疑。

在整个阅读讨论过程中，教师应始终作为指导者、参与者、调控者。在不同的讨论阶段，教师一直扮演着不同的角色，实时切换。例如，文章较难时，可以在正式开始前辅助学生梳理一下文章结构。除此之外，细节也同样重要。在进行细节阅读时，教师需要通过示范引导学生学会寻找句子中的关键词，获得有效的信息，分析重难点词汇；寻找单词的前缀或后缀、拆分单词，寻找其合成部分等方法。对以上几个方面进行讲解后，再让学生小组分散阅读，找出关键性的信息。

在这个过程中，必要时针对特别难的部分教师可以通过一起阅读，帮助学生定位主题句，对于英文阅读水平较差的学生，可以轻声辅导，以提升学生的活动积极性，避免个别学生因跟不上组员的进程而偷偷放弃。教师应与学生一起完成活动，不应只是在讲台上以旁观者的姿态观察学生。教师的适时调整、点拨与调控可以让学生在讨论时不至于太过偏颇。

但应当注意的是教师不应该频繁地对学生的讨论活动进行干预。指导语言应简短有效，切题，最终让学生分享彼此的学习收获，达到共同提高英语阅读综合能力的目的。

（3）集体发言环节和总结

这个环节，教师与学生都应集中注意力，确保各组发言人发表讨论成果时的语言正确。对一些有普遍争议的问题，教师可以暂时记录在黑板上，所有组发言结束后，全班统一讨论，充分调动全班同学的积极性，讨论后进行统一讲解。然后总结阅读材料相关的知识点，让学生对整个阅读活动中的问题，有一个准确的答案，对错误答案予以纠正。最后将参考答案写在黑板上，方便学生进行记录。

阅读活动中的形成性评价，不仅包括教师对学生的评价，还应当包括学生的自我评价、学生与学生的互评。引导学生充分而且客观地评价自己，评价其他同学，使学生更加注重自己的每一次阅读小组活动，学生的阅读能力训练会因有效公正的评价而进步。教师在讨论活动后适当地提出表扬，表现好的小组以及态度认真，或是比上次活动有进步的小组都应得到表扬，这样能极大激发学生的竞争意识，后进生有可能因教师的鼓励而产生英语学习兴趣。因为进行阅读活动的意义在于使每一个学生都参与进来，所以教师的评价不应片面着重于最后的答案表述部分，每个环节，如记录者的记录笔记，发言人的语言整合表达能力，以及讨论过程中的活跃度，甚至是纪律问题，都可以是教师和学生评价的内容。

（三）撰写总结和读后感

1. 撰写总结

学生在阅读时如果能够顺手记下好的词语、句子、段落，读完后进行适当归纳和总结，则会事半功倍，使阅读效果大大增强。归纳的主要内容有以下三点：

（1）摘抄好词好句

在阅读的过程中会不断遇到好的词语、句子，不妨在阅读的过程中动动手，把它们抄下来，以便自己以后反复玩味。可以把好的句子背下来，作为写作的素材。时间长了会积累下一大笔财富。钱钟书写《管锥编》之前大量阅读并摘抄，把这些材料积累起来，写成了一部旷世名著。我们普通人没有照相机般的记忆力，故边读边记可以弥补我们记忆的不足。

（2）知识点

也可以把文章中提到的自己一直困惑的地方记下来。例如，笔者在讲课文时遇到了美国中央车站这个站名。在讲解的文章中只有一个名字，再没有其他的描写了。因为笔者并未亲身去过这个车站，在向学生讲这个车站的时候总觉得中间隔着什么，没有感性认识。后来，在《英语学习》杂志上看到一篇介绍中央车站的文章，有种相见恨晚的感觉，急忙把相关的知识记下来，又对文章中精美的插图欣赏了一阵子，感觉自己和该车站的距离一下子拉近了不少。这时若再讲中央车站，就会得心应手。因为不知道下一篇文章中会遇到什么新知识，所以英语老师首先要做一个杂家，广泛阅读，广泛积累，以应对知识爆炸的冲击。学生在阅读时也要把知识点记下来，积累多了，会非常有利于自己知识体系的构建。

（3）自己感兴趣的其他方面

学生在阅读一篇文章时会有方方面面的收获，可以随手记下感兴趣的各个方面。学生的兴趣不同，他们归纳总结的重点就会不同。广泛阅读，及时积累并记录，会使他们成为不同领域的行家。例如，在阅读议论文时，学生应该结合其篇章内在的语言结构特性，归纳并总结其语言基本材料的特点，以后可以通过传统的词汇、语法练习，学习并巩固议论文中的重要词语和句法结构，归纳并总结有效处理和识别这些结构的技巧。英语议论文中的概念往往复杂，具有或隐含或抽象的意义，而有些句子在结构上会表现出极其复杂的特点。学生适当地进行归纳和总结，有利于他们理解类似的句式结构。

2. 撰写读后感

小组合作式读后感是一种比较有效的方式。小组合作有利于发挥学生的主体作用。小组合作式英语读后感训练的目的在于使每个学生都能自愿、自觉地参与到活动中来，从而形成平等、民主的氛围。① 在和谐的氛围中运用语言，有利于学生学习心得的提升，更有利于学生自由地表达思想和情感。在学习过程中，互动性强的活动方式有利于培养学生的团队意识和乐于分享的品格。当前，应试教育的竞争，不利于学生健康人格的养成，也不利于培养学生良好的合作精神。小组合作式英语读后感训练可以让学生敞开心扉，走进彼此的内心世界，展现出对生活真善美的认可和追求。小组读后感训练的实施方式如下。

（1）以"学困生"为中心建立合作小组

假如一个班有55个人，可以将55人分为11个合作学习小组，每个小组5人，其中两名优等生（A层），两名中等生（B层），一名"学困生"（C层）。让A层的学生担任各组的"导师"或"指导者"，采用以"学困生"为中心的AACBB组合法，即2个A层的优等生、2个B层的中等生和1个C层的"学困生"组成一个合作小组。这种组内异质的原则，让每个学生在合作中都有展示自我的机会，优势互补，小组合作效率高。还可以对学生的座位排列方式进行调整，采用5人围圈而坐，这样可以有效地加强小组合作与交流。当然，分组不是一成不变的，教师可以根据学生成绩的变动和学习状态的变化随时予以调整。这样，全班形成一个良性竞争的氛围，不仅调动了"学困生"的学习积极性，而且促进了每一位学生的发展和成长。

（2）以中等生为中心，选择合适的阅读材料

由于我们的关注点在于促进每位学生的全面发展，因此，在阅读材料选择方面必须注重学生现有的学习水平，强调以中等生现有的知识与能力为起点，发挥B层学生的积极性；B层学生选择的材料既能让A层的学生凸显他们的优势，又能让C层的学生充满积极性和挑战性。让每层的学生都能充满信心地完成阅读任务，带着信心和激情完成读后感训练。

（3）以优等生为中心，丰富读后感训练的形式

"学困生"的进步和中等生的提高，不是一次辅导、一次参与就可以实现的。因此，充分发挥优等生的不间断带动作用是一个长期的过程，这个过程应该是一个有计划、有步骤、循序渐进的过程。在这个过程中，教师需要确定基本的活动模式和固定的活动时间，

---

① 周范敏. 开展小组合作式英语读后感训练的实践探索［J］. 英语教师，2015，15（5）：149-151.

保证合作小组有序开展活动。

二、培养学生的策略意识

（一）阅读策略的主要内容

策略意识的形成是一个长期的过程，学生阅读策略的获得需要经过大量的阅读实践活动。它是学生在大量实践之后总结出来的经验或一种阅读的技能。教师要想培养这种无意识的阅读策略应用技能，只有通过有计划、有规律、有技巧的课堂呈现和师生交流，并且在阅读活动结束后教师要引导学生对阅读过程中使用的阅读技巧和阅读策略进行归纳、总结，方能实现。教师在阅读过程中和阅读活动结束后对学生阅读策略意识的培养主要包括以下几个方面。

1. 真实环境意识

教师应根据文本的不同内容、不同文体和思想为学生创设相应的课堂环境，也就是为学生创造真实的阅读环境，即尊重阅读的真实过程。我们不应该千篇一律地去追求某一种教学模式，而需要根据实际情况和具体侧重的教学目标来设计课堂。我们要基于课堂的真实反应，而不是按照原本设计的课件或教学步骤教条式地来执行。这要求教师尽可能地关注和捕捉课堂中的一些变化点，善于领会学生的思路并加以引导，这是帮助学生体验与提升阅读策略的契机。

2. 学生主体意识

以学生为主体的理念已经在教育界存在很多年，但是真正做到的教师还是很少。学生为主体，即要求教师调整自己的角色，既不是高高在上照本宣科，也不是仅仅走在学生前面生拉硬拽，而应该始终走在学生中间，与学生一起共同体验，共同成长。在这一过程中，教师是学生文本解读的帮助者，师生共同体验阅读策略。因为策略无法直接传授给学生，在指导学生阅读策略的时候，要允许学生走弯路。学生走弯路之后，教师再把他们带回来。这样，学生才会更直观地感受到策略的作用。如果教师始终走在前面，教师就不知道学生会在哪里走弯路；如果直接告诉学生应该怎么走，那么学生没有亲身体验过差别，也就不容易掌握策略。

3. 逐步强化意识

学生的阅读策略习得跟生活中的其他技能一样，不是一两天就可以完成的。就像婴儿学会走路，技能从无到有要经过很长时间的实践，因此，教师在培养学生这项技能的时候要有充分的耐心，要有逐步强化的意识。教师应该结合不同的学情，对学生加以反复引导，有计划地复现，切勿强求一两次就使学生掌握。

4. 课堂培养意识

在策略意识培养的过程中，课堂是主阵地。教师应该立足课堂，重视阅读教学过程的各个环节,有意识地渗透和培养学生的策略意识。① 在这个过程中,切忌将这些策略和其他知识一样灌输给学生,有时严重脱离实践的急功近利的做法会对学生的阅读兴趣产生反作用。策略的培养,经验的获得,讲究的是润物细无声,讲究的是水到渠成。所以策略培养要立足于课堂,以典型文本为例,深入地、细致地、耐心地去渗透策略培养目标。

(二) 阅读策略培养的主要原则和方法

1. 阅读策略培养的主要原则

(1) 显性原则

策略教学与其他知识和技能教学不同,需要采用显性的教学方式。显性,是指教师采用归纳或者演绎的方式呈现策略的知识、功能与操作方式,训练时明确所要训练的内容,反馈时评价策略的使用。

策略与其他内容不同,既有描述性知识的特点,又有程序性知识的特点;学生有必要了解、掌握策略知识,同时还必须能够熟练使用策略完成阅读任务。因此,在适当的教学环节,有必要采用显性的操作方式处理阅读策略,而不是期待通过无意识的策略使用培养学生的策略意识和策略使用能力,因为策略本来就是有意识的方法的选择与运用。

但是显性并不表示在所有学习阶段对任何策略都采用显性的处理方式。例如,览读策略,在各个学习阶段的阅读中都会用得到,每次阅读都可能涉及览读的应用。在初级阶段,学生需要了解各种帮助其运用览读获取信息的方式,但是到了高级阶段,就没有必要再去反复提醒学生运用览读策略。

(2) 认知与元认知相结合原则

阅读策略有认知与元认知之分,认知策略服务于具体的阅读任务,而元认知服务于所有的阅读任务。学生需要掌握策略资源,以便更好地获取可用资源,提高阅读能力;需要计划自己的阅读,根据不同的阅读任务选择适当的阅读方式;还需要监控、评价自己的阅读行为和阅读效果。但是,策略的选择要求学生必须掌握应有的认知策略。例如,学生需要了解可以通过上下文的信息复现、信息共现猜测词义,通过构词法猜测词义,通过类比、举例等信息猜测词义等,才能在具体的上下文中根据情境的要求采用适当的词义猜测策略。认知是元认知的基础,元认知是认知的发展,策略的培养需要认知与元认知相结合,既要培养学生具体的认知阅读策略,又要培养学生的自主阅读能力。

(3) 辅助性原则

策略学习的目的是提高阅读的效率和质量,策略培养的目标为学生阅读能力的发展服

---

① 史伊琳,胡鹏雪,陈静蕾. 大学生英语阅读策略意识调查与分析 [J]. 北方文学 (中旬刊),2017 (3):133-134.

务。因此，策略教学也必须服务于阅读教学。虽然策略教学应该采用显性的教学方式，但是并不表示课堂教学必须围绕策略展开。只要能在阅读教学中渗透策略培养的理念，在适当的时候通过询问、归纳、点评等方式增强学生的策略意识，学生的策略能力就会得到提高。

2. 阅读策略培养的主要方法

（1）互惠阅读策略培养

该活动将学生置于学习的主导地位，是一种比较有效的教学策略。具体操作步骤如下：

①阅读教学前使学生了解阅读过程所涉及的四种技能：概括技能、提问技能、析疑技能、预测技能。

②教师和学生一起默读一段文章。

③教师示范：教师讲解四种技巧——概述阅读材料、如何提问、预测下文和如何就迷惑不清的概念细节进行析疑；

教师可以展示用于各类技巧的问题使学生清楚四种技能的操作，如：

通过自问示范——What was the problem? What was the solution? What was the cause? What were the effects? What was the order of the events?

析疑——What did the word at the bottom of page 4 mean? What did the author mean when he said…?

预测——What will the author say next? What's going to happen when…?

④教师鼓励学生扮演教师的角色进行提问。

⑤教师和学生轮流提问。

（2）自我监控策略培养

①有声思维。有声思维是培养学生自我监控、自我管理意识的一种方式。例如，阅读过程中让学生把阅读中自己的理解说出来，可以培养学生思考、预测、验证等阅读习惯和自我监控的能力。

②自我提问单。自我提问单用于学生自我评估，检查自己阅读中策略的运用和效果，对培养学生的元认知阅读能力很有帮助。

（3）质疑作者策略培养

质疑作者并不是简单地挑战作者，而是鼓励学生更好地理解作者的写作意图和文章的结构等，从而对文章进行恰当的评价，亦可指出文章中的不当之处。操作如下：

①布置阅读任务，一般以文章的一两段为宜，不可超过一页。

②交代阅读时应回答的问题：

What is the author trying to tell you?

Why is the author telling you that?

Does the author say it clearly?

How could the author have said things more clearly?

What would you say instead?

③学生讨论自己"质疑"过程中对问题的回答情况。

④对学生的阅读情况进行评估。

（4）同伴阅读策略培养

同伴阅读是一种比较有效的训练阅读技巧的教学手段，在培养阅读能力的同时训练学生的提问能力和回答问题的能力，不仅可以提高阅读能力，口头表达能力也可得到应有的锻炼。具体操作如下：

①选择两篇难度适中能激发学生阅读兴趣的阅读材料。

②将学生分成两人一组的小组。

③（在学生不具备应有的提问能力时）给每位同学事前准备好问题，以便学生进行问答。

④学生进行同伴阅读：一个问，另一个读，读后回答问题，提问的同学根据对方的回答进一步发问，由此一直进行到无问题可问为止。注意，只有在听到对方的问题时才可以开始阅读，根据对方问题的种类选择不同的阅读方式，或览读，或跳读，这样可以训练学生对阅读技巧的运用。

⑤对学生的阅读进行评估。可采用提问的方式，在回答教师的提问时，只有提问的同学才能回答，以检测学生通过提问获取信息的能力。

> # 第八章 高校英语写作教学方法

第一节 高校英语写作教学原则与目标

一、英语写作教学原则

(一) 以学生为中心

回顾我国的教育史,我们不难发现中国传统文化和教育中强调"尊师重道""师道尊严",在整个教学活动中教师相较于学生来说拥有较高的地位和主导权,教师就是知识的化身,代表着权威。这些可以在我国的史书和相关典籍中找到相应的记载。即使在这样大的教育环境背景下,传统教育中仍然出现了"以学生为中心"的朴素教育思想。孔子曾提出"因材施教"的教育理念。

顾名思义,"因材施教"就是要根据不同学生的个性、特点来相应地调整教学方法或手段。相较西方而言,中国关于"以学生为中心"的系统研究起步较晚。初期研究的重心放在了中小学基础教育中,高等学校的研究则比中小学稍晚一些。随着教育的进一步改革和发展,我国的专家学者们开始就"以学生为中心"的相关教学模式、教育管理展开深入研究。2019 年在常州召开的学术研讨会中学者们就"以学生为中心"这个中心主题进行了深入的探究与交流。

关于"以学生为中心"的概念和内涵的研究。在较长一段时间内,我国教育奉行传统的"三中心",赵炬明教授针对传统教育中的"三中心"归纳提出了"新三中心"。[①] 本书赞成赵炬明教授的观点,认为"以学生为中心"就是指以学生的发展、学习和学习效果为中心,"新三中心"三者之间也有一定的逻辑关系,学生的学习是基础,学习效果是学习的必然结果,学生的发展以前两者为基础。"以学生为中心"不仅仅是一种教育教学理念,也是学校教育教学管理的一种模式,更是教师在开展教学活动时要遵循的根本准则。"以学生为中心"要求我们做到以下三点:第一,关注学生学习;学习是促进学生发展的重要手段。在教育活动当中教师应该多关注学生学习的需求,改变以往注重教师"教授"的惯性,更多地关注学生的"学习"。教师应当认识到学生的"学习所得"并不简单等同

---

① 赵炬明. 以学生为中心教学改革的名与实 [J]. 高等教育评论, 2022, 10 (1): 40-43.

于教师所教授的内容，它是在学生已有经验和知识存储的基础上对外部信息的接收、理解、转化构建。所以，教师要改变以往过分强调学生学习效果的本末倒置的做法，关注学习过程和学习状态，熟悉掌握符合学生学习认知发展的规律，知道学生的学习需求，激发学生的学习兴趣。第二，关心学生学习效果。教师除了关注学生的学习需求、学习过程，还应该关心学生的学习效果，学习效果的优劣一定程度上反映了教学质量的优劣。第三，关注学生发展。学生的发展是多方面的，不单单是知识的掌握，还有情感意志和能力方面的发展。教育的最终落脚点是"人"，学生的发展要符合社会发展对其的要求，所以不应单单将学生看作学习个体，而是要将其看作一个具有社会属性的"人"，促进学生自由全面的发展。也就是说尊重学生在课堂教学过程中的自主性和能动性的发挥，但并不意味着学生可以主导课堂"为所欲为"。

（二）综合性教学原则

在英语写作教学中，教师应综合运用读与写、听与说等多项技能，究其原因在于读与写、听与说等各项技能可谓互相促进、相辅相成。只有综合运用读与写、听与说等多项技能才能让写作课变得生动而鲜活。在实际写作教学中，英语教师应将读与写、听与说密切联系在一起，给予学生多样化的能力训练，从而全面促进学生各项技能的提高和发展。

（三）重视评估原则

教师在英语写作教学中要注重遵循评估原则。学生的习作肯定会存在这样那样的问题，教师只有进行认真的评阅，才能使学生及时得到反馈信息以进一步修改习作，不断提高自己的写作能力。

二、英语写作教学目标

2015年3月底，教育部高等学校大学外语教学指导委员会在武汉召开了"2015年高等学校大学英语教学改革与发展学术研讨会"，就新的大学英语教学指南征求意见，重点对三个级别教学要求的语言单项技能描述进行了修订。2015年的《大学英语教学指南》中将大学英语写作教学目标改为"基础目标""提高目标"和"发展目标"，具体描述如下。

（一）基础目标

①能用英语描述个人经历、观感、情感和发生的事件等；
②能写常见的应用文；
③能就一般性话题或提纲以短文的形式展开简短的议论、解释、说明等；
④语言结构基本完整，中心思想明确，用词较为恰当，语意连贯；
⑤能运用基本的写作技巧。

（二）提高目标

①能用英语就一般性的主题表达个人观点；
②能撰写所学专业论文的英文摘要或英语小论文；
③能描述各种图表；
④能用英语对未来所从事工作或岗位职能、业务、产品等进行简要的书面介绍；
⑤语言表达内容完整，观点明确，条理清楚，语句通顺；
⑥能较好地运用常用的书面表达与交流技巧。

（三）发展目标

①能以书面形式比较自如地表达个人的观点；
②能就广泛的社会、文化主题写出有一定思想深度的说明文和议论文；
③能就专业话题撰写简短报告或论文，思想表达清楚，内容丰富，文章结构清晰，逻辑性较强；
④能对从不同来源获得的信息进行归纳，写出大纲、总结或摘要，并重现其中的论述和理由；
⑤能以适当的格式和文体撰写商务信函、简讯、备忘录等。
⑥能恰当地运用写作技巧。

第二节　高校英语写作教学的方法

一、过程写作法的研究

（一）过程写作法的界定

20世纪70年代初期，美国教育部对各州基础教育的发展做了一份调查，结果显示只有不到三分之一的学生写作水平能够达标，并且合格的比例还在持续下降。面对这种局面，教育主管部门开始担心写作能力对于升学和工作的影响，呼吁教师重视和提升写作能力。道格拉斯教授以建构主义为理论基础提出过程写作法，他认为写作是一个群体间进行信息传递和交流的社会交际过程。写作教学应该重点探讨的是写作的创作过程而不是具体的语用功能。[1] 写作的本质不仅仅是对某些语法项目的理解、对修辞模式的模仿及对写作内容的阐述，更在于培养学生的思维能力和自我表达能力。写作是具有创造意义的行为，是作者心理认知和语言交际的互动过程，并不是独立的行为。

---

① 陈亚轩.高校英语写作教学理论与实践研究[M].长春：吉林大学出版社，2023.

（二）过程写作法的特点

过程写作法的典型特征就是关注学生写作实践的每一个阶段，教师帮助学生认识到写作是一个过程，创作出初稿之后还要引导学生反复修改完善，特别强调在写作过程中积极地启发学生自己去发现问题，通过小组交流及师生交流去分析问题，最后能够运用自己的语言能力和语用知识去解决问题。注重学生写作思维的训练和学生反复修改文稿的过程，引导学生去发现和寻找他们自己的创作灵感。在这个过程中教师提供给学生相应的反馈意见，学生也能自由地表达自己的观点，写作的全程都伴随着师生之间的交流和生生之间的互动，其符合语言教学的发展规律，主要体现出以下几个特点。

1. **注重英语写作的具体过程**

关注写作实践全过程的过程写作法，一般要经历四个阶段。

①写前准备阶段，此阶段学生的主要任务是确定写作的话题、收集信息、列提纲。

②初稿阶段，这是学生将写作思路转换成文字的阶段，这一阶段的关注点应放在思路的清晰和行文的流畅上，不要太过关注语言的准确性，这只是最初的草稿阶段，文章还需要做进一步的修改。

③修改阶段，从话题、内容、文体的角度进行修改，重视文章的细节部分，如段落、句型、词语。

④编辑阶段是文稿的整理和润色阶段，学生需要经过多次地检查、反复地修正，最终定稿。对于写作过程的具体描述，不同的学者给出了不同的意见，但在实际教学中大家都认可这四个阶段不是垂直并列的关系，而是在整个写作过程中可以互相影响、相互渗透的。

2. **体现学生的主体地位**

写作是描述并记录作者的人生经历和情感体验的一种方式，任何文本的创作都是作者思考的痕迹，通过笔端把自己的思想用书面语言的形式与他人进行交流。过程写作法始终以学生为中心，鼓励学生的创造思维和包容学生个性化的写作风格。在过程写作法的实施中，学生通过小组合作和师生评价活动实现自我价值。教师在写作教学中时刻关注学生的发展和进步，在每一个环节都立足于满足学生内部需要的过程，这种教学方式为学生营造出社会交际的情境，实现学生自我表达和自主创作并在写作中体现出个体差异。对于刚接触英语写作的学生而言，正规的指导和有效的训练，对掌握英语写作技能和提升写作水平都有重要意义。

3. **写作中的互动交流**

过程写作法涉及的修改环节中，教师适当的引导、激励和反馈都可以促进学生的写作，有助于写作能力较低、缺乏写作兴趣的学生积极参与到写作活动中。写作训练中可以创建写作小组，通过小组成员间的合作交流让其体会到用语言文字与人交流思想和观点的魅力。分组时应注意学生小组中的成员配置，尽量让语言学习能力不同的优等生、中等生、后进生达到均衡，才能使优等生对学生的带动作用发挥得更好。小组成员在进行探究性任务设计时，要充分遵守合作性原则，关注成员之间自身的优势，扬长避短，让合作学习能够充分发挥每个学生的作用，不同成员之间的学习能力、学习效果不同，要做到互相尊重，活动的设计要从多角度、多维度去激发学生的思维方式。对于写作活动而言，要认识到第一稿只是这个写作过程的开始，写作时要大胆尝试，学生本人、同伴、教师都要参与到写作修改活动中，合作评估自己的努力和进步。开展小组内同学之间对习作的评价与讨论活动，有利于小组成员在写作交流中借鉴他人的优点，同时改正同类的错误从而提高写作能力。有效的沟通和交流有助于大家顺利完成文稿的创作和修改，更能让原创者体会到作者与读者之间思维碰撞的乐趣。

4. 师生合作的修改与编辑

文稿的修改是逐渐完善语篇内容并且丰富词语表达的环节。学生在创作时可能没有做好充分准备，头脑中没有意识到如何表达句型和词汇，边想边创作地写作，会导致文章结构出现问题或语句出现错误。教师可以要求学生先进行自我修改，以提升语言的准确性和文章的合理性；再要求小组内相互修改文稿，这个过程能够有效地提高学生的表达能力和辨别错误的能力，同时小组内的成员可以避免同样的错误再次发生，这对于每个学生都是自我提高的过程。在这过程中教师要指导学生把有问题的地方标记出来，包括语篇要点、语言表达、文章结构等，经过学生自评和学生互评，教师再对学生的作文进行补充和订正。让学生意识到对文章进行最后的整理、润色后才能定稿，编辑文稿也是过程写作法中的重要的环节。学生对文稿的反复修改有助于其深入掌握文体结构，提升写作语言的准确性，能够开阔写作思维，真正达到提高写作能力的目的。

二、交互式白板教学法的研究

（一）交互式白板的概念

交互式白板全称为交互式电子白板。交互式白板由电子感应白板和白板操作系统两个部分组成。交互式白板的核心组件主要包括电子感应白板、感应笔、计算机和投影仪。交互式白板与电脑相连后，可以进行信息通信，利用投影仪可以将计算机上的内容投影到电子白板屏幕上，利用相应的应用程序，能构造出一个大屏幕、交互式的教学环境。

电子感应白板具有正常黑板尺寸，其作用相当于将电脑屏幕放大并代替传统的黑板，结合了黑板书写和电脑屏幕显示两个功能。电子感应笔则结合了电子白板书写笔和计算机鼠标的功能。交互式白板的操作系统基于计算机中的软件平台，它除了支撑操作者与白板、计算机、投影仪、其他移动设备之间的多方交互，也包含了学科素材库和资源制作工具库，在多种环境下能够提供多样化功能，并且是兼容各种软件的智能操作平台。教师可以在白板上应用教学软件教学，无论在离线还是联网状态下都可以对相关教学资源进行调用，配合科目进行教学设计。会议者可以调用应用软件进行项目策划和分析。投影仪市场上超短焦、短焦投影仪的大规模出现，解决了交互式白板在使用中投影光线遮挡的问题，因此全球范围内的电子白板需求迅猛扩张，应用迅速成熟。近年来，随着远程教育的发展，利用交互式白板进行远程办公、教学等也逐步成为交互式白板的代表性功能之一。

交互式白板集传统的黑板、计算机、投影仪等多种功能于一身，优化了教学方式，丰富了教学多样性。在教学环境中，利用定位笔，教师可以在白板上书写、注释及保存。交互式白板教学代替了具有粉尘危害的传统黑板教学，不仅保护教师和学生健康，也节省学校教育经费开支，同时可以随时保存修改的板书、提纲等教学内容，需要的时候及时回顾，提高教学效率。与计算机相连的白板，在没有连入互联网情况下，就可以展示教师备课时设计好的课件、音视频、动画或游戏，提升学生学习兴趣，优化教学设计，实现师生、设备三者的交互。在连入互联网的情况下，远程教育、网络资源等更是为教学开了一扇面向世界的大窗口，最大限度丰富教学资源储备。然而交互式白板也存在一定隐患，如教师自身的信息素养不够，不能合理实现白板功能；设备维护不当，使用年限较短；交互式白板与课程教学资源整合度不高；等等。

英国基尔大学的教授认为教师使用交互式白板分为三个阶段：第一阶段是作为辅助教学的工具。如只使用交互式白板作为课件呈现，教师只是将白板作为工具，而学生同样只是将白板作为呈现内容更为丰富的"加强版黑板"，课堂中，教师仍然是教学中心，交互式白板对课堂的贡献非常小，更别谈交互性的体现。第二阶段是交互阶段，教师将白板整合到学习当中，作为课程的整合元素，通过结合刺激学生感官的软件、音视频等，让白板成为学生注意的焦点。如通过仿真实验、学科教学软件、互联网上搜索的音视频，教师开始尝试发挥交互式白板的交互功能，给学生提供挑战，让白板上整合的内容成为教学核心。第三阶段是增强交互阶段，这个阶段寻求开发白板的交互式功能来整合概念和认知的发展。这个阶段就是对交互性的强化，遗憾的是，就调研结果而言，学校教师们基本处于第一和第二阶段之间。

相关学者提出从教师对于交互式白板的接受态度上看应当分为三类。第一类是热衷者，这一类对交互式白板的积极性高，对白板的各项功能充满好奇。第二类是试探者，保持该心态的教师对白板的使用频率不高，他们可以接受白板在课堂中偶尔出现，他们认为白板是拓展常态教学的一种工具，并希望在特殊课堂中特殊使用。第三类是抵制者，这类教师担心白板的使用干扰他们原有的教学计划，并且认为自身教学经验足够合理进行教学工作。因此并不希望使用交互式白板进行教学。

（二）交互式白板教学法的功能

1. 文字和图形的编辑功能

交互式白板具有文本编辑功能，可以在课堂上输入文字并对文字大小、字体、颜色进行编辑，同时可以任意移动、旋转。它还自带图形绘制和编辑功能，教师和学生可以根据课堂上的实际需要绘制几何图形，对图形进行任意缩放、移动和旋转，并对图形的边框颜色、粗细和填充色等属性进行设置。

2. 插入各种多媒体信息的功能

交互式白板具有插入图片功能，可以把矢量图片和位图图片插入课件当中，在课堂上教师可以进行讲解、注释。它可以连接声音文件和动画文件，并对声音和动画进行播放控制。交互式白板中还有很多智能工具，如我们数学课常用的画角、画圆等工具一应俱全，教师不需要借助其他教具，只要在白板上一拖一放，就能把这些图形展现在学生面前。

3. 完整存储和智能回放

交互式白板能完整存储教师和学生在白板上的一笔一画，还能将片段或者整个过程进行回放，这样可以让学生进一步明确教学内容和重难点，更好地理解所学的知识。这些存储的资源也方便教师课后观看，进行总结反思，进一步提高自身使用交互式白板的效率。

三、写长法的应用研究

（一）写长法的定义

写长法在国内是由王初明提出的，是在尝试改革传统的英语写作课，发掘"写"促进英语学习的潜力，探讨以写促学的学习模式时产生的。[①] 它是一种教和学英语的方法，它有以下五个特征：

①通过写长作文来促进英语学习，其理论基础是二语习得，而非写作技能理论。

②加速语言知识的内化和习得，促进语言知识转化为语言的应用能力，从而促进其他三项语言技能提升。

③教师的任务重点是精心设计写作任务。

④写作任务重视学生的情感需求。

⑤为学生提供个性化的输出机会，充分发挥英语学习的潜力。

（二）写长法的关键环节

在具体实施中，写长法包括以下几个关键环节：

①精心设计能够激发写作冲动的作文任务。这是写长法最关键的一步。写长法中的好任务应该具备两个基本特征。其一，能够唤起表达思想的欲望，使学生有内容可写，写得长，由此带动英语知识的运用。其二，能够有效拓展学生的语言能力，如增加词汇量、学会新句型等。在设计写作任务时，需要充分考虑学生具备的背景知识，他们感兴趣的话题，当前关心的热点，正在学习的精读课内容，目前的英语表达能力等因素。

②要求学生在课外每周写一篇有一定长度的作文，根据学生的英语能力变化，不断调整对作文长度的要求。词数只设下限，不设上限，越长越好。

---

① 张朦. 英语"写长法"的促学效果研究 [J]. 四川文理学院学报，2019，29（3）：146-150.

③教师要活跃课堂气氛，多鼓励，树榜样，让学生有追赶的目标；同时也要使学生看到自己在进步，产生成就感，乐意坚持写下去。

第三节　高校英语写作教学的方法应用

一、思维导图法在高校英语写作教学中的应用

（一）思维导图的界定

20世纪60年代，英国的托尼·布赞发明了思维导图，又叫心智导图[①]。这是一种用文字、图像、色彩和线条等多种形式记笔记的思维工具，通过呈现某一主题，组织与主题相关的内容，建构知识体系思维导图，对发散性思维进行有效的可视化表达，结合左脑的语言功能与右脑的感性直观思维，将思维方式变成彩色的、多维的和发散性的。在绘制思维导图时，多样化图文的表达，可以促进思维的发展。

（二）思维导图的特征

思维导图有四个方面的特征。

①作为一种图形表征工具，焦点必须清晰地位于整张图像中央。在英语写作教学中，核心就是话题，选取话题的主题词汇必须放置在图像的中心位置。

②作为发散性思维的表达，分支必须围绕着主题，从中心向图像四周发射出去。在拓展写作话题时，核心词汇、短语和句子围绕主题向外扩散。

③作为思维的层次表达，分支是由一个关键图像或者关键词构成，在写作框架中，可以建构各个段落及段落之间的联系，也就是语篇衔接和连贯。

④作为关联性表达结构，各分支形成一个相互连接的节点结构，在写作遣词方面，让话题词汇相互关联，用相关过渡词和过渡语成句成文。教师要善于运用多种可视化工具设计多模态的英语学习活动，引领学生自主学习、合作学习、探究学习，引导学生获取梳理信息，概括整合信息，内化并运用信息。

（三）思维导图对英语写作教学的影响

1. 思维导图的运用对学生写作水平的影响

相关学者的研究表明，学生可以通过思维导图将新知识与已有认知发生联系，使学生主动建构认知图式，从而帮助学生有意义学习并完成知识建构。思维导图写作教学模式就

---

① 陈亚轩. 高校英语写作教学理论与实践研究 [M]. 长春：吉林大学出版社，2023.

是将学生已有知识结构与新的写作主题相联系，帮助学生构建新的写作图式并组织写作框架，以达到更好的写作效果。在此教学过程中，教师不仅可以通过思维导图激活学生已有写作认知图式，还可以引导学生通过小组交流与互动不断完善与写作主题相关的图式。在整个教学过程中，遵循建构主义理论指导下的教师观和教学观，即教师是学生建构知识的积极帮助者和引导者。教学应以学生为中心，为学生创设理想的学习情境，学生通过意义建构的方式主动获取知识。因此基于思维导图的写作教学模式是以建构主义理论为基础从而激励学生自主学习，构建合作与对话学习，实现有意义学习的过程。

2. 思维导图的运用对学生写作词汇、内容及语法结构的影响

在写作词汇方面，学生在思维导图的帮助下能够尽可能多地联想与写作主题相关的词汇，并能够进行整理和分类，从而在一定程度上解决学生词汇量匮乏，不知道写什么的问题。思维导图指导下的写作教学模式可以有效扩充学生写作词汇、充实写作内容，从而达到紧贴写作主题、完善写作的目的。

在写作内容方面，思维导图可以帮助学生选择写作内容，拓展并完善其内容图式。在小组交流讨论过程中，学生可以对写作主题展开自己的见解和认识，从而更好地组织写作内容，避免写作偏题。此外思维导图还能转变传统线性思维方式，将图形和语言以发散式图文方式展开简单高效的排列组合，进而努力调动左右脑功能以实现全脑思维。由此可知，思维导图能够帮助学生激发发散性思维，组织个性化写作框架，而且在一定程度上避免了写作硬套模板，从而使写作内容富有新意与独特性。

在写作语法结构方面，以思维导图为基础的写作教学模式，在促进学生语法结构方面的作用并不显著。这可能与思维导图的功能和学生自身语法积累相关。一方面，思维导图的重要作用表现在引导学生扩充其认知图式，展现知识结构及其层次关系以及激发学生发散性思维并培养其联想力与创造力等方面。另一方面，一部分学生还不能熟练掌握与运用语法结构，写作时可能在时态、语态方面还有缺陷。对部分学生而言，正确使用语法是学习中的难点。

3. 思维导图的运用对学生写作兴趣的影响

学生对思维导图英语写作教学模式接受度较高，大部分学生认为该教学模式相较传统教学法更生动有趣，更能激发写作积极性和集中课堂注意力。该教学模式能够丰富学生词汇量，收集更多写作语料，有利于在写作过程中构建清晰完整的写作框架，以更加顺利地完成写作。

用思维导图指导写作可以提高学生写作兴趣，使其能迅速地找到与主题相关的写作素材，有利于学生更好地组织语言、选择写作内容，从而培养学生构建清晰的写作思维，避免生搬硬套模板的现象。通过思维导图进行写作，一方面可以激发学生想象力，释放创造力，另一方面能够更形象地展示写作结构与内容安排。

（四）思维导图法在英语写作教学中的问题

1. 绘制思维导图存在困难

要绘制出正确、条理清晰的思维导图需要教师和学生的共同努力。从教师角度分析，教师对于思维导图的绘制和教授方面还存在畏难情绪。同时部分教师认为绘制思维导图应当具备专业的美术技能，但是个人美术水平较低，难以完成图形绘制，所以绘制思维导图存在很多困难。实际上，部分教师的这些看法是不够全面的。在写作中重要的是对文本的准确把握，这样呈现出的文章或作文的层次和结构才能更清晰。还有部分教师对于思维导图的认识不够全面，认为不同构图有不同功能，要想实现构图的功能需要绘制正确的构图，但是个人对构图的把握不够全面精准，所以在绘制时产生了畏难情绪，一时不知使用何种方法进行绘制。

2. 学生自主性薄弱，疏于写作训练

英语写作是英语学习的综合体现，也是学生成长成才的重要组成要素，但写作一直是学生头痛的一点，学生写作往往是"挤牙膏式"的输出，同时写作也是教师教学的难点。写作是语言的综合运用，也是考查学生听说读写的重要载体。学生的写作基本功扎实，那么教师一定做了不少写作训练，然而根据教师访谈，发现教师对写作教学并不是很重视，对写作训练也不重视，每两周才让学生写一篇小作文，有时考试才让学生写大作文。教师单独上写作课的情况也很少，教师更加注重学生的基础知识（如单词、短语、句型、语法知识等），然而仅仅掌握基础知识很难写好一篇文章，因此进行必要的写作训练是必不可少的。大部分学生都疏于写作训练，有很大一部分学生很少运用思维导图来收集写作素材，该现象一方面是因为学生不观察生活，没习得收集素材的良好习惯，另一方面是因为学生对思维导图不熟悉，习惯直接摘抄和记录素材，而不对素材进行整理，从而成为一盘散沙，难以利用。

利用思维导图将素材进行整理归类，在记忆系统里储存的时间才会更长。同时，借助思维导图可以帮助学生将思维过程外显，调动学生学习和积累的积极性，提高学习兴趣，强化和锻炼学生的逻辑思维。思维导图既可以帮助学生提高写作能力，又可以锻炼学生的思考能力，提高学生学习的效率，帮助学生学会使用高效学习法，同时还可以帮助学生创作出核心思想明确的文章。还有很多学生在英语写作前不会设计写作提纲，拿到题目后直接提笔就写，因此卡壳的现象也很常见。利用思维导图设计写作提纲可以帮助学生在写作时更快地提炼提纲，将学生掌握的知识加以整合，锻炼学生的逻辑思维能力，能帮助学生创作出更优秀的作品。与提笔就写相比较，其带来的效果更加显著。

在英语写作过程中，很多学生脑中有很多想法，思绪却是一片混乱，而利用思维导图可以帮助学生将琐碎凌乱的知识系统化和整体化，因此，写作前利用思维导图进行构思对学生百利而无一害。

3. 思维导图应用于写作教学的实施情况不理想

思维导图应用于写作教学的实施情况不够理想，其主要问题有两方面。一方面，从实

施方式来看，在进行写作教学时，借助于多媒体或黑板来呈现思维导图的手段，相较于其他教学手段是较为高明的，教师对于思维导图也多倾向于应用这种手段。与此同时，教师在进行写作教学时，虽然采取了思维导图这一手段，但是方法并不唯一，教师对思维导图的了解程度并不够深刻，在教学实践中运用时，并不能熟练掌握，教师自身能力存在不足，相关的教育资源并不到位。另一方面，在教师队伍中，虽然大多数认为思维导图对于学习有一定的帮助作用。但是，仍有少部分教师对思维导图的认识不够清楚，不相信其效果。其中部分教师对于思维导图在教学上的应用处于起步阶段或者还没有开始，因为没有在实践中得到应用，所以对于思维导图所能带来的效果半信半疑。

（五）优化思维导图在写作教学上的建议

1. 教师方面

（1）激发与培养学生写作兴趣，增强学生写作积极性

由于实际教学过程中受制于课时安排及时间要求，部分教师对写作课堂不够重视，认为只要通过背诵例文、句子等方法学生就能完成写作，难以调动学生写作主动性和积极性。因此教师在构建思维导图写作教学模式时，应尽量通过图片、视频、头脑风暴等多种方式激发学生写作兴趣，建立写作逻辑并通过构建图式以帮助学生独立完成写作，增强学生写作积极性和自信心。

（2）深入了解思维导图，提高教学运用能力

目前，教师对于思维导图的认识不够充分，严重影响思维导图在英语写作教学实践中的应用，教师自身缺少相对应的专业知识，从而在实践教学过程中，表现出能力不足。为避免这种现象的发生，需要进一步加强教师对思维导图相关知识的学习工作，让教师对思维导图有充分的认识，从而能够做到创新，在实践过程中，也能够积极地去运用，在实践过程中积累经验。一方面，教师应该积极地去学习相关知识，通过线上丰富的网络资源来进行学习或者是参加线下的教师培训活动等，来提高自身能力；另一方面，当教师拥有了相对完整的知识之后，要能将理论知识运用到实践当中，在实践过程中，不断地去运用思维导图，才能真正提高运用思维导图进行教学的能力。

（3）克服教学惰性，保持教学热情

思维导图作为一种新兴的教学方法，对教师来说是新的挑战，教师惰性驱使着他们对其"视而不见"，驱使着他们不能将其更好地应用到教学中。所以，教师需要深刻认识到自身工作的伟大和神圣，尽可能地对自身的教学惰性进行克服，不断提高自身的工作能力和教学能力，学习更多先进的教育理念和教学方法，将这些理念和方法运用到自身的教学实践当中。

2. 学生方面

（1）借思维导图，勤练写作

大部分学生表示，写作时思维难以打开，很难顺利写出一篇英语作文，而借助思维导

图中的线条、图像和色彩等元素，可以有效激发和整理思维，这不失为一种高效的非线性的思考工具。然而它作为一种激发思维的学习方式，对于思维较难发散的学生来讲，思维导图便如同"巧妇难为无米之炊"。因为这类学生没有一定的知识基础，所以无法进行关键词的填充，这与学生自身的知识储备与概括能力有关。因此在刚接触思维导图时不要因为绘制不出来而沮丧或放弃，要坚持练习，所谓熟能生巧，一旦学会，使用起来便游刃有余，水到渠成。在刚开始学习使用思维导图时，一定会有许多不适应的地方，这时最需要的就是耐心。学习一样新东西必然会遇到一些困难，一定要做到慢慢地、深入地去了解它的内涵和用途，只有将其摸透，才能更好地去发挥它的作用。在使用过程中抓住它的特点，摸清其绘制原则，来提高写作能力。

（2）提高自主性，抓绘制重点

目前很多学生缺乏自主学习意识，自主学习能力较差，学生还依赖着教师的督促，课下对教师传授的知识也很少进行复习、总结。在当代教育体制的改革要求下，对于学生的自主性的培养就显得尤为重要，让学生处于学习过程中的主体地位，不再只是听从教师的讲授，而是要发挥学生主观能动性，使学生从"学会"变成"会学"。思维导图的使用过程中非常重视学生自主性的发挥，学生只有发挥主观能动性才会对思维导图产生兴趣，逐渐便能掌握思维导图的绘制。不过值得注意的是，学生不能把精力放在规则、纸张、特点上，教师要担任指引者的角色，引导学生在学习使用思维导图的过程中抓住重点，把如何绘制出契合写作话题的思维导图放在主体地位，而不是把重点放在如何画出色泽鲜艳或华而不实的思维导图，这样就成了喧宾夺主，本末倒置。

3. 其他方面

（1）拓宽思维导图在英语写作及其他领域的应用研究

思维导图在帮助学生构建写作图式、扩充写作词汇量和丰富写作内容方面发挥着积极作用。但由于学生存在个体差异，部分学生语法薄弱，缺少系统具体的学习和训练，思维导图在提高学生语法方面的作用不是那么显著，因此思维导图还有更大的研究和发展空间。在以后的教学研究中，教师和相关学者可以尝试将思维导图与语法教学、词汇教学等结合，以更好地发挥其作用。

（2）加强对教师思维导图技能的培训力度

随着时代的不断发展和进步，社会对教师的专业化教学水平和教学质量有了更高的需求，如果教师在教学生涯中始终一成不变地坚持旧的思想和旧的理念，就很难为国家培养出优秀的人才，而教师也会被逐渐淘汰。随着现代化技术的不断发展和信息化社会的全方面发展，教师有了更多接受培训的渠道，因此教师自身和校方都需要重视教师的培训工作，有效地提高教师的专业化水平。有关思维导图培训方面，第一，教师需要接受思维导图基本素养方面的培训，对思维导图的内涵和导图的绘制方法及相关软件的应用进行充分的了解，学习在实践教学中需要遵循的原则，了解导图的设计方法和构图种类，明确不同种类导图的不同功能。第二，教师也需要接受一些思维导图绘制教学技能的培训，其中包括讲授技能、绘制技能和修改加工技能等。教师在对相关方面进行学习和了解之后，需要将理论融合进自身教学的实践，在实践过程中进行大胆尝试。值得注意的是，教育部门在组织教师培训时，一定要做好监督工作，监督培训的质量。让教师在培训过程中真正的有所学，以满足教师的需求，真正地促进教育的发展，真正地提高教师水平。

（3）定期进行教研，促进教师发展

教师进行教研工作可以有效地推动教师专业化水平的持续性增长。因此学校可以定期地召集教师开展思维导图方面的教研活动，进一步提高教师在实践教学过程中对思维导图的应用能力和教学能力。教师是一切教研活动和教学活动的主体，只有教师发自内心地主动参与相关教研活动，才能确保教研活动的有效性。因此，首先，学校需要组织英语教师成立专门的教学研究小组，让教研小组承担教学研究的基本任务，将思维导图教学方面的研讨任务纳入教研小组的基本任务当中。其次，教研小组可以定期地安排教师进行公开课的教学，评选优秀公开课，组织其他教师进行互听互议，让教师相互学习，为教师提供一个相互交流的渠道，有效地提高教师的思维导图教学能力，实现教师共同进步。进行公开课学习，也可以对教师进行一定的监督，让教师在日常工作中更加重视相关方面的学习和尝试，提高教师的专业化水平。最后，教研小组可以建设一个展示平台（如微信公众号），鼓励教师上传优质课堂视频或写作课堂范例，让教师们相互学习和探讨。

（4）搭建校际之间交流与合作平台

思维导图在语文、数学、英语等各学科中都有应用，为了更好地使思维导图在学校内和学校间大范围地使用和推广，学校除了在校内建设交流平台，还需要进一步推动校际合作，邀请其他学校或校外教育机构进行合作，将各自对于思维导图应用方面的资料和专业化教学教案进行上传共享，相互学习。同时组织教师进行学习浏览，进一步提高学校教师对思维导图的理解和认知程度，催生出各种新型教学模式，充分整合不同学校和教育机构的智力资源，推动思维导图在日常的写作教学过程中的实践应用。具体可以进行以下步骤。首先，加强学校与学校之间的合作沟通，推动学校与学校之间形成教育资源共享机制。其次，学校需要重视与校外专业教育培训机构之间的合作，进行相关方面成果的共享和相互学习。主要原因是部分校外专业化培训机构在进行培训教育过程中会使用思维导图的方法辅助学生学习，思维导图方法在校外专业化培训机构中也有一定程度的应用，机构在此方面也会有一定的心得。同时学校和机构的终极目的便是对学生进行更好的教育，推动学生成人成才，因此学校和校外机构在教育方向上有着一致性，奠定了学校和校外专业教育机构之间的合作基础。

（5）利用专业研究团队推广思维导图

思维导图在我国教育领域中的研究分为三个阶段，即个体应用初期阶段、群体化应用阶段和区域化发展阶段。当前绝大多数地区的学校，在思维导图教育应用中没有达到区域化发展阶段，只有部分一线城市和大城市学校在教育过程中引入了思维导图手段的应用，将思维导图应用由实验转入常规教学当中。同时在当前学生教育过程中，应用思维导图的教学模式并未完全成熟，仍处于摸索阶段，超八成的教师和学生认为思维导图对于知识的教授和学习没有实质性的帮助。所以说应侧重于培养相关的专业人员，提升综合水平，深入研究思维导图的应用前景和意义,加强宣传力度,提升思维导图在教学活动中的知名度,提高应用率。相关专业人员可以借助举办活动、讲座等形式推广思维导图,使教师和学生更加全面地了解思维导图,进而接受思维导图,习惯使用思维导图解决问题。另外,专业人员的推广活动应该综合考虑地区的特点,不同区域由于经济发展等情况的限制,对思维导图的接受程度不同,可以针对性地对思维导图进行推广和普及,使思维导图的接受度在某区域内最大化。

二、产出导向法在高校英语写作教学中的应用

(一) 产出导向法对高校学生英语写作能力的培养

1. 产出导向法能提高学生的思辨能力

传统的英语写作教学模式中,教师只注重语言知识及语言结构的讲解,照本宣科地向学生输入知识,学生被动地"听",思维的训练主要通过简单地理解与识记来实现。使用产出导向法进行教学,教师的驱动促使着学生"产出"。一方面,通过设置具有真实性的交际场景,不仅可以激发学生学习的积极性与产出的欲望,而且能够提高学生分析事物、推理事物、评价事物的能力,不断增强自身的认知成熟度;另一方面,通过布置具有认知挑战性的任务,渐进性地向学生发起挑战,并在这一过程中配以对接产出目标的输入,在输入与输出的过程中,学生既能"盘活"已有知识,又能不断地积累新知识,发展新技能,提高学习的自信心。因此,产出导向法更有助于学生思辨能力的培养。

2. 学生的思辨能力与作文表达能力之间具有正相关关系

产出导向法既能提高学生的思辨能力,又能提高学生的写作语言表达能力。相关性分析表明,学生的思辨能力与写作语言表达能力有着显著的正向相关关系。这主要是由于写作是一种思辨活动,通过阅读一个人的作文,可以看出其思考的过程。语言表达能力的准确性既有助于学生审题,理解、分析概念与概念之间的关系,又有助于帮助学生透过现象看到本质,层层推进,深刻立意。同时思辨的分析性、认知成熟度又有助于增强词汇、句子使用的规范性和准确性,以及语言组织与表达方式的逻辑连贯性。语言表达的流畅性既指书面表达的流畅性,又指思维的流畅性。语言表达的流畅性能够降低词、语、句使用重复性,使学生在较短的时间内分析、推理、归纳、综合概括书面材料,确定文章的中心论点以及分论点。同时思辨分析性、认知成熟度与寻真性可以增强思维表述的流畅性,运用恰当的论据,全面透彻地进行论证,使得整体篇章结构完整,中心突出,层次分明。语言表达的复杂性既指复杂、高级的词汇、语法的使用,又指表述内容的广度和深度。语言表达的复杂性,可以增强学生对文本材料中长难句的理解,提高学生思考的全面、细致、深入性。同时学生的思辨人格倾向能够增强语言表达的广度与深度,增强语言表达的复杂度。因此从学生思辨能力与学生写作语言表达能力的相互作用可以看出,培养学生的思辨能力非常重要,在一定程度上有助于学生写作语言表达能力的发展。产出导向法的教学方

法能够显著提高学生的思辨能力，因此将产出导向法运用到高校的思辨能力教学上是非常有必要且有意义的。

3. 产出导向法能提高学生写作语言表达能力

产出导向法的教学模式侧重于以学生为主体，以教师为主导，学生在语言学习的过程中不是被动地接受，而是主动地听，教师的及时输入与学生的认知不足与产出目标进行对接，学生为将来可能预见的真实场景组织语言，并不断地进行自我修正，力求语言表达的准确、流利、复杂性。因此，产出导向法能提高学生的写作语言表达能力。

（二）产出导向法在高校写作教学应用中的建议

1. 重视多元输入方式对英语写作教学的辅助性作用

看、听、读是语言材料输入的根本途径，无论哪一方面的教学都需要在其他几个方面的辅助下进行。看、听和读是人们了解和认识外部世界的基本途径，了解和认识一门语言也不例外，人们可以通过看的方式来了解文字组成的结构，在头脑中形成影像从而达到认识的程度。听可以通过声音来认识文字的发音，阅读可以通过对文字和文字的组合形式来了解语言要表达的含义，可以通过阅读积累多种多样的语言信息，丰富自己的语言内容和结构。在写作教学过程中加强看、听、读三种形式的输入是后续写作输出的重要积累方式。

值得一提的是，在应用新的教学方法的同时不能忽略传统教学方法的作用。"背诵课文"是最古老，也是最有效的学习语言的方法。单词、语法、句式和语篇结构等是写作必然应用的知识。很多同学单纯背单词、语法的效果较差，如果把单词放在例句中背似乎会得到一定的效果，多数学生承认把单词放在语言环境中记忆是一种很有效的学习方法。因为这样学习单词和语法可以加深记忆，还可以掌握词汇的用法及语法。背诵能够增强学生对语言形式的熟练程度，加快学生接收语言信息的速度，积累语言素材，掌握不同体裁文章和谋篇布局的技巧，提高写作的质量。

2. 重视多元输出方式对英语写作教学的辅助性作用

口语表达是语言材料输出的重要手段。"口语表达"和"写"同为语言输出的基本方式，语言处理的方式是同向的。"说"虽然没有落在笔头上，但能够在一定程度上加强对词汇的运用程度，刺激学生对词汇句型运用的敏感度。口头表达的方式很多，如教师可以鼓励学生自发创造英语语言环境。学生可以依据写作学习的话题组织英语辩论赛、讨论活动等来大胆地交流，加强英语输出能力，辅助英语写作能力的发展。翻译同样是输出的重要方式，对写作输出质量的改善具有辅助促进的作用。目前以汉语为母语且处于非二语环境中的学生，一般在写英语作文时，首先在头脑中形成汉语模板再进行翻译，从这个角度来说，英语翻译不过是英语写作过程中的一个步骤，与英语写作的方向是一致的，所以无论是句子翻译还是段落翻译都有利于英语写作能力的发展。教师应在写作教学的同时，有意识地培养学生的翻译兴趣和翻译能力。

3. 重视创建驱动环节情境的真实性和交际性

产出导向法明确了在驱动环节以输出来驱动输入，将教学顺序设计为"输出—输入—输出"，因此驱动环节的输出活动是整个教学设计的开头，十分重要。驱动环节的输出是让学生置身于真实的社会交际情境中，尝试产出交际任务，却意识到自己语言知识不足而产生"饥饿感"。因此，驱动环节情境的真实性对于接下来开展输入促成环节的语言学习十分关键，教师必须创造真实的情境，如结合展示性问题与参考性问题，或提高参考性问题的比重增加情境的真实性。

4. 重视大学英语四、六级考试的反拨作用

"反拨作用"是语言测试对教学和学习所产生的影响。大学英语四、六级考试是全国性的大型考试，是考查大学生英语水平的重要标准，无论是对学生未来的就业，还是继续深造，其重要性都是不言而喻的。绝大多数学生对其怀有高度的热情和深切的渴望。如果教师将大学英语等级考试的话题引入课堂必然会引起大多数学生的关注，而英语写作又是大学英语等级考试中的重点和难点，教师以英语等级考试的写作标准为依托，必然会引起学生的关注，调动起学生的积极性，这时，反拨作用的积极方面就凸显出来了。笔者在课堂观察中发现多数学生在写作课堂上精力比较集中，这一教学目标的选择一定程度上激发了学生的写作兴趣。

大学英语教师应积极鼓励学生参加大学英语等级考试，提高英语课堂和大学英语等级考试的关联度，在一定程度上，反拨作用就会更加有效。测试不仅是一种检查学生学习情况的评价方式，也是一种颇为有效的驱动方式。

三、档案袋评价在高校英语写作教学中的应用

（一）档案袋评价的定义

档案袋评价，是与我国传统的考试方法相对应的可选评价的一个典型代表。自 20 世纪 80 年代以来，档案袋评价应运而生并在国内外不断推广。作为形成性评价的一种，档案袋评价应用于教学过程中各个阶段对学生的表现进行记录和评价，对学生在这一过程中出现的各种行为进行评价，包括其长处和不足。该方式有诸多不同的定义，但其整体理念却得到了广泛认同。

在应用中，其中一个主要目标就是对学生的作品进行收集，对学生在学习过程中取得的优秀成果或者取得的进步等进行展示。档案袋评价能展现学生的日常学习情况，具备综合性，也可以是一个通过反思和探索促进课堂教学的过程。通常，这一方式在形成性或终结性的评价中应用广泛，因此可以将其称为综合档案袋或复合档案袋，其具体内容为，在已经确定的目的导向下，系统地收集学生作品，通过一段时间的内容收集来对学生的学习过程和成果进行记录和评价。由于其核心被认为是作品的自评和反思，所以，又被称为自评档案袋。

在国内，有较多学者阐明了对档案袋评价的理解。有学者提出，档案袋评价是一个容器，其中容纳了思想、兴趣、技能、成就等属于学生个人所有的证据。目前为止，还没有一个较为统一的说法对其进行定义，但在观点上，一致认为这是以学生成长和学习过程为基础建立的。档案袋所收集的材料包括学生的作品及自评材料，对于学生而言，可以反映出在收集材料的这段时间里，学生取得的进步及付出的努力。

新课程标准中对档案袋评价的描述为学习档案，可以包含的内容有：平时学习情况记录，作业样本，活动成果，自评和互评，教师评语以及家长评语等。

（二）档案袋评价的类别

由于各类型的档案袋在实际应用中具有不同的目标和方法，其类型也不相同，对不同的类型进行了解，可以更有效地在写作教学的过程中选取合适的档案袋。

档案袋有五种类型：展示型、文件型、评价型、过程型和复合型。其中展示型中是由学生完全自主进行选择的作品。文件型一般来说是由教师进行材料选择并放置的。以特定的目的或结果为导向进行评分的是评价型。对作品的产生过程进行记载和反思的是过程型。对以上几种类型进行综合的就是复合型，其中包括师生双方选择的作品和评价的工具共同组成的档案袋，以此记录学生的写作和评价过程。按照不同的功能，又可以分为理想型、展示型、文件型、评价型及课堂型。

（三）档案袋评价的特点

国内外学者对档案袋评价的特点尚未最终定论。有学者认为，档案袋评价具有综合性——应采用正式和非正式评估手段，同时关注学习过程及结果，了解学生认知、元认知和情感等各个领域的语言发展，以及强调学术语言和非正式语言的发展；计划性——档案袋的使用目标、收集内容、信息收集时间及评价标准都应提前做好计划；有用性——档案袋的资料信息要能够促进学生反思学习、教师教学、家长掌握学生学习动态及学校进行评估；真实性——数据收集必须在真实课堂环境中，能够体现真实的课堂活动和反映学生真实的学习状态；个性化——档案袋设计要能根据不同学生的特点需求，制定不同的目标和评价标准等。

收集性、反思性和选择性是档案袋评价中不可或缺的三种特性，收集—反思—选择也形成了一个连续的档案袋评价过程。收集性、反思性和选择性有着高度的相关关系，从而使学生通过内部和外部反馈不断修正自己的作品，促进学生自我评价。有学者认为档案袋评价具有目的性、系统性、组织性、计划性和选择性等特点，他们认为对学生写作作品的收集是有目的性和选择性的，要按照一定标准来进行系统地收集，绝不是杂乱无章的。我国学者将其特点总结为目标计划性、成长表现性、整合多样性、主题性和反思性等。档案袋评价的实质是教与学的整合，因此具有选择性、反思性、真实性和特殊性等特点。还有学者认为档案袋评价的特性主要包括评价内容的多样性、丰富性和整合性，评价过程的开放性和形成性，以及评价结果的主题性和反思性。尽管当前国内外学者对档案袋评价特点的看法不尽相同，但在以下几点达成了共识。首先，档案袋评价应具有选择计划性，学生作品的选择一定是按照计划有条不紊地进行。其次，档案袋评价是具有真实性和多样性的，学生作品的选择要基于真实的教学环境，收集的资料也应丰富多样，不仅要记录学生在某方面的进步，也要收集学生存在的问题及他们的自我反思等。最后，档案袋评价具有反思性，档案袋评价采用自我评价、同伴评价和教师评价等多种评价方式，有利于提高学生的反思能力。

（四）档案袋评价的优势

首先，档案袋评价提供了评价学生学习的不同视角。与传统的只强调学习最终结果的终结性评价相比，组合评价评价的是一种真实而动态的学习过程。档案袋评价是形成性反馈的提供者，有助于学习者将写作理解为一个面向社会的过程。在档案袋中收集的材料和数据是真实的并能及时更新的。使用档案袋评价，教师、家长、管理员可以通过分析学生档案袋中收集的作品来回顾学生的学习兴趣、学习技能、优势和弱点。档案袋为学生提供了更多的视角，他们可以更多地了解在学习过程中能做什么。然后，档案袋评价帮助学生成为自主和独立的学习者。在档案袋评价的应用中，学生可以收集和反思自己的作品。档案袋是帮助学生发展自我评价、自我监测和批判性思维等重要能力的有力工具。培养学生成为自主和独立的学习者是教育的主要目标之一。独立学习意味着一种自我导向的学习方式。在档案袋评价期间，制定学习目标的过程中学生也进行了参与，学生对自己的学习计划进行制订和对自己的档案袋进行设计。更重要的是，鼓励学生评价或反思，然后根据他们的实际学习情况调整他们的学习计划或策略。在这种考核中，学生是学习的中心。所有这些活动都要求学生为自己承担责任，这些有助于促进学生成为独立的学习者。

再次，档案袋评价不仅有利于学生，而且对教师也有帮助。研究人员提出了档案袋评价对教师的好处。对于教师来说，首先可以根据档案袋评价的反馈对自己的教学进行反思，然后及时进行高效的变革，以改进自己的教学。此外，档案袋为教师提供了一个新的教育视角。它鼓励教师改变教学实践，是将课程和教学与评价联系起来的有力途径。通过运用档案袋评价，教师可以将新课程标准中的原则纳入教学实践。在尝试档案袋评价的过程中，教师可以发展自己的个人和专业能力。与此同时，档案袋评价增加了学生与教师、家长、同龄人和其他人之间的沟通。在档案袋评价中，包括学生、教师、同龄人和家长在内的许多主体都参与其中，这意味着他们都是学生学习的参与者。学生是档案袋评价的主要部分，因为他们是学习的主体，他们对自己的学习负责。但这并不意味着他们可以在没有他人帮助的情况下做好这件事。教师给他们建议和指导，同伴帮助他们完善他们的作品，父母是他们学习过程中的伙伴。在这个过程中，他们相互合作，快速成长和发展。

最后，与传统终结性评价相比，档案袋评价有很多优点。档案袋评价是一种以学生为中心的动态评价方法，有利于学生的学习。传统终结性评价是一种以教师为中心的评价方法，忽视了学生在学习过程中的发展。

(五) 档案袋评价对英语写作教学的影响

1. 档案袋评价的应用有利于提高学生英语写作能力

档案袋评价有利于提高学生的英语写作能力，尤其是在单词使用、语法运用及内容表达等方面；同时，使用档案袋评价也可以使学生的语言组织和衔接能力得到迅速提高。因此，档案袋评价的应用可以从多方面帮助学生提高英语写作能力。

2. 档案袋评价的应用有利于激发学生的英语写作兴趣

写作档案袋中提供了学生近期的学习动态及进步记录，学生从中获得了写作成就感，写作兴趣与自信心也得到了提高，进而继续努力。更重要的是，档案袋展示会的举办能让许多学生获得教师与同伴的鼓励和赞赏，加强学生的写作动力。因此，档案袋评价的应用有利于激发学生的英语写作兴趣。

3. 档案袋评价的应用有利于培养学生的反思意识

档案袋评价为学生提供了评价的主动权。在评价过程中，多元化的评价方式给学生提供了相互讨论的机会，学生不仅可以从同伴的作文中取长补短，不断反思，还可以正确、清楚地认识到自己英语写作的情况，以便设定改进的目标。每个学生都有属于自己的英语写作档案袋，学生思考将哪些材料保留在写作档案袋的过程，也是自我反思的过程。由此可见，档案袋评价的应用有利于培养学生的反思能力。

4. 档案袋评价的应用有利于完善教师教学的评价体系

档案袋评价的应用可以完善教师教学的评价方式。档案袋评价以多元的评价主体、多样的评价形式、多维的评价内容为教师提供了实时、有价值的学生写作情况，能帮助教师不断提高教学效率，完善教学评价方式。此外，教师还可以根据学生的实际英语写作情况及时调整教学计划，针对性地进行教学，使英语写作教学更合理、更科学。因此，档案袋评价的应用有利于完善教师教学的评价体系。

(六) 档案袋评价应用于高校英语写作教学的建议

1. 合理利用档案袋，鼓励学生用英语写作

在英语学习中，练笔少和没有形成良好的写作习惯是学生产生写作焦虑的两大原因。教师要求学生每天写一篇英语文章是不太符合实际的，但可鼓励学生写英语随笔练习，可以是一个词、一句话或者一段感悟。教师可指导学生合理利用档案袋，在档案袋中另外开辟一个随笔区域，供他们存放自己日常学习中的一点小想法、小体会。写作便是这样一个积累的过程，涓涓细流终将汇成大海，在教师的有意培养下，当学生习惯用英语进行写作时，写作焦虑自然迎刃而解。

2. 自创写作评分细则，丰富评分标准

评分标准是进行教学评价的基础，因此，明确写作评分标准在实施档案袋评价中至关重要。教师应结合四六级写作评分标准及本班的实际写作情况，根据学生写作高中低三个不同层次，创造适用于全体学生的评分细则，以期能更好地评价不同水平学生的进步，让高水平学生乐于挑战，低水平学生不失信心，从而降低不同水平学生的写作焦虑。

3. 定时回顾档案袋，提高学生写作兴趣

写作不是一项一蹴而就的工作，需要及时去回顾、总结和提高。然而，大部分学生写作完成后，便将自己的作文丢置一旁，不再翻阅。写作档案袋虽然有效整理了学生的作文，但大部分学生在学习方面仍有一定的惰性，不会时常去查看自己的档案袋。因此，为避免写作档案袋流于形式，教师应带领学生对写作档案袋进行定时查阅、复习和综合评价，以增强学生使用档案袋的频率及效率，提高学生的写作兴趣，从而降低写作焦虑。

参考文献

[1] 陈亚轩. 高校英语写作教学理论与实践研究 [M]. 长春：吉林大学出版社，2023.

[2] 徐中锋. 高校英语课堂教学改革研究 [M]. 北京：北京工业大学出版社，2022.

[3] 龚丽萍. 高校英语课堂教学的模式创新研究 [M]. 成都：四川科学技术出版社，2023.

[4] 胡瑾. 高校英语教师跨学科素养研究 [M]. 武汉：武汉大学出版社，2023.

[5] 申慧丽，刘鹏，杨洁. 跨文化视域下高校英语教学转型与创新 [M]. 北京：中国书籍出版社，2023.

[6] 徐丽丽. 高校英语专业课程体系构建与教学改革研究 [M]. 北京：中国书籍出版社，2023.

[7] 刘方方，岳宝华，禹琳琳. 教育信息化背景下高校英语教学理论体系的建构与探索 [M]. 北京：中国书籍出版社，2023.

[8] 施黎辉，付国伟. 信息化时代大学英语自主学习能力的培养研究 [M]. 北京：中国书籍出版社，2023.

[9] 郭孟媛，刘煜丽. 新时代大学英语教学理论创新研究 [M]. 北京：中国书籍出版社，2023.

[10] 刘敏. 高校英语教学探索 [M]. 青岛：中国海洋大学出版社，2023.

[11] 解峰. 高校英语教学方法探究的新视角——信息化教学 [M]. 北京：中国商务出版社，2021.

[12] 李瑞. 新时期高校英语阅读教学研究 [M]. 北京：中国商务出版社，2023.

[13] 张慧. 高校英语教学模式创新与实践研究 [M]. 天津：天津科学技术出版社，2023.

[14] 张娜. 高校英语课程实践教学模式创新 [M]. 北京：现代出版社，2023.

[15] 王玉珍，李渊博，刘鹏. 高校英语教学方法与改革研究 [M]. 北京：中国商务出版社，2023.

[16] 周嫚，段潇乐，马燕. 高校英语教学的基础理论与应用研究 [M]. 长春：吉林出版集团股份有限公司，2022.

[17] 盛普聪. 高校英语及其课堂教学研究 [M]. 延吉：延边大学出版社，2022.

[18] 孙婕. 高校英语教学理论及实务研究 [M]. 长春：吉林人民出版社，2022.

[19] 孙雯. 基于应用语言学理论的高校英语教学研究 [M]. 沈阳：辽宁大学出版社，2022.

[20] 张云. 教育转型背景下的高校英语教育模式研究 [M]. 北京：中国纺织出版社有限公司，2022.

[21] 伍丹琼. 新课改理念下的高校英语教育教学研究 [M]. 长春：吉林出版集团股份有限

公司, 2023.

[22] 毛佳玳. 信息化背景下高校英语教学创新研究 [M]. 杭州: 浙江工商大学出版社, 2022.

[23] 刘婷. 新时期高校英语教学的多视角研究 [M]. 北京: 中国商务出版社, 2021.

[24] 夏珺. 高校英语教学设计优化与模式创新研究 [M]. 长春: 吉林人民出版社, 2022.

[25] 王延香. 认知语言学理论视域下高校英语教学策略的应用与创新 [M]. 长春: 吉林人民出版社, 2022.

[26] 何湘君. 应用语言学视域下高校英语混合教学实践探究 [M]. 长春: 吉林出版集团股份有限公司, 2022.

[27] 王丽红. 高校英语课程改革与发展 [M]. 长春: 吉林出版集团股份有限公司, 2022.

[28] 王景文. 跨文化交际与高校英语教学研究 [M]. 长春: 吉林出版集团股份有限公司, 2022.

[29] 张秋菊, 李俊鹤, 傅勇. 高校英语教学与思维能力培养研究 [M]. 长春: 吉林出版集团股份有限公司, 2022.

[30] 王慧平, 张一. 高校英语教学模式优化多维研究 [M]. 郑州: 郑州大学出版社, 2022.

[31] 祝菁. 高校英语教育教学理论与实践研究 [M]. 长春: 吉林人民出版社, 2022.

[32] 李小莉. 高校英语教学理论与实践 [M]. 延吉: 延边大学出版社, 2023.

[33] 简洁, 高原, 刘娜. 高校英语教学方法新编 [M]. 长春: 吉林大学出版社, 2023.

[34] 胡宝菊. 新时期高校英语口语教学研究 [M]. 长春: 吉林出版集团股份有限公司, 2021.

[35] 蒋丽霞. 文化视域下的高校英语教学研究 [M]. 北京: 北京工业大学出版社, 2021.

[36] 姚娟, 徐丽华, 娄良珍. 高校英语阅读与翻译教学多维研究 [M]. 天津: 天津科学技术出版社, 2021.

[37] 刘蕊. 教育生态化视角下高校英语教学创新研究 [M]. 长春: 吉林出版集团股份有限公司, 2021.

[38] 徐琴. 新时代高校英语教学模式创新研究 [M]. 北京: 北京工业大学出版社, 2021.

[39] 侯海冰. 当代高校英语信息化教学改革研究 [M]. 北京: 北京工业大学出版社, 2021.

[40] 管艳郡, 朱荣萍, 罗芳. 高校英语教学及其语言学应用研究 [M]. 长春: 吉林人民出版社, 2021.

[41] 胡晓霞. 基于应用语言学理论下的高校英语教学研究 [M]. 长春: 吉林人民出版社, 2021.

[42] 高云柱. 跨文化交际与高校英语教学融合发展研究 [M]. 北京: 新华出版社, 2021.